花落花开

——常州法院保护未成年人案例精选

陆洪生　主编

CHANGZHOUFAYUAN

BAOHUWEICHENGNIANREN

ANLIJINGXUAN

人民法院出版社

图书在版编目（CIP）数据

花落花开：常州法院保护未成年人案例精选 / 陆洪生主编 . -- 北京：人民法院出版社，2022.5

ISBN 978-7-5109-3404-9

Ⅰ．①花… Ⅱ．①陆… Ⅲ．①青少年保护—案例—常州 Ⅳ．① D922.75

中国版本图书馆 CIP 数据核字（2021）第 272121 号

花落花开——常州法院保护未成年人案例精选

陆洪生 主编

责任编辑：王　婷

执行编辑：田　夏　罗羽净

封面油画：陆洪生　　封面设计：洪　斌　　封底摄影：卢凝一

出版发行　人民法院出版社

地　　址：北京市东城区东交民巷 27 号（100745）

电　　话：（010）67550640（责任编辑）　67550558（发行部查询）

　　　　　　65223677（读者服务部）

客服 QQ：2092078039

网　　址：http://www.courtbook.com.cn

E-mail：courtpress@sohu.com

印　　刷：三河市国英印务有限公司

经　　销：新华书店

开　　本：787 毫米 ×1092 毫米　1/16

字　　数：315 千字

印　　张：29.5

版　　次：2022 年 5 月第 1 版　2022 年 5 月第 1 次印刷

书　　号：ISBN 978-7-5109-3404-9

定　　价：108.00 元

编辑委员会

主编

陆洪生

副主编

潘桂林　周增伟　张立群　张纪范

编委会成员

（按姓氏笔画排列）

王润荣　王文忠　许敏华　许建俊

朱佳伟　朱力工　李怀中　李云燕

陈志强　陈如霞　邵益勇　胡　哲

翁学超　徐俊华　涂文杰　谢雪梅

序 言

　　少年儿童是祖国的未来，是中华民族的希望。多年来，人民法院履行着保护未成年人健康成长的神圣使命，特别是近几年来，常州两级法院采取切实有效的措施贯彻"教育、感化、挽救"方针和"教育为主，惩罚为辅"的原则，挽救了一大批失足未成年人并使之成为有用之才，同时依法保护未成年人合法权益，涌现出许多生动感人的事迹和优秀案例，有的成为全国先进典型和经典案例范本。

　　习近平总书记强调，"一个案例胜过一打文件"。法律政策需要一个个具体案件落实，公平正义需要一个个具体案件彰显。为了充分发挥典型案例的评价、指引功能和警示、教育意义，我们在全市法院开展了"保护未成年人优秀案例"评选活动。《花落花开——常州法院保护未成年人案例精选》一书就是在此活动的基础上，由常州市关工委和新闻媒体以及作家协会的专家们参与评选、编辑而成的。

　　该书是在全市法院报送评选的81个保护未成年人优秀案例中精选出来的，文体多样，内容丰富，主题鲜明突出，集中展示了新时期人民法院广大法官、干警与社会各界通力合作关心下一代、保护未成年人的精神风貌。其中有法官始终不渝关注的30年前《胜诉的三少年现在还好吗？》；有像关爱自己子女一样关心帮助870名受害或失足未成年人重获新生的《我想见到您——京山法官》；有法院反家暴、反虐待、反歧视发出的全市第一份《法官妈妈的"人身保护令"》；有法官为孩子圆梦，排除疫情，困境与社会、政府合力帮助企业共渡难关的《别让任何人偷走你的梦想》；有法官因势利导，成功调解未成年人监护权纠纷案，让当事人理性战胜任性的《屏前屏后都是爱》；有法官彰显公正、体现中国法治精神的《法有主权，爱无国界》；还有《法官姐姐，没有您，我将在哪里？》《超越血缘的父爱》《天才少年的罪与罚》《法官叔叔，我又站起来了》《1 号司法建议书背后的故事》等等，案情跌宕起伏、惊心动魄，感人至深，值得一读。

　　司法案例是进行法治宣传教育的"活教材"。我们企盼《花落花开——常州法院保护未成年人案例精选》的出版，抛砖引玉，法院与社会各方面齐心协力，进一步增强全民法治素养，提升广大青少年遵纪守法的意识和风险防范的能力，营造全社会关心下一代、保护未成年人的良好法治氛围。

江苏省常州市中级人民法院院长　曹忠明
2022 年 5 月 28 日

目录

花落花开 | 常州法院保护未成年人案例精选

三十年前,首部《未成年人保护法》实施前轰动全国、发表在《法制日报》头版头条——

胜诉的三少年现在还好吗?

◎ 张纪范

2021年6月1日,由全国人大常委会第二十二次会议修订通过的《未成年人保护法》施行,这部法律对未成年人从"家庭、学校、社会、网络、政府、司法"等六个方面进行全方位的保护,较1991年的《未成年人保护法》更为全面、力度更大。使我想起了该法实施前,发生在江苏常州轰动全国的首起司法保护未成年人合法权益的案件。30年前,常州市天宁区人民法院审理了三少年状告某县人武部案件,由于人武部在清理过期炮弹时留下了隐患,某县三少年在现场玩耍引起炮弹残骸爆炸致残,无助的三少年向人民法院求助,寻求司法保护,此案很快进入了诉讼环节。当时我在市中级人民法院工作,因工作关系,近距离地接触了此案,目击了发生在法庭内外的鲜为人知的情景和判决之后在全国引发的震动。让我们掸去尘埃,回望三十年前的情景:

惨案，发生在中午

1990 年 8 月 22 日，烈日当空，酷暑蒸人。江苏某县潘家乡城湾水库畔，来了三位十四五岁的少年，尽管酷暑逼人，他们却玩兴正浓。在坑坑洼洼的岸边，他们发现了 1 个约 20 厘米长，拳头般粗的金属物，端详类似火炬。少年想起了即将在北京举行的亚运会的火炬，眼前的金属物只要稍微加工，就可制成一个顶呱呱的火炬。一个少年的提议，得到了同伴的赞同，他们把金属物带回少年潘某某家中。第二天，三少年点燃了金属物上的固体粉末，粉末消失了，但金属物顶部还有个铁块，必须敲掉它。这天，潘某某父母外出都不在家，潘某某便和同伴范某某、朱某用旋凿和锤子敲打了起来。一下，两下，锤子刚敲打到第三下，突然一声巨响，这个金属物爆炸了，顿时浓烟滚滚，弹片纷飞，三个少年来不及反应就被弹片击中。朱某跑出屋外，边哭边嚎："我的手断了，我的手没了。"范某某满脸是血，眼前一片漆黑，他踉踉跄跄，扶着墙头，奔出屋外，抱住门前阳台的水泥柱，语无伦次地嚎着；潘某某被爆炸吓得失魂落魄，捂着腰部的伤口站在屋外不知所措……

震耳的爆炸声，引来了全村的乡亲，他们被眼前的惨状惊呆了，抬的抬，背的背，把受伤的三个少年火速送到了附近的乡卫生院。卫生院看到伤势严重，立即派车把三少年送往常州市第一人民医院。

范某某伤势严重，几天后，又被送往上海医科大学附属五官科专科医院抢救。

经医院全力救治，性命保住了，但范某某左眼萎缩失明，右眼无晶体，仅存 0.03 微弱余光，几近失明，面部伤痕累累，左手拇指残缺；朱某左手中指、无名指、小指齐刷刷地离开手掌；潘某某伤势最轻，腰部留下 2 厘米长的伤痕。

已经考入潘家乡中学的范某某，被迫辍学；朱某缺了三指，给学习、生活、劳动带来了种种困难。

为了抢救、医治三少年，三位家长花去了 6814 元医疗费；误工费、营养费的损失更大。

望着残、伤的少年，做父母的悲痛欲裂。金属物为何物？导致少年残、伤的原因何在？

责任，该谁负责

少年在医院医治，家长边跑医院边搞调查。炮弹来自何方？是何种型号？爆炸后的残骸现在何方？疑问一个个，但最要紧的是找到炮弹的残骸。三位家长为此开始了调查。功夫不负有心人，终于打听到了炮弹残骸的下落：8 月 23 日中午，炮弹爆炸后，当地派出所民警迅速赶到。公安民警依法将现场的炮弹残骸收取，以便鉴定。三少年的家长得知消息，迅速赶往县公安局，要求借出炮弹残骸，照相、取证，公安局答应了家长们的正当请求，把炮弹残骸出借了。

得到炮弹残骸，三少年的家长全力保护，他们深知，要揭开炮弹爆炸之谜，要解决今后的问题，炮弹残骸是唯一的线索、唯一的证据。

三少年的家长得知炮弹是从本乡城湾水库捡回的，又联想到城湾水库是本县人民武装部军事训练基地，于是便带着炮弹残骸走访了乡人武部，证实在1990年5月份，县人武部一名军械助理员曾会同本乡人武部在城湾水库销毁过8枚82无坐力炮破甲弹。县人武部销毁的炮弹，是否是被少年捡回的未销毁尽的遗留的炮弹？三位少年的家长根据炮弹残骸上清晰的"82破"字样，证实少年捡回的金属物是县人武部未彻底销毁而遗留在水库内的，时过一年，水退弹出，三少年在水库内游玩时，不识炮弹残弹残骸而误拾，导致了惨案的发生。

三少年的家长认为，县人民武装部理应承担人身损害赔偿责任。他们以少年监护人的身份，带着有关证据要求县人武部承担为此造成的一切经济损失，并保证伤残少年今后的生活。

县、市领导十分关心伤残少年，指示有关部门妥善处理，保护未成年人合法权益。信访局和民政局怀着对少年负责的精神，苦口婆心，往返于县人武部和受害人之间，由于双方意见不一，终究没能达成调解协议。

少年，寻求保护

三位少年的合法权益受到侵犯，难道就这样无人负责？少年家长们不甘心，他们与少年一起寻求保护。他们想到了法律，意识到只有依靠法律才能解决与县人武部之间的纠葛。布衣百姓，状告县人武部能行吗？法院会立案吗？假如立案受理，法院会官官相护吗？焦虑加犹豫，使得三少年和他们的家长寝食不宁。

经过反复掂量，三位少年和他们的家长还是跨出了告状这一步。少年和家长怀着复杂的心情，投石问路，以未成年人和法定代理人身份，于1991年8月14日向被告县人武部机关所在地的常州市天宁区人民法院递交了诉状，请求人民法院为民做主，对三位未成年人提供司法保护，追究被告方的法律责任。

全国法院系统少年案件审判试点单位——天宁区人民法院正在探索对未成年人全面保护的路子，天宁区人民法院在8月19日决定立案受理。

案件由民事审判庭受理，合议庭迅速组成了。时任天宁区人民法院副院长谈建中亲自担任审判长。调查、核实，一切工作按法律程序紧张地进行着。

当年8月22日，天宁区人民法院成立了全国首家少年案件审判庭。少年案件审判庭的建立，是我国少年司法制度建设的又一突破性进展，标志着我国少年司法制度由对少年单纯的刑事保护转为全面的司法保护。于是，三少年状告人武部一案转给了少年案件审判庭审理。以副院长谈建中为审判长和少年案件审判庭助审员李士敏、宁平南组成合议庭审理此案。

炮弹残骸是否就是县人武部在1990年5月销毁而遗留的？合议庭的法官为此不辞劳苦地进行了调查核实……

法官们认真的工作作风传到了三少年家长的耳朵里，同时看到法官多次地走访、慰问受伤少年，感动了少年的家长，原先的疑虑渐渐消失了——看来，天宁区人民法院是会秉公执法的。

天平，永不倾斜

庭审，掺不得一点水分，不得仅凭个人意志取其真伪：它犹如一面洁净无比的镜子，毫无掩饰地揭开了"90823"案的真相。

法庭调查辩论结束，审判长宣布休庭。合议庭进行合议，随即进入法庭审判委员会通案。

"天平"嵌镶在法官的肩章上，也牵挂在旁听者的心上。原告是未成年人，被告是县人武部，法官的执法，能像肩章上的天平那样毫不倾斜吗？旁听席上的人们，带着种种疑问翘首以待。

下午4时，肩扛"天平"的法官再次坐在审判台前，审判长谈建中站着宣读了天宁区人民法院少年案件审判庭第一号民事判决书。

"本合议庭认为：致使三原告少年被炸伤的爆炸物是被告销毁82坐力炮弹时遗留的未销毁尽的炮弹残骸，证据充分，确实；被告的有关工作人员在销毁炮弹后对现场清理不彻底，遗留后患，造成本案，被告应负民事责任。三位原告对遗留的炮弹残骸以及有爆炸的危险性没有识别能力，由于好奇心而玩弄受到损害，不能减轻被告的民事责任。三位原告少年的法定监护人对三原告少年有履行监护职责，但三原告少年受到损害并不是三原告的法定监护人不履行监护职责所造成的，因此，也不能减轻被告的民事责任。"

"为了保护未成年人的合法权益不受侵犯，保障未成年人的健康成长，经本院审判委员会讨论决定，依照《中华人民共和国民法通则》第九十八条、第一百零六条第二款、第一百二十一条、第一百一十九条的规定，一审判决被告县人民武装部分别赔偿潘某某、范某某、朱某医疗费、生活补助费、经济补偿共33453.77元；本案受理费150元由被告承担。"

宣判结束，全体旁听者不约而同全体起立，向秉公执法的天宁区人民法院的法官行注目礼……

案例，在全国示范

案件开庭审理那天，《新华日报》和《江苏法制报》前来采访，各自采写新闻稿。庭审结束的第二天下班前夕，我和张锁龙采写的《三少年状告人武部》长篇通讯，通过常州南大街邮政所用挂号信寄往北京《法制日报》。那几天，我特别关注媒体，两位省报记者采写的稿件先后分别刊登在自己所在的省级报纸第二版和第三版头条，而我向《法制日报》发出的稿件却毫无音讯。我耐心等待，每天上午去传达室一次，看看近日的《法制日报》是否刊登了我的稿件。一周后的12月1日是周日，那天早上，我在家用早餐，听到中央台的新闻要闻播报《法制日报》当天头版头条刊登江苏常州《三少年胜诉记》的长篇通讯的内容提要，我激动万分，会不会是我执笔采写的那篇？我立马赶往法院，用当时稀罕的直拨电话拨通《法制日报》总编办，问今天头版头条的作者是谁？对方答是江苏常州中院的张某，我大喜，刊登于国家级报纸，且在中央台早上《报纸要闻》中播报，说明新闻价值重大。当天的《法制日报》在常州还看不到，只能等到第二天，我才确确实实看到了该报头版头条刊登的《〈未成年人保护法〉一首精彩的序曲——三少年胜诉记》四千多字的通讯。可想而知，发表在国家级报纸头版，又在中央台早间新闻要闻中播报，这篇稿件的社会价值有多大。

我的稿件之所以得到国家最高级别的党媒青睐，并非我写得特别好，关键在于新闻切入点精准，第一部《未成年人保护法》实施前夕，江苏常州法院能审结不同寻常的涉少案件，且力度之大，对全国全面实施首部《未成年人保护法》将有示范作用。

三十年一眨眼就过去了，新修订的《未成年人保护法》在2021年6月1日施行，而我有缘"专职"在法院关心下一代工作战线上，为维护未成年人权益发挥余热。我情不自禁地想起三十年前受到司法保护的三少年，已是中年的你们，现在还好吗？

通联，重担之下的"三少年"

在派出所，我出具了单位介绍信及个人有关证件，准备查询三十年前的三少年通联，户籍民警直至派出所教导员谨慎又不乏热情，一个小时后，在确定查询人身份后，让我与他一起查找"目标"。同名同姓之多，哪个是我要找的人？教导员不厌其烦，在茫茫人海中苦苦"扫描"，终于让我初步辨认出三十前的一位少年：屏幕上左眼凹瘪、充满憔悴的中年人照片，让我注目，秒把秒时间，我十分肯定他就是三十年前的一位少年，叫范某某。可惜没有他手机号码信息。继续寻找第二位，屏幕上，一个眉目清秀，看似年轻的中年人朱某，外貌完全与范某某年龄段截然不同。接通电话，才知他近况和残疾等级与范某某相差无几，生活过得十分艰难。由于我急于忙其他事，也不能再影响派出所工作，所以在抄录"三少年"手机号码后，便起身向敬业的派出所教导员致谢：如果没有窗口女户籍民警和教导员的帮助，可能我还要来回折腾，再跑数趟。在归途中，我想起了该所（局前街所）是常州公安的老先进，几十年的风雨使这面鲜艳的旗帜没有褪色——标杆所，名副其实。

第二天，我迫不及待地拨通了朱某的手机，他正在安徽建筑工地打工，可想而知他如今的生活怎样，当年因炮弹残骸爆炸而致残，给工作与生活带来种种困难。四级残疾的朱某，左手中指、无名指、小指已截指，大拇指不能弯曲，植皮的虎口不能伸屈；右脚开了两刀，缝了十几针，右脚筋紧绷吊住，脚跟难着地、难跨出。虽然结了婚但不到十年就离婚了，原因当然是残疾与贫困，不然经济发达的武进中年人怎么会背井离乡到安徽建筑工地去干杂活。重、脏苦力活每天才拿一二百元。年迈的父亲，为了帮儿子减轻经济上的压力，也不得不外出打工。好在有懂事而聪明的儿女，从小到大，一直在祖母身边生活，儿子就读于武进高级中学教改班。另外快要高中毕业的女儿，已单招提前被省护理学校录取。说起有出息的儿女，困境中的朱某才有些欣慰，这是身处异地干着苦力活的他唯一的希望和精神支柱。虽然30年前他拿到9000多元医疗费及赔偿，但付出律师费和无数次交通费后，并没有剩余多少。但他由衷地感谢法院主持正义，维护了未成年人合法权益，他至今仍心怀感激，对走在全国前列的常州法院少年法庭怀着敬仰和感恩之心。

"以前，每到年底，天宁区人民法院季卫东法官就会给我寄贺年卡，他现在好吗？""三少年"之一的二级残疾的中年人范某某，在接受我回访后，开头就问。我告诉他：季法官好多年前就调到政府部门任职了。重度残疾的范某某对他长期以来的关心念念不忘。他告诉我，30年来，那场突如其来的毁灭性灾难使他至今难以走出。原本刚小学毕业，已考上初中，由于左眼已失明，右眼视力仅为0.03，对面的人走到眼前，也仅为一个模糊样子，实在看不清。生活难以自理，更谈不上务工。家里有三亩农地种桃子，他一样活都不能干，只能雇工，每年的收入只有六七千元，18岁的女儿在常州一所民办职校，每年需两万多元学杂费，全靠妻子打工的三万元左右的收入支撑，很吃力。家里三口人的吃饭全靠年迈的父母支撑，而父母又没有退休金和农保，仅靠帮人家照相有一点微薄的收入，况且家里还有94岁的老祖母，经济处于贫困。现在还能"啃"老，如果父母倒下，我们"啃"谁？我们连自己都难以生存，父母能顾及吗？说到这里，电话里传来范某某的唏嘘声。他与朱某是堂兄弟，更是灾难之后的难兄难弟，两家大同小异的困境，有苦难言。

"三少年"中有个"幸运儿"，当年炮弹残骸爆炸中右腿关节受伤，至今仍留有数枚指甲盖大小的弹片，数量较多，无法取出。潘某某受伤程度与两个同伴相比稍轻，所以当年出院后没有影响学业和就业，如今开了一家机械加工小作坊，生意不及前几年。他说时光虽然过去了三十年，但难以忘怀，毕竟少年时代中弹受伤，至今每逢阴天落雨患部还隐隐作痛，若弹片开刀取出，可能"得不偿失"，还是让它成为永恒的记忆吧。

6月11日下午，武进法院党组成员、政治部主任许敏华获悉在全国有影响的上海媒体刊登了三十年前发生在常州的《三少年寻求司法保护胜诉记》长篇通讯，被深深地打动了。"虽然事过境迁，我们现在政法队伍教育整顿中还能为当年的三少年做些什么？尤其生活困难的两个重残中年人盼望着受到特别关爱。"强烈的政治敏感和责任感使他坐立不安，在向宋文良院长汇报之后，他拿起电话，立马与"三少年"所在地的前黄法庭庭长秦宏联系。"能否以法庭关爱站的名义，去走访辖区内的'三少年'了解一下情况，以及我们能否为他们做些实事？"曾任法院少年案件审判庭庭长的秦宏，接到院领导指令，不假思索便一口答应下来。

6月15日，端午节后上班的第一天上午，他带了法官助理庄娇，驱车来到潘家村。村委支书深知法庭审判任务繁重，每年审结案均有一千多件，而法庭庭长在法庭之外还关心着三十年前的"三少年"，不禁对秦庭长产生敬佩之意。他马上叫来居住在附近的重残"二少年"与秦庭长见面。从残疾程度、家庭情况、生活来源等方方面面，秦庭长详细地向被生活重担之下的当事人了解。"你们的实际困难和具体需求，我们会向有关部门反映，尽法律之外的微薄之力。"面容憔悴、与实际年龄完全不相称的二位当事人，拉着秦庭长的手，动情地说："三十年过去了，新修订的《未成年人保护法》刚实施，武进法官在这个特别有意义的日子里走访，我们感受到了法庭关爱站的特别之爱。"

案例评析

常州作家协会主席　李怀中

作者在过去与现实间进行自然的切换，叙述视角独特。在追叙中还原历史，在探究中确定真相，充满人性温暖，充满法律人的道义关怀和社会责任。

《常州晚报》总编　朱佳伟

本案例最大的亮点是：不是简单就案说案，而是通过30年前，发生在常州的三少年状告人武部这一轰动全国的首起司法保护未成年人合法权益案件，生动再现了当年在首部《未成年人保护法》

实施前夕常州的开创性判例实践；更可贵的是30年后的今天，正值新修订的《未成年人保护法》施行之际，作者又费尽周折找到已是中年的"三少年"，披露了三人因当年致残走过的坎坷艰辛人生之路，从而用一起案件将两部《未成年人保护法》串联起来，从侧面深刻揭示了《未成年人保护法》走过的历史性进程和这部法律的重大社会意义和价值。本案例设计精妙，具有鲜明的以案说法、以案说史特点，更具有较丰富的思考点，能够引起社会的进一步深思！

常州广播电视台副台长　许建俊

　　30年前首部《未成年人保护法》实施前，常州发生的一起意外伤害少年维权胜诉案例本身有标志性意义；30年后，作者回访"三少年"家庭近况，视角独特，事件进展有关注度。风雨30年，无论是三个胜诉少年家庭的命运变迁，还是人事更迭中法官对当事人的牵挂，都有力佐证了司法、社会对青少年保护的历史意义。

常州关工委副主任　朱力工

　　此文很有看点。当年，三少年起诉国家机关，由于县人武部在销毁武器弹药时的不仔细，导致三少年受到伤害，法院判决，三少年胜诉，获得了国家机关的赔偿。这是当年文章的看点。现在，"三少年"还好吗？这是一个悬念。采访的结果——尽管当年获得了法院、社会等多方面的帮助，但是"三少年"由于身体的残缺，在学习、就业等方面遇到了一些常人不遇的困难，在市场经济竞争中还是一个弱者。事实告诉我们，要防患于未然，尽量避免事故的发生。文章的教育意义是非常明显的。

《常州日报》评论副刊融媒中心副主任　谢雪梅

重大性、历史性、新闻性，加上"老笔杆"构思写作的故事性、人文性，是这个案例引人入胜、发人深省的原因所在。

全国首起司法保护未成年人合法权益案件，常州的开创性判例实践，民告官——穿越30年历史长河，本案串起了重要的两个时间节点：首部《未成年人保护法》实施前夕，新修订的《未成年人保护法》施行之际。

30年前，发生在常州的三少年状告人武部这一案件，由全国法院系统少年案件审判试点单位——天宁区人民法院立案受理，同时成立的全国首家少年案件审判庭，标志着我国少年司法制度建设的又一突破性进展。三少年胜诉案由《法制日报》头版头条刊登，中央台早间新闻要闻导播；30年后，因炮弹残骸爆炸致残人到中年的"三少年"怎么样了？作者费尽周折找到他们，披露了三人的坎坷生活，对应了读者的阅读关切。"联系有关部门，尽法律之外的微薄之力"让人感受到了社会大家庭的绵长温暖。新修订的《未成年人保护法》实施之际，作者和法官的寻访与关爱，意义深远。

在未成年人保护法走过的历史性进程中，本案无疑具有重大的社会意义和社会价值。

"我想见到您"

——法官京山与何小花的故事

◎ 储春平

多年来，常州市武进区人民法院法官京山在少年审判园地里辛勤耕耘、默默奉献，用青春浇灌着忠诚、用汗水播撒着正义。他奔走于学校、监狱、看守所、戒毒所、福利院等地，探望失足少年，扶助贫困学子，关注残障人员，救助流浪儿童，先后发起成立"青少年保护心理干预家园""社区青少年教育基地""兴国百万护苗基金"，他让148名受害或失足少年的生活重回正轨，让至少870名受害或迷途孩子得到帮助。他甘于平凡、乐于奉献，用对孩子们深深的爱赢得了人民群众的高度信赖。他用无愧的行动夯实着少年审判的基石，用无私的执着铺筑着法治的长城，用无悔的信仰闪烁着天平的光辉，用无声的奋斗装点着党旗的色彩。京山是怎样获得人民群众如此赞誉的呢？这背后除了常州市武进区人民法院上下的共同努力外，更多的是京山洒下的辛勤汗水和付出的点滴心血！下面发生的事情，就是京山在常武大地上一件感人至深的故事，就在那不经意的瞬间凝结成美丽的篇章。

一

2020 年 7 月，常州市武进区某职业学校举办了一场文艺演出，一位名叫何小花①的灵气少女，声情并茂地朗诵着诗歌《我想见到你——大山》，"我从云雾深处走来……"没有人会想到，她曾经是一个被性侵导致自卑感极强、心理濒临崩溃的刑事犯罪受害人，她一心想见到的人是京山。

事情要回溯到 2014 年 2 月，常州市武进区人民法院少年审判庭判前司法联席会议，主审法官京山汇报基本案情：被告人洪章成，1983 年 4 月 20 日出生于安徽省长丰县。2003 年 9 月、2010 年因盗窃分别被劳动教养一年和一年三个月；2005 年 12 月，因盗窃被判处有期徒刑三年；2012 年 4 月，又因盗窃被判处有期徒刑一年六个月。2013 年 10 月 6 日，洪章成欲嫖娼未成，在某镇某村遇到不满十岁的被害人何小苗，遂心生歹念，将何小苗骗至村西树丛中，强行与幼女发生性关系，造成何小苗身体严重伤害，经法医鉴定构成轻伤。少年审判庭张庭长认为，被告人采用诱骗手段强行与幼女发生性关系，造成被害人轻伤，其行为构成强奸罪，属情节恶劣，且被告人系刑满释放后五年内再犯应当判处有期徒刑以上刑罚之罪，属累犯，依法应当从重处罚。分管刑事审判的王副院长认为，被害人是幼女，何小苗受到的伤害既有生理上的，也有心理上的，在处罚上体现最高限度保护、最低限度容忍指导思想。会上还对刑事受害人何小苗提出了司法保护的初步意见。

---

① 本书中的未成年人姓名全部为化名。——编者

与此同时，法院审判楼外的一处台阶上，坐着何小苗的父亲，早在该案庭审时，何父就一直这样坐着，心里虽然痛恨恃强凌弱不是东西的强奸犯，但自己不会去做犯法的事，就这样等着，等着法院的判决。何父、何母都是居住在武进的老实巴交的打工者，何小苗是何家二女。何小苗从小就是个温顺乖巧、好学懂事的女孩，为了让何小苗有一个好的学习环境，就在三年前，何父专门将何小苗从皖北农村接到现住地，让其上了当地一所不错的小学。何小苗今年二年级了，在班里，她不一定是学习成绩最好的，但一定是大家眼里最用功的。何家人视她为希望，是上高中、上大学的苗子。然而，突发其来的灾祸打击了全家，也击垮了何母，何母原本身体就不好，又因悲伤过度旧病复发导致生活不能自理，想着想着何父不禁潸然泪下。不知何时，有人端来饭菜，何父定睛一看，原来是法官京山。何父相信京山，因为京山说过，国家一定会严惩害他女儿的人。2014年3月24日，那是一个早春的日子，庄严的审判庭内，身着法袍的京山，嗓音洪亮地宣读着刑事判决书。判决出来了，盖着红章的判决书上赫然写着，审判员：京山。随着法槌敲下，被告人洪章成被法警押上囚车，当警笛声渐渐消失后，审判庭里的何父依然呆呆地坐在那里。

二

　　坏人受到了严惩，孩子的状况却每况愈下，这场突如其来的灾难，将稚气未脱的何小苗彻底击垮了。从医院出来后，她不再上学，整天躺在床上，精神恍惚，她不敢想曾经发生的一切，她不敢出大门，她怕见到一切。她早已不是聪明懂事、勤奋刻苦的孩子，只知道有时妈妈抱着自己，有时独自睡在那里，也不知道已经睡了多久。没有颜色、没有光亮、没有声音、没有时间……她想爬起来，但全身似乎被一道道绳子捆绑着，动弹不得。

救救孩子，谁能来救救孩子？何父苦苦向自己哀求，他想不出任何办法。就在何父束手无策之时，京山来了，他从来就没有忘记过何小苗。他来到何家走访，当他跨进两间狭小的出租屋时，眼前的景象让京山惊呆了，不大的小屋里面挤住着奶奶、父母和两个孩子一家五口，住所内没有厨房、卫生间，何小苗眼神无光地躺在两张凳子支起的铺上一动不动，一颗稚嫩的心被恐惧、绝望、无助所噬啮。京山看在眼里，急在心里，一定要想方设法改变孩子的状况，当务之急是孩子的心理疏导问题，专业的问题交给专业的人来解决，到哪里找心理医生呢？

京山回法院后将走访情况向少年审判庭张庭长作了汇报，张庭长又向周副院长进行了汇报。周副院长强调，要站在"人民群众满意"的高度看待刑事被害人帮扶工作，要求院政治处积极配合做好被害人帮扶工作。不久，何小苗的心理医生确定下来了，就是院政治处副主任、国家二级心理咨询师孔丽。那是一个午后，何小苗想睁开干涩的眼睛，可一丝力气也没有。光影慢慢飘摇、膨胀，她恍恍惚惚感觉好像睡在一片无边无际的沙漠里。嘴唇干裂、嗓子发烫，好想喝水。可是，黄沙漫漫，连一株小草、一条小虫也没有啊。她只能用力地吸嗫双唇，像沙滩上一条不停翕动的金鱼……忽然，有水滴进嘴唇，润入喉咙，温温的、软软的、香香的、甜甜的，像妈妈的乳汁。她用力睁开两扇石门般沉重的眼皮：窗外直射而入的光线里，一位白净的阿姨坐在床前，一手端着小碗，一手握着小勺，是孔丽在喂米汤。此后的三个月，每周京山都准时接孔丽前往何小苗的家中。孔丽带去了漂亮的玩具，帮着打扫卫生，给她喂水、洗脸、洗手、剪指甲、讲故事……京山自掏腰包为孩子买被褥、换季衣服、图书，送去生活必需品，还买菜为何小苗改善伙食。在京山和孔丽一次次无微不至的关心下，终于，何小苗在一次抱着孔丽大哭之后，小脸上露出了难得的微笑。孔丽抓住机会启动心理评估和干预程序，在孔丽热情、专业的疏导下，沉默无语的何小苗终于敞开了心扉。

三

看着何小苗一天天好转，京山既高兴又担忧，喜的是何小苗从绝望中逐步走出，忧的是何小苗何时才能正常融入社会。对孩子的长远保护，京山丝毫不敢大意。根据未成年人刑事诉讼档案封存的相关规则，京山打算对何小苗案全部审理档案进行封存，最大程度避免刑事犯罪对未成年受害人以后学习、工作和生活产生负面影响。然而档案封存法律制度一般只针对符合要求的未成年罪犯，本案被告人已满十八周岁，不符合封存条件。考虑到被害幼女的特殊情况，京山经请示启动档案封存特别程序，凡涉及被害人何小苗信息的一律虚化或隐去，凡是涉及被害人何小苗的案件材料一律单独立卷归档并实施封存。

洪章成一案归档后，京山并没有轻松下来，他想，要使何小苗回归社会，得到新生，必须换一个生活环境，让何小苗改一个名字。为此，京山与何父做了一次长谈，征求何父为何小苗改名、迁居的意见。何父也想搬离这伤心之地，也同意为何小苗换一个名字，从此改头换面步入新的生活。然而，何家经济上的窘境使何父难以实现搬家的愿望。出事后，何家为了支付何小苗医疗费，家里仅存的一点积蓄都花光了，原本就捉襟见肘的日子，现在更是雪上加霜。患病的妈妈为了让何小苗早日康复，省吃俭用，把自己的药也停了，支撑这个家的何父因为过度劳累，身体更是每况愈下。靠何家自己的力量，为孩子改名、举家搬迁的确力不从心。

京山对何父说，要有信心，有法院在，有政府在，有党在，暂时的困难一定能逐步得到解决。京山征求何父给孩子改名和搬家的意见之后，将何小苗刑事被害人的实际困难报告了组织。常州市武进区人民法院党组将此事列入议事日程。不久，在常州市武进区人民法院倡议下，召开了未成年被告人、受害人帮扶工作联席会议，常州市武进区委政法委、公安局、检察院、司法局、有关乡镇政府、青少年保护协会以及爱心企业等相关机关、组织的领导及工作人员应邀出席。会上，法院启动"青少年保护基金"和"兴国百万护苗基金"，对包括何小苗在内的一批少年帮扶对象实施金钱和物质救济。其他各机关、部门也都制定了失足少年和刑事犯罪少年受害人帮扶意见，表示要以具体行动积极支持和参与何小苗的帮扶工作。会后，公安机关与何家户籍所在地公安机关取得联系，为何小苗改名提供便利。检察院参与了何小苗后续心理疏导。青少年保护组织有关专家提出了何小苗持续心理咨询意见，认为何小苗因他人刑事犯罪被害后，心智受损比较严重，需要人长期照料，要持续给予关怀。有关乡镇不仅落实了何家的新居所，还为何父联系了新的工作。

四

在各级党委、政府、机关、组织、企业的关怀下，何家搬离原乡镇住所，在新居住地廉租一处比较宽敞的房子，何父在一个新的工作岗位上领取到一份不错的薪水，何母医药费也得到部分救助，何家的境遇大为改善。何小苗正式改名何小花，父亲告诉小花，这名字是京山给取的，何小花记住了恩人京山。

当京山前往何家新家时，看着拎着大米、食用油等走进家门的法官，何父、何母十分感动，当场落下了眼泪。何母哽咽着说："你把我们家的事当作自己家的事，把何小花当作自己的孩子，我都不知道该说什么才好。现在不兴磕头了，要是兴磕头，我一定给你磕头！"

京山说："爱心是一名法官应当具备的品质。一个有爱心的人，不仅有同情之心，更应当有悲悯之情。"爱驱赶着京山的脚步，他的目标是给孩子一个阳光的世界，让何小花远离孤独，像一个正常女孩一样背着书包去上学。京山向常州市武进区教育局求助，在京山多次恳请下，常州市武进区教育局特事特办让何小花如愿以偿地进入某镇中心小学，学校还免除了她入学的大部分费用。那天，何小花背着书包走进学校大门，她不再痛苦、不再绝望，她要以一个全新的姿态回报所有帮助过她的人。此时的何小花根本不知道，送她上学的不仅有父亲，不远处还有一双目光远远地注视着她，他就是京山，为了这一时刻，他已经六个月没有完整地休息过一个假日。

京山为何家忙前忙后，有人以为京山是何家的什么亲戚，也

花落花开 常州法院保护未成年人案例精选

有人以为是单位安排的工作。其实，帮助何小花完全是京山的自觉行为。打开京山办公室的档案柜，整齐地排列着百十个孩子的帮扶计划。翻开京山的笔记本，上面密密麻麻地记录着千余个孩子的名字，其中重点关注的就有数十人。京山每年办理二三百件各类案件，平时工作非常繁重，帮扶孩子的事情，几乎都是利用业余时间来完成。远的不说，近十几年来，京山放弃了大部分周末和节假日，在他的日程里，永远都是孩子。京山也有自己的孩子，可他把所有帮助的孩子都当成自己的孩子。

京山有着自己对法律最深沉的理解。在他这里，法律不仅仅是严肃而冷冰的，更是有情有义的，符合最质朴的善良和道德。京山撰写的论文记录着他对如何健全完善未成年人国家监护制度的思考，他认为，惩罚犯罪绝非刑罚的最终目的，在未成年人司法领域，既要解决未成年加害人的生存困境，还要设立专项刑事被害人保护制度，只有从法律制度层面作顶层设计，才能健全与完善具有中国特色的国家监护制度，从而为受害儿童撑起一片蓝天，把法律的春风带进千家万户。

五

将何小花送入新的学校后，职业素养告诉京山，该离开了，作为政法机关司法工作人员，不干扰她就是对她最好的保护。从此，他将卸下刑事犯罪受害人何小花帮扶第一责任人的担子。少年审判庭专门制定了针对何小花的四年持续跟踪计划，京山只是转入幕后，前台交给了妇女儿童保护组织。在此后的四年里，京山作为"结对子"帮教人，持续关注着何小花的成长，他让委托人帮助解决何小花在学习中遇到的问题，有针对性地督促何家加强对孩子的沟通，帮助孩子进步。京山还通过学校间接考察何小花的智力状况、性格特征，以便为提高学习能力提供参考。

京山与何小花再次交集已是 2019 年，何小花即将小学毕业，她不知从哪里听到风言风语，原本学习尚好的她成绩一落千丈，并且声称不想上学，想早点赚钱养家。老师多方劝说都无用，她说自己就是一株自生自灭的小草，认命了。何父何母劝说也无济于事，何小花说，"我心意已决，就别再为我的事浪费精力了"。

京山知道此事后，心里非常难过，就这样放弃，让何小花在自己眼皮底下沉沦下去，京山心有不甘，他希望再做一次拯救心灵的努力。京山用假名通过微信将何小花加为好友，通过微信聊天，慢慢了解到造成她情绪低落的原因是在激烈的竞争中有打退堂鼓的想法。京山每天给何小花发一条激励讯息，还通过学校以召开班会的方式引导她奋发进取，并且联系老师有针对性地对何小花学习中的薄弱环节进行专门辅导。不知何时，何小花知晓了每天与自己聊天的好友竟然是自己的恩人。这天，京山的手机忽然传来短信提示音，这是何小花发来的短信，短信中说："原来你就是救我的法官，是你在我最需要关心的时候关心我，是你像亲人一样呵护我，你是我的恩人，你给我买的衣服，我很喜欢，但我舍不得穿，我一直珍藏着，当作人生道路上一份永远的回忆。你是我坎坷人生中遇到的难得的贵人，我要振作起来，我一定用最好的成绩回报您。谢谢您，祝您永远幸福、快乐！"

人的生命似洪水奔流，不遇着暗礁，难以激起美丽的浪花。七年过去了，一个受伤的幼小心灵得到修复，何小花不仅健康成长，而且在初中毕业后考入职业高中。何小花已经成长为亭亭玉立的中学生，她现在对未来充满希望，正在备考大学，她要展翅翱翔，努力实现身为农村孩子一直以来梦寐以求的愿望，走进高等学府的大门，她舍得付出，面对社会，面对自己的未来，她的心从没像今天这样舒展过。是京山带领她走出了新生的第一步，何小花要用自己的一生努力去回报，做一个对社会有益的人。

京山用法律的春风抚慰着一个个幼小的心灵，用满腔的热血浇灌出一束束沁人芬芳的鲜花。他把全部的心血和汗水倾注于神圣的少年审判事业之中，他用他的一生书写着一首首优美壮丽的诗篇。他以自己朴实的作风、踏实的行动、无穷的人格魅力，感染着身边每一个孩子，塑造着一个伟岸的人民法官形象。

这天，何小花买了束鲜花，她想见一见从未近距离直面过的京山。走到常州市武进区人民法院大门外，她看着高高升起的国旗、庄严的国徽。她知道京山在里面，京山认识她，她多次给京山发过自己取得进步的照片。何小花最终没有迈进法院大门，因为京山说了不见面。何小花不知道京山高矮胖瘦，但是她知道京山是这座大楼里的人民法官。

夏日的阳光是那样的炽热，学校的生活多彩多姿。晚会上，何小花声情并茂地朗诵着诗歌《我想见到你——大山》：

> 我从云雾深处一路走来，
> 带着融入世界的满腔渴望。
> 那只是一颗飘零的种子，
> 不知漫漫岁月是如此沧桑。
> 你拢起破碎凄凉的风声，

从不吝啬为了我献出宝藏。

不知黑夜会否将我湮灭，

太阳徐徐升起后满天辉煌。

当我打算放弃美的追求，

你让小草梳妆精绘成画廊。

一片深情厚意爱满人间，

袒露擎天脊梁让世界瞩望。

大地巍然崛起气象万千，

江河满载我的梦流向远方。

案例评析

《常州晚报》总编　朱佳伟

　　本次推送的案例中绝大部分是"案"，而本作更是"例"：一个法官无微不至关爱未成年人的感人样本，一个未成年人在法官用爱心、悲悯和法律的关爱下告别噩梦走进阳光的生动故事；不是冷冰冰地陈说案例、讲解法理、抽象说教，而是用生动形象的笔调塑造了关爱未成年人法官群体的一个鲜活的缩影，更是艺术地展现了社会各方关爱未成年人的生动实践。本作选材、构思、组织精到，语言表现能力和讲述效应突出，蕴含的思想和情感丰富厚实，整体质量出众。

常州广播电视台副台长　许建俊

　　普通法官京山在帮助一名不幸遭遇性侵的女童，惩处了罪恶，伸张正义之后，依然执着于挽救孩子。为此，七年来他凭着自己的责任和爱心，默默动员起自己的单位、同事等社会各界，历经艰辛，终于让一朵在突如其来的灾难面前几近枯萎的花朵，逐渐走出阴影、健康成长，并能声情并茂地以朗诵《我想见到你——大山》来回报帮助她的法官。更让人敬佩的是，这位在少年审判庭岗位上的普通法官，十多年来一直在为帮助失足和受害、贫困少年，辛勤耕耘，并让148名少年因此生活重回正轨，人生再现阳光。

本案例带有典型性，法官爱心救人事迹感人，行文语言生动，读来如观电视专题。

常州关工委副主任　朱力工

文中的法官京山确实是一个有大爱的人。他除了为受到性侵的何小花伸张正义，按照法律判处了犯罪分子徒刑外，还携手被性侵导致自卑感极强、心里濒临崩溃的何小花走出困境。无论是请心理专家进行干预疏导，还是为她改名、搬迁居住地及联系新学校读书；无论是启动"青少年保护基金"和"兴国百万护苗基金"，从物质上进行帮助，还是退居后台，用微信激励何小花奋发进取，处处可以看见京山法官对未成年人的大爱之心。

文章以倒叙的手法，用一场文艺演出何小花进行朗诵开篇，引发故事，最后以朗诵的诗歌内容结尾，有一气呵成之感。

《常州日报》评论副刊融媒中心副主任　谢雪梅

让148名受害或失足少年的生活重回正轨，让至少870名受害或迷途孩子得到帮助——这是《大爱如山》强有力的数字注脚、事实注脚。

　　抽象的数据之外，本案生动形象地讲述了一个有血有肉感人至深的故事：一个受伤的幼小心灵在法官京山等无微不至的关爱下，最终摆脱心理阴影健康成长为阳光灵气的职高学生。作者笔下的法官是新时代无私奉献关爱未成年人的法官群体的鲜活缩影。

　　本文深含同理之心，悲悯之情，改变之力，未来之思。感性描述与理性思考兼备，直指未来——"如何健全完善未成年人国家监护制度"——像本文主人公法官京山一样，社会各界的有识之士——我们一直在努力，一起在努力。只有社会各方共筑法治长城，法律的春风才能吹进千家万户。

父母离异，双双再婚。原生家庭下挣扎的孤冷少年，终于在沉默中爆发，举起尖刀刺向同窗。少年入狱，法官依法相助，帮少年圆大学梦，并开始回报社会。面对六年的风雨历程，他发出肺腑之言——

感恩法官姐姐！没有你，我将在哪里？

◎王　芳　孙舒妤

愤怒之下　尖刀刺向同窗同学

时光倒回到 2014 年 5 月 13 日，这是阳光明媚的一天。和煦的微风裹着青草和鲜花的芳香，向人们传递着春天的讯息。

中午 12 时许，江苏省常州市新北区的一所中学校园里，刚用过午餐的同学们有的三五成群在操场上踢球、散步，有的则在教室里写作业、托着腮帮子打盹。

突然，从高一（2）班教室里传出一声歇斯底里的尖叫："杀人啦！"紧接着，哭声、喊声、脚步声，夹杂着桌椅板凳的碰撞声，划破了校园片刻的宁静。

同学们个个面面相觑地张大了嘴巴，愣在原地半晌才回过神来，然后惊奇地朝着声音的传出地纷纷涌去。

高一（2）班教室的几扇窗户上挤满了人头。只见教室中央的过道上立着一位少年，眉头紧蹙，摆出一副随时准备迎战的架势，紧握水果刀的右手低垂着，红色的血液正顺着刀尖一滴滴滑落在地。在少年面前不到 2 米的地方，一动不动地趴着另一位少年，浑身血迹斑斑，后脖颈处还在汩汩冒出的鲜血染湿了地面。

教室里乱成了一团。在场的班主任老师立即拨打了"120"电话，并组织同学实施急救。几个胆小的女生被当场吓哭，一位仗义的男生举起板凳欲砸向持刀男生，被同学拉住了。

持刀少年挺起胸膛，就像一名孤独迎战的勇士："都是你们逼我的，来啊！反正我也不想活了，要死就一起死！"

刀，被班主任夺下了。持刀少年跟着老师来到了教务处。一番劝导后，少年的心跳逐渐平稳，恢复了理智，他拿起电话拨通了"110"："我杀人了……"少年因为太紧张了，声音颤抖，甚至有些语无伦次，对方竟然当他是"恶搞"的熊孩子挂断了电话。少年万念俱灰，惊慌失措，"同学死了吗？瞧瞧我都干了些什么！接下来我该怎么办啊……"

杀人少年被捕了。随着案情的逐渐披露，隐藏在他背后的一段发人深省的心酸故事也浮出了水面。

他叫白羽。跟大多数孩子一样，幼年时的白羽在家人的关心、陪伴中度过，他爱笑、爱闹，爱倚在妈妈温柔的怀里撒娇卖萌。可是好景不长，这段美好的时光稍纵即逝，永远定格在了他的记忆里。

7 岁那年，父母离异。母亲远嫁他乡，父亲给他领回了一位新妈妈。父母分别又都添了他们的"新"宝宝。再婚后的母亲很少回来探望他。而父亲一家人一直在船上工作生活，也很少和白羽照面，白羽只好跟年老的爷爷奶奶生活在一起，偶尔在放假的时候，才会去父亲家里待一阵子。

日子久了，父子之间既熟悉又陌生。每次短暂的重逢，白羽都攒了一肚子的话想对父亲诉说，可是还没等他说出口，就被父亲一脸的厌弃、抱怨、训斥，甚至动辄拳脚相加给"挡"回去了。渐渐地，他变得沉默，不爱说话了。

爷爷奶奶非常疼爱这个可怜的孙子，可是家里没有经济来源，仅靠奶奶做些小手工、爷爷替别人拉黄沙过活，日子过得十分窘困。

白羽自小就很懂事，放学回到家，独自做完功课，他就帮着爷爷奶奶照料农田和家务。没人陪他玩，他就通过阅读来打发那些漫长的孤独时光。

长此以往，白羽压制着自己的愿望、需求以及父母对他情感的无视。他不敢反抗，更不敢忤逆父母，就算自己不高兴了也从不吱声。遇到了困难，他也从不主动寻求别人的帮助，已经习惯了自己扛。外表看起来木讷寡言的他，内心深处却敏感、自卑。

进入高中后，白羽的学习成绩虽然一直保持中上，但是他性格孤僻，不擅长与人沟通交流的个性使得班里大多数同学都与他不是很亲近。同班有个叫苏正的男生，家境不错，人缘很好，可就是单单"看不上"白羽。刚进入高中那会儿，他俩同住一间宿舍，苏正就经常有事没事欺负白羽，还在军训时召集了一帮"小兄弟"教训过白羽，两人之间的隔阂也越积越深。

惹不起躲得起，白羽忍气吞声卷起被褥搬回了家。可是，就这样也没能逃过苏正的阴影。苏正拉拢了班里的一帮同学孤立白羽，还时不时对他进行肢体攻击和言语侮辱。他们人多势众，白羽敢怒而不敢言。

因为害怕哪天放学时会遭到这帮同学的阻截，白羽从家里拿了一把单刃水果刀放在身上用来防身，以便随时应付苏正的再次"攻击"。

2014年5月13日，轮到白羽值日。吃过午饭后的白羽正在教室里擦黑板，被路过的苏正有意无意地撞了一下，这一次的擦肩而过再次点燃了"战争"的导火索。苏正挑衅的言语和鄙夷的目光，让正处在青春叛逆期的白羽怒火中烧，长期积压在心底的仇恨如火山一般瞬间喷发。他紧咬牙关，二话没说，回到自己的座位上，从课桌里拿出事先准备好的"防身武器"走到苏正背后，用左手搂住苏正的肩膀，右手反握刀柄，对准苏正裸露的左后颈猛刺三刀……毫无防备的苏正被刺后手捂伤口，踉跄着朝讲台方向走了两步，便瘫软地倒在了血泊中……

所幸的是，经过抢救，苏正左侧手背肌腱断裂，颈部两处各4厘米左右长度的伤口没有夺走他年轻的生命。

案发后，白羽进了看守所。16岁的青春，整天在惶恐、悔恨和孤独无助中度过。他惧怕黑暗，他的内心多么渴望某一天能重回梦想的校园，回到奶奶的身边，过一种安静不被人打扰的生活；多么渴望得到父母，特别是妈妈的关爱；多么希望能获得苏正的真心谅解，亲口对他说声"对不起"……

高墙电网内，白羽等待判决的日子感觉度日如年。

前科封存　卸下枷锁走出牢笼

2015年1月16日，新北区人民检察院以故意杀人罪对白羽提起公诉，量刑建议是对白羽处以实刑。

一周后，新北区人民法院受理了此案。负责审理这起案件的是法院少年家事审判庭的孙舒好法官。

说来也巧，这是孙舒好初到少年庭承办的第一起刑事附带民事案件。在她的脑海里，少年犯应该都是一些小小年纪就因辍学、斗殴、偷盗或迷恋网游等误入歧途的问题少年，身上多少都带着些叛逆和玩世不恭。而当她第一次去看守所送达材料，接触了本案中的被告白羽后，以往印象中的少年罪犯形象完全被颠覆了。

面前的白羽，虽然剃着光头，但斯斯文文，黑框眼镜下那张瘦削的脸，白得不见一丝血色。整个提审过程，他就像只受惊吓的小猫，蜷缩着身体，低垂着脑袋，声音轻得生怕会将对方"吓"跑似的。尤其难忘的是白羽眼睛里的恐惧和绝望，这么一个文弱安静的孩子怎么就成了杀人犯呢？孙舒好实在无法把他与杀人犯这样的概念连上等号。

带着这个疑问和母性特有的情感，孙舒好翻开了案卷。这个在原生家庭里艰难长大的男孩的遭遇，不禁令她惋惜，更让她痛心。幸运的人，一生都被童年治愈，不幸的人，一生都在治愈童年。才16岁啊！这个曾经品行端正，好学上进的孩子，只因一时冲动才酿下大祸。如果简单地就案办案，把他投进监狱那个"大染缸"，不给他一次改过的机会，花儿一样的青春就这样在高墙大院内改写吗……

针对未成年人犯罪，惩罚不是目的，而通过教育、感化、挽救让失足少年洗心革面，回归社会做个有用的人才是司法的终极目标。那天晚上，"审理一起案件，挽救一名失足少年"的司法原则一直在孙舒妤脑海中闪现，她彻夜难眠，心潮无数次地翻滚。"不行！不能判实刑，那样这孩子就毁了。"

接下来的日子，孙舒妤仔细审阅卷宗，不放过任何"蛛丝马迹"为白羽寻找一线"生机"。

真是祸不单行。就在白羽入狱后不久，他父亲因过度忧思，气急攻心，还没来得及见儿子最后一面，跟他说声"抱歉"，便突发心脏病身亡，这无疑是给已经伤痕累累的白羽伤口上又撒了一把盐。就白羽目前的心理及精神状况，怎么还能承受父亲去世的噩耗啊！

百般思量后，孙舒妤决定先将此事瞒着白羽，她利用新北法院的灯塔萌法律志愿者服务中心，引入了心理咨询师机制，为白羽选了一位和蔼、资深的心理咨询师，定期去看守所给他做心理辅导，慢慢给他加温，让他消除戒备，软化他冰封已久的心。

为了给白羽争取更多缓刑的条件，孙舒妤多次到白羽入狱前就读的高中走访调查，在周围同学和老师眼里，白羽为人忠厚老实，不属于调皮捣蛋的孩子，虽然平时不善言辞，性格有些内向，但成绩中等偏上，在校表现也不错。

案发后，被害人苏正家提出了刑事附带民事诉讼，要求赔偿各项经济损失 53063 元。这笔数额对白羽家目前的家庭状况来说，简直等于天文数字。父亲过世，继母指望不上，爷爷奶奶更是无能为力。

情急之下，孙舒妤想到白羽远在外地的亲生母亲，希望她能助白羽一臂之力。谁知白羽母亲的经济情况也不容乐观。孙舒妤努力做白羽家庭成员的工作，最后在爷爷奶奶的说服下，白羽的大伯愿意赔付这笔赔偿金，给案件带来了转机。

她又几次三番去苏正家，争取被害人的谅解。起初的沟通并不顺畅。苏正一家态度坚决，执意要求判白羽入狱并赔偿，没有一点回旋余地。对这样的结果孙舒好能理解。因为那次的伤害，导致苏正后颈部留下了永久的伤疤，左手手指神经不敏感，抓握无力，甚至有了心理阴影，有哪位父母不心疼自己的孩子呢？但她没有放弃，依然"厚着脸皮"一次次上门，一遍遍苦口婆心地"打磨"。

每个人心上都有一块柔软的地方，当苏正一家得知白羽在狱中的忏悔以及他的成长经历和当前的处境后，同为父母的苏正家人被触动了。他们将心比心：白羽跟自己的儿子同岁，人生才刚起步。得饶人处且饶人，毕竟自己的孩子也有过错，白羽已经为这件事付出了惨痛的代价，放过他，也是放过他们自己。更何况，孙法官对工作认真负责的态度和大爱真心令他们佩服。

功夫没白费，孙舒好期待的场景终于出现了。2015年2月11日，当事双方在法院的组织下进行调解。白羽希望当面向苏正道歉请求原谅，所以当天他被提至法院。事隔一年，俩"仇人"再次聚头，已经没有了当年的戾气，平和了许多。白羽将道歉信呈递给苏正，并向苏正一家深深鞠躬。苏正签署了一份谅解书，希望法院对白羽从轻从宽处理，双方握手言和。白羽大伯当场支付了45000元赔偿金。调解成功了，法律效果和社会效果的完美结合，一旁的孙舒好看在眼里，喜在心里，很是欣慰。

经过庭前教育，白羽深刻认识到了自己行为的危害性，有一定悔罪表现，也取得了被害人的谅解，加上白羽犯罪前是名学生，没有劣迹，只是一时冲动才犯下大错，完全具备缓刑的构成要件。2015 年 4 月 16 日，法院正式开庭，白羽的爷爷奶奶和妈妈以及他之前学校的老师都到场参加了旁听。同时，法院还通知心理咨询师也到庭，以便在宣判后对白羽做心理疏导。最终，新北法院以故意杀人罪（未遂）判处白羽缓刑。

"当"，法槌最后一击，庭审宣布结束，法警为白羽解下手铐。白羽缓缓转身目光投向旁听席，庭下早已泣不成声的母亲箭步冲上前去，一把抱住了这个让她牵肠挂肚的儿子，复杂的情感如同决堤的洪水般倾泻而下，是悔恨，是埋怨，是思念……哭声声嘶力竭。开始，白羽的身体有些僵硬，大概是母亲温暖的胸怀融化了他，他的情绪渐渐起了波动，抖动着肩膀，母子俩抱头痛哭。白羽的爷爷则紧紧拉着孙舒好的手扑通一声跪在了地上，老泪纵横，哽咽着说："闺女啊！你对我们家的恩情，我们这辈子报不了，下辈子继续还啊……"此情此景，孙舒好忍不住落泪了……

宣判当天，法庭为白羽办理了释放手续，少年庭领导和孙舒好法官亲自把白羽送回了家。

5 月 4 日这天，新北法院与白羽签署了一份犯罪记录封存决定书，保障他今后在入学、复学、升学及其他基本生活保障方面享受"同等待遇"，"案底"将不再归入学生档案、人事劳动档案。彻底让白羽卸下包袱，轻装上阵。

爱在延续　相伴相随助梦大学

接下来的日子，白羽除了帮爷爷奶奶干些农活，整天足不出户，以书为伴。孙舒好也没有停下继续帮教的脚步，经过一段时

花落花开　常州法院保护未成年人案例精选

间的心理辅导，白羽正在试着慢慢放下不堪的过往，慢慢地治愈自己，帮教工作颇有成效。与孙舒好的相处也亲近了许多，放松了许多，有次谈心时他向孙舒好透露，非常渴望再回到高中校园，继续读书考大学。这个想法令孙舒好感到有些意外，原本以为白羽经历了这么多事，会不愿意再回到校园，而是选择上技校或是学门手艺找份工作。

有理想，求上进，让孙舒好感到喜出望外。可是白羽的亲属们却不赞成，他们觉得白羽已经荒废了一年学业，考上大学的机会渺茫，最好学点手艺早点赚钱补贴家用。孙舒好心里也曾犯过嘀咕，"万一考不上大学呢？"她潇洒地一甩头，立马否定了自己的杂念，"白羽要求上进，给自己确定了目标，多好啊！我应该尊重他的选择，信任他，支持他，事在人为！相信他一定会成功！"

第二天，孙舒好就将案件的进展情况上报了分管院领导，没想到她提出为白羽择校复读的愿望得到了院领导的大为赞赏，随即联合教育局等相关部门，通过组织出面协调，最后经过精挑细选，为白羽争取到了辖区内教学水准很高的一所高中的借读指标。

"重回梦寐以求的校园，重新做一名高中学生，我不会是在做梦吧？"好运从天而降，白羽受宠若惊，他实在不敢相信这一切都是真的，抱起奶奶转了好几圈，跳着笑着，好多年他都没有这么开心了。

喜悦过后，悲从中来。父亲已逝，奶奶家这点微薄的收入过日子都很勉强，如何负担得起高中三年的学费和生活费呢？爷爷满面愁容。孙舒好和庭领导商议后，联系了当地民政部门为他们申请了低保，以低保资金作为白羽的生活费，这样就不会拖累爷爷奶奶了。同时，孙舒妤和庭领导与校方进行了直接沟通，如实将白羽的特殊情况告知了校方，希望学校能给予白羽更多的关心与帮助，还要对其身份绝对保密。学校积极配合，为白羽减免了学杂费和住宿费，最大限度地降低了他的经济负担，还特地选派了一名责任心很强的老师做白羽的班主任，让白羽安心学习。

万事俱备，只欠东风。开学前夕，孙舒妤带着三岁的女儿约了白羽一起去商场给他添置了新衣，购买了新书包和文具用品。白羽一路很腼腆，总是知趣地对孙舒妤的征求意见摇头否定，她只好努力回忆着自己在高中入学时候的"物质"需求，采购了满满一购物车的学习、生活用品。

学校开学报到了。孙舒妤法官把白羽送到了校门口，一路的千叮咛万嘱咐还是让她放心不下，下车时，还唠叨个不停。白羽提着行李静静地微笑着不出声，认真地点头，轻声道，"我知道了，我进去了"，便径直走向校园。没走两步，他突然停住脚步，转身对孙舒妤说了一句藏在心底很久的话："姐姐，谢谢您！"声音虽然很轻，但足以让孙舒妤震撼，泪水瞬间模糊了她的眼睛。

从那天起，孙舒妤成了白羽的姐姐，她喜欢白羽这样叫她，更懂得姐姐这个称谓的分量。白羽也和孙舒妤拉近了距离，交谈时少了些拘谨。他有时会主动找法官姐姐，有什么不能对爷爷奶奶讲的话，他也会和法官姐姐说，有什么成长的烦恼，他会请法官姐姐提供意见。寒暑假里，孙舒妤担心白羽寂寞，会时常邀请他同家人一起看电影，享受美食，谈论新书。每逢新年，孙舒妤都会带上春联和年货去白羽家拜年，向两位年迈的老人问好，尽

花落花开 常州法院保护未成年人案例精选

力替他们解决后顾之忧，让白羽体验人间更多的爱与关怀。

高一时，有一次白羽打来电话："姐姐，学校要开家长会，爷爷奶奶不识字，您能不能……"电话那头，白羽欲言又止。孙舒好听出了他的意思，会心一笑，爽快地答应了。家长会上，同学和家长们向孙舒好投来了好奇的眼光，她淡定地自我介绍，"我是白羽的姐姐。"那天她很激动，也很感慨，因为她平生第一次参加的家长会，竟然不是自己孩子的。

高中三年里，孙舒好和班主任"联盟"，共同肩负着白羽的学习和生活重任。她每月从白羽的低保卡中取出当月伙食费，在每月去探望白羽的时候直接交给班主任，再由班主任定期向白羽的饭卡里充值。她们互加了微信，方便沟通和联系，时时关注白羽的心理状态、在校表现和学习情况。而白羽学习也很刻苦，十分珍惜这来之不易的学习机会。

高二下半学期，负责的班主任老师反映白羽的学习成绩有些下滑，上课心神不定，思想不集中，还沉迷于手机，感觉白羽有早恋的苗头。孙舒好一听到这个消息，先是一阵欣喜，这说明白羽已经摆脱了心理的桎梏，和正常的同龄人一样学会了爱与被爱。可是还有一年就要高考了，怎能在关键时刻掉链子呢？孙舒好犯难了。

她查阅相关资料，借鉴了一些解决早恋的方法，而后来到学校，约了白羽在操场上散步，跟他聊天，询问他的近况。心情放松了，白羽也就不设防了，吐露出他最近喜欢上了班里一位女生的事。孙舒好耐心听他诉说后，拍拍白羽的肩膀笑着说："她是个什么样的女孩啊？什么时候一起约了去看电影？"她这一笑，反倒让紧张的白羽起了"化学反应"。兴奋地跟孙舒好讲述着他青春的喜悦和苦恼。孙舒好见时机合适，便语重心长地对白羽说："爱，是世间最美好的情感，你有这样一种朦胧的情感证明你已经走出来了。姐姐为你高兴。但爱别人是一种神圣的责任，要为对方负责。男子汉要先立业后成家，你目前还学无所成，拿什么给心爱的人以安全感？"

经过几次谈心交流，白羽渐渐调整好心态，学习走上了正轨。可是因为前期思想波动带来的"后遗症"，英语成绩有些不理想。孙舒好主动联系英语任课老师，与他一起分析白羽的薄弱环节，并与老师协商好补习时间，自掏腰包为白羽支付了学费和假期的网络课堂费。

收官的日子来临了。高考前一天，孙舒好预订了一家离考点最近的酒店，房间里预备了食物、水果及一些常用药，她还特意从外地把白羽的妈妈接来陪他一起住，良苦的用心，给白羽增添了高考的信心。"好好发挥，高考结束，我来接你回家。祝你好运！"离开酒店时，孙舒好对他说。

有姐姐的支持和妈妈的陪伴，白羽高考感觉不错。填报志愿时，孙舒好又一次代表白羽家人参加了志愿填报家长会。这一次责任巨大，孙舒好就白羽的高考成绩多方咨询相关人士，再反复斟酌，白羽提出高龄的爷爷奶奶没人照料，外地上学成本高，选择留在本地上大学。

捷报传来，白羽接到了大学的录取通知书，考上了他梦寐以求的大学。听到这个好消息，孙舒好的眼泪夺眶而出，立即向领导汇报、分享。同事向她竖起大拇指说："孙法官，功德无量啊！"

喜悦过后，就要面对残酷的现实。被录取后，孙舒好又开始犯愁了，大学期间高昂的学费从哪里来？靠白羽假期勤工俭学不足以凑足学费。她和庭领导商议，决定对白羽的帮扶工作继续进行下去。法院牵头联系了区团委、检察院，共同帮助白羽，筹措到了第一学年的学费 9700 元。

白羽顺利进入了大学，开始了新生活，但对白羽的帮扶工作仍在延续。大二开始，白羽勤工俭学，在学校食堂打工，每天包两顿饭，在法院协调下，学校为白羽免去了学费和住宿费。目前孙舒好已经调任法庭工作，但她新北法院少年庭灯塔萌法律志愿者的身份没有改变，还在一如既往地为白羽的学业及学费操劳。

白羽是不幸的，但他又是幸运的，遇上了一位好法官，赶上了一个好时代。他没有辜负法官姐姐及社会对他的期望，大家用爱和温暖抚平他的创伤，重塑他的灵魂，他努力学习，认真改造，用自己的行动来回报社会。

前不久，白羽向新北法院提交了一份申请，要求加入灯塔萌志愿者组织，参与志愿活动，参与社会公益事业。

- -

案例评析

常州作家协会主席　李怀中

一个文静的孩子怎么就成了杀人犯？法官既还原现场，也追索其背后的社会、家庭、学校的原因，既冷静办案，更以极大的热忱、持之以恒的爱心，换回一个犯罪少年的明天，读来感人至深。

- -

《常州晚报》总编　朱佳伟

　　一个家庭不幸的少年本已性格有点扭曲，又因为受到校园霸凌激愤动刀杀人，人生行将走向不归之路……在这节骨眼上，他遇上了一位充满爱和温暖的法官姐姐，更遇上了关爱未成年人的时代：针对未成年人犯罪，惩罚不是目的，而是通过教育、感化、挽救让过失少年洗心革面，回归社会做个有用之才！本作通过讲述一位女法官依法拯救、真情关爱并动员社会各方合力救助过失少年的感人案例，展现了社会各方关爱未成人的生动图卷，更用生动的语言、丰满的故事形象深刻地解构、传递了关爱未成年人的法理精神和动人实践！

常州广播电视台副台长　许建俊

　　父母离异造成的问题少年，最终在沉默中拔刀刺向同窗，16岁问题少年一旦破罐子破摔，终将成为社会之害。所幸遇到了孙舒好这样一位坚守"审理一起案件，挽救一名失足少年"司法原则的好法官。从2015年接手案件，到与问题少年以姐弟相称，六年无微不至的关怀、帮助，把"法不容情更有情"的司法大爱演绎得淋漓尽致。"幸运的人，一生都被童年治愈，不幸的人，一生都在治愈童年。"这个治愈的力量，除了自己、亲情，有时更要靠外界，尤其是孙舒好这样有爱心的法官。

　　本案例具有一定的普遍性，行文以案说法，语言清新自然。

常州关工委副主任　朱力工

　　案例典型，对青少年有教育意义。此案以青少年纠纷起，由于青少年的冲动、不理性酿成了伤害案，法官在处理该案中对青少年的关心、挽救贯穿始终。最后的结果非常好，当事人考上了大学，成为社会建设的有用人才。更可贵的是向新北法院提交了一份申请，要求加入灯塔萌志愿者组织，参与志愿活动，参与社会公益事业。

从文字上看，是写一个案件的处理始末，实际上展现了一位优秀法官把青少年的成长作为关注的重点，在审案过程中交心、育人的事迹。与其说是写案件的审理过程，不如说是写一位优秀法官矫正、培育青少年的过程。全文叙事流畅自然，给人真实可信的感觉。

《常州日报》评论副刊融媒中心副主任　谢雪梅

本文乃践行"审理一起案件，挽救一名失足少年"的司法原则的美好样本，法律效果与社会效果完美结合。

校园霸凌是当下社会的热点问题。一个家庭本来不幸的少年因此激愤而冲动持刀杀人，青春眼看就将交付高墙大院——这是法官孙舒好初到少年庭承办的第一起刑事附带民事案，斯斯文文的当事人颠覆了她脑海中的少年罪犯印象。

针对未成年人犯罪，惩罚不是目的，而是通过教育、感化、挽救让过失少年洗心革面，回归社会做个有用之才——法官姐姐依法拯救、真情关爱并动员社会各方合力救助失足少年的主动作为可谓"功德无量"；而失足少年认真改造塑造灵魂，与法官姐姐一起加入灯塔萌志愿者组织的行动，是对社会最美好的回报。

法官姐姐故事背后的故事

◎ 张纪范

人们常说："是金子总会发光。"那么，这个金子在何处发光？是局部的局部（单位），还是局部，还是全局？

"金子"的光亮度又是怎样的？以此类推，在竞争激烈的当今社会，没有足够的光亮度，是不能在全国行业中闪耀着金灿灿的"亮点"。

这个亮点就是示范效应。

发现了好题材

2020 年 10 月底，我收到新北法院发来的第一批"常州法院保护未成年人案例"的 8 篇组稿。粗翻了一遍，其中一篇由孟河法庭员额法官孙舒好写的庭审中依法从宽处理、庭后热心帮教少年、帮他重新扬起人生风帆考上大学的案例。我觉得题材很好，但必须补充采访，重新撰写成可读性强的长篇通讯。若成功，这个典型案例很有可能成为被国家级官方媒体发表的法院保护未成年人的经典案例。我立马拎起电话，与刚退居二线的该院原副院长、现任该院关工委主任的李云燕通话。

李主任原是中院老同事，可以说是个资深刑事专家。李云燕主任告诉我，那个问题少年触犯刑律的案件，六年前由检方公诉到法院时，她就开始关注这个案件：一个正在上高一的少年在与主动"攻击"的同学发生口角时失去理智拿出水果刀刺伤了对方。检方建议量刑判实刑。若判实刑投入监狱，学业停业，那这个少年将彻底毁了。是否可以判处缓刑，让这个孩子回归课堂，不误学业？李副院长在办公室里来回踱步，思索着。她没有把自己的想法告诉承办法官，她想先听听承办法官的意见。

在经过庭审之后的通案中，承办法官提出从轻量刑的意见与李副院长当初的想法一致：可以依法判处缓刑。

继续走程序。无论是合议庭意见还是递交审委会通案讨论，每个环节的各位意见全都一样，于是新北法院下判了：犯案少年犯被判缓刑。

案结事了了吗？虽然分管少年庭，李云燕副院长还负责保护未成年人权益这方面的工作，她和时任少年庭庭长钱利东创建的关爱下一代"灯塔萌"的做法和取得的品牌效应，不但在全市法院系统，甚至在省关心下一代工作条线亦有知名度。所以她对审结的此案仍然高度关注，与少年庭庭长钱利东及承办此案的年轻法官孙舒好商量：是否应该把"文章"继续做下去，并"做大""做好"？上高一的缓刑少年，不大可能再回原学校继续学习，周围环境对他成长很不利，是否可以把此问题少年转校，使尚在生长期的"歪脖子树"，在多方共同努力，经过精心"培植""扶正"成栋梁之材。

转校，是否可以放在重点学校？李副院长与少年庭庭长钱利东及承办法官孙舒好又不谋而合。

新北法院郑重地开出了请区教育部门给予帮助问题少年落实转校的介绍信，李云燕副院长、钱利东庭长和孙舒好法官来到了区教育部门。在教育部门的大力支持下，终于如愿以偿，问题少年进了区教委的重点高中。于是就有了以上故事素材。

不负众望，问题少年在学校和法院、法官的"护航"下终于茁壮成长成为可塑之材。

重大题材谁执笔

怎样把上乘题材变为拿得出的经典案例？电话中，李云燕诚恳地对我说："您能否抽出点时间到我院授课写作，把您发表在各级党媒多篇头版头条采写的经验，特别曾经在国家级媒体上推出的常州金坛法院典型，之后成为国字号英模的采写'秘招'，向我院各庭兼职信息员传授？有利于提高第二批案例组稿的质量。"

为了保证案例组稿的质量，我没有思索，爽快地答应了。当年11月20日，正值秋末初冬季节，那天下午呼啸的西北风把马路两边的树枝横扫，瞬间成了秃枝，树叶纷纷卷起，在空中回旋几番再飘落大地。寒冬快到了，落叶终归根。下午1点半，我提前十分钟来到新北法院，见到还着秋装、早已在法院大门口等候的李云燕主任和原中院宣传处我原下属、现该院综合办干事王芳，她俩在寒风中裹着风衣在接我。我感动了，感受到新北法院关心下一代工作在"升温"。

在辅房三楼的视频会议室，该院关工委案例写作讲座由院党组成员、政治部主任、关工委副主任李锐主持，他快人快语，数分钟的开场白就直接切入正题：经典案例怎样"出笼"？看得出，这是一位有思路能干事的青年干部。

"常州法院保护未成年人经典案例就在你们上报的首批 8 篇案例之中。"我首先抛出了"绣球"，顿时，全场近二十双目光齐刷刷地聚焦在我脸部。最好是我写的那篇——台下干警那种渴望之神色活脱脱地写在了各自青春飞扬的脸上。

我喝了一口茶水，并不着急地娓娓道来，对 8 篇案例逐一进行了点评。说到精彩处，我语音的分贝提高，充分肯定；说到缺陷时，我用建议的语气，征求、鼓励干警作者，再修改，台上台下互动交流着。我还结合自己多年的采写体会："发现、挖掘、包装、推出"的八字经，进行授课，同时不断穿插着发生在常州两级法院典型人物和典型案例且在知名报刊发表或获奖的作品"作料"或"药引子"，吸引了在场干警听得津津有味的目光。

授课的最后"压台戏"当然是孙舒好法官所写的问题少年案例初稿：先赞赏其在办案时漂亮，帮教时对位，选择题材时精准。台下其他干警不时把羡慕的眼光投向她。

我话锋一转：若要精益求精，此稿还需打磨，提出建议修改或增加内容的一、二、三、四、五处细节……

台下干警很认真，不停地在原稿上注明记录修改要点，而此时的我放慢语速，便于台下记录。

收尾时，我再点火、再煽情，动情而自信地说："问题少年案例稿件若经修改成功，可以在全省乃至全国官方媒体上打响，成为保护未成年人案例精品。建议新北法院组织力量重新采写。"

此时，台下鸦雀无声，但都是跃跃欲试的神态。

谁不愿意成为"名篇"的作者呢？

谁写？是原作者还是其他干警？我没有发表推荐意见，其实我心里早有谱，不过不露声色而已。

此案例果成经典

在授课结束的法院"写手"座谈会上，"写手"们希望在场的李云燕主任或我直接点名，但我俩微笑的神态，鼓励着"写手"们毛遂自荐。沉默了数分钟，终于有个脸色绯红的女干警鼓足勇气毛遂自荐，她就是坐在我斜对面的王芳。十几年前，她是常州中院与电视台合办《法庭内外》节目的主持人。在中院宣传处的十年间，她并非以美自居作"花瓶"，她深知鲜花总有凋谢时，于是自找压力，在老手的传授下，没几年就能"单飞"——"大块头"稿件能上大报，成为名副其实的法院宣传"枪手"，其文笔与她的外貌一样媲美。经中院宣传处推荐，被省委宣传部授予常州法院系统唯一优秀宣传工作者荣誉。

此时的王芳当场表态：愿意与原稿作者、此案的承办法官孙舒妤（常州优秀法院人）合作，承担重新采写此稿的任务。

王芳没有辜负重任，她出色地完成了写作任务，在定稿之前，她谦虚地让组稿之一的我对稿件润色润色，我仅提出了在眉题和主标题稍修改的建议：副标题是高度概括，主标题是画龙点睛，这样才能吸引官媒编辑，否则拉不住编辑的眼球会被"枪毙"。

王芳不知此稿是中院特别组稿的重点稿，在《案例精选》一书没有出版之前不能对外发稿的"规定"，她急于想推出所在法院的典型，于是向《中国妇女》杂志发稿，果然一炮打响，后来又被《江苏法治报》全文刊出，尤其是"学习强国"权威媒体发表，影响甚大。当天晚上我闻悉，立马与我的老熟人、26年前我采写发表在《人民法院报》头版头条"全国办案状元"、之后成为"全国第二届杰出青年卫士"、现任新北法院院长任志清通了电话，建议他在所在法院的公众号发"号外"，对处在非常时期的新北法院有着特别的政治意义。

不同寻常且加了编者按的经典案例长篇通讯，在全国政法队伍全面整顿活动之前发表推出如此"大块头"的典型，在市、省乃至全国官方媒体连续发表，可想而知的新闻效应、社会效应和政治效应是轰动的。

常州新北法院的"法官姐姐"孙舒好一举成名，而她背后还有默默无闻的英模人物，就是该院组织策划、实施整个流程，该案例的指挥员：原副院长、现任关工委主任李云燕。

或许是李主任谦虚，她没有讲起自己在此案审结前和审结后帮教的"导向"作用，所以文中没有出现李云燕和现任副院长钱利东的名字。出于弥补，我特写此文，作为编后感言。

走出法院大门，
她又有了"新"的监护人

◎ 蒋园圆

提起未成年人的监护人，我们绝大部分人最先想到的就是父母，没错，父母是孩子成长路上最坚实的后盾。可是，如果父母实施了虐待、家庭暴力等伤害未成年人的行为时，如果父母由于客观因素丧失监护能力时，能不能由其他近亲属来担任监护人一职呢？此时，孩子们的合法权益该如何得到保护呢？或许有人会说这个问题是杞人忧天了，可是，当意外事故发生时，当亲情遭遇考验时，可能，有些孩子真的就陷入了监护困境……

一场意外，原本无忧无虑的她陷入生活困境

8 岁的欣欣活泼、可爱，虽然出生于农村家境普通，但她有一个幸福的家庭，有疼爱她的父母，有无忧无虑的童年，父亲在工地辛苦打拼，努力为欣欣创造良好的物质条件，母亲勤俭持家，勤勤恳恳照顾着一家人的生活起居，一切都井然有序，按部就班地朝着更好的未来努力，所有人都畅想着欣欣将来能够考上大学有一份心仪的工作，过上幸福美满的生活。但是，2011 年的一场意外彻底改

变了欣欣的生活，她的父亲在打工时意外触电，经抢救无效死亡，一家人流干了眼泪，可是无论家人如何呼唤，欣欣的爸爸却再也无法回到大家身边，小家庭原本平静的生活瞬间崩塌。

或许是无法走出丈夫骤然离世的伤痛，或者是无法承受独自抚养女儿的艰辛，或者有其他难以述说的苦衷，欣欣的母亲选择了离开，离开了她生活数年的温暖的家，离开了她只有8岁的女儿。无数个夜晚欣欣都幻想着爸爸妈妈一起回到她身边，她又能在爸爸妈妈的怀抱里尽情撒娇，尽情淘气。可是任凭心中有太多的不解和疑问，小小的她必须接受一个现实，自己在一夜之间变成了"事实孤儿"。

一路呵护，备受家人关爱的她已然亭亭玉立

虽然为儿子的意外身亡伤心不已，虽然对儿媳的决绝离开多有埋怨，虽然已是年近70丧失劳动能力的老人，本该颐养天年的爷爷奶奶毅然扛起抚养欣欣的重担，因为她是儿子留下的心中至宝，因为他们是欣欣在世界上最大的依靠，也因为这个年幼的孩子是那么的懂事可人。每当夜幕降临欣欣想念爸爸妈妈偷偷流泪时，奶奶总是将她搂入怀里，告诉她："宝宝，我和爷爷很爱你，我们一定会陪你慢慢长大，放心吧，不管遇到什么事情，有爷爷奶奶呢……"每当看到别的孩子在爸爸妈妈的陪伴下开心游玩或享受美食时，爷爷总能像魔术师一样变出欣欣最爱的零食，有了好吃的孩子的烦恼似乎也很快消失。

爷爷奶奶对欣欣的照顾无微不至，即便生活艰辛但不缺欢乐，欣欣的大伯虽不善言辞，但他总是在开学前给欣欣送去足够的学

费和生活费，物质上的支持和精神上的鼓励让欣欣和同龄孩子一样感受到了家庭的温暖。欣欣从小就是个懂事的孩子，上课认真听讲，课后积极复习，凭着自己的不懈努力进入了心仪的学校就读，还选到了喜欢的专业，学习成绩一直名列前茅，各种社团活动都有她积极的身影，是老师口中令人放心的孩子。

一场诉讼，法治阳光温暖"少年的她"

2020年5月，欣欣的爷爷奶奶诉至法院，申请撤销欣欣母亲的监护人资格并指定他们为欣欣的监护人，溧阳市人民检察院支持起诉。庭审前，法官就欣欣母亲胡某是否尽到抚养义务进行全面了解，胡某离家多年且几乎与欣欣没有联系，所以多番周折后才联系上了胡某，胡某解释最初是因为丈夫死后家里没了经济来源，自己无奈之下外出打工，自然也就没有时间照顾欣欣，此后因为长期未回家双方也就慢慢断了联系。看到自己的女儿现在亭亭玉立、成绩优异，胡某倍感欣慰，她感谢欣欣祖父母和其他家人多年来对欣欣的关心和照顾，也对十余年来未能陪伴在欣欣身边表示歉意。鉴于欣欣本人的意愿，胡某同意由欣欣的祖父母作为欣欣的监护人。

虽然欣欣不是案件当事人，但她是被监护的对象，监护人的撤销与指定是涉及她本人切身利益关乎她健康成长的重要选择，所以，法官认真听取了欣欣的意见。交谈中，欣欣说："这么多年一直是爷爷奶奶辛苦照顾我，让我和其他孩子一样能够快乐地生活、学习，所以我希望爷爷奶奶成为我的监护人……"

《中华人民共和国未成年人保护法》第一百零八条第一款规定：

"未成年人的父母或者其他监护人不依法履行监护职责或者严重侵犯被监护的未成年人合法权益的，人民法院可以根据有关人员或者单位的申请，依法作出人身安全保护令或者撤销监护人资格。"《中华人民共和国民法典》第三十六条规定："监护人有下列情形之一的，人民法院根据有关个人或者组织的申请，撤销其监护人资格，安排必要的临时监护措施，并按照最有利于被监护人的原则依法指定监护人：（一）实施严重损害被监护人身心健康的行为；（二）怠于履行监护职责，或者无法履行监护职责且拒绝将监护职责部分或者全部委托给他人，导致被监护人处于危困状态；（三）实施严重侵害被监护人合法权益的其他行为。"在欣欣父亲去世无法照顾欣欣的情况下，欣欣的母亲作为唯一的法定监护人，没有切实履行抚养欣欣的义务，也不承担抚养费用，甚至长期不看望欣欣，符合不履行监护职责和怠于履行监护职责的情况，不宜再担任欣欣的监护人。欣欣的祖父母虽已年迈，且无抚养欣欣的义务，但出于对欣欣的关爱之情，他们长期抚养欣欣，与欣欣形成密切关系，作为祖父母，他们完全符合《最高人民法院、最高人民检察院、公安部、民政部关于依法处理监护人侵害未成年人权益行为若干问题的意见》中"未成年人其他监护人"的范畴，从对未成年人"特殊、优先"保护原则和"儿童利益最大化"原则考虑，欣欣祖父母取得监护权，有利于更好地保护未成年人欣欣的生存权、受教育权等权利，因此，法院支持了欣欣祖父母的请求。

一次交心，经历生活变故的她依旧充满阳光

2020年6月，法院判决撤销了欣欣母亲的监护人资格并指定

欣欣的祖父母为其监护人。三页判决不过千余字，却是法院对保护未成年人合法权益的勇敢尝试，是对其他不履行监护职责或怠于履行监护职责的监护人作出的最直接警示，这份判决也承载着承办法官对欣欣美好生活的期盼。拿到判决书，欣欣祖父母悬着的心终于可以放下了，他们表示会集全家合力，给欣欣更多的关爱。

判决生效已近一年，欣欣目前的生活和学习还好吗？欣欣因母爱缺失受到的心灵伤害缓解了吗？欣欣祖父母在履行欣欣监护人职责的过程中有遇到困难吗？为了解答心中的疑问，法官利用假期跟欣欣进行了一次面对面交流。这个本就开朗的孩子给法官详细述说了目前的学习情况，她说感谢法院指定祖父母为自己的监护人，她会好好学习争取以优异的成绩找到满意的工作，通过自己的努力回报爷爷奶奶的辛苦付出，回报大伯的鼎力相助。谈到母亲，欣欣依旧没有释怀，法官给她耐心分析了妈妈当年选择离开可能存在的原因，也告诉她作为母亲不能守在孩子身边妈妈的心中肯定也有无法述说的懊恼和悔恨，希望她能够解开心结，不再纠结过去，不再怨恨妈妈，不再让阴霾充斥自己来之不易的幸福生活，就像书上写的那样，"生活或许是困苦的、艰涩的，但心，仍然可以向着美好跑去"。欣欣说："虽然我没有办法像法官阿姨说的那样立刻原谅妈妈，但如果妈妈再联系我，我也会试着去跟她沟通，或许我慢慢长大后也能理解妈妈当初的为难和不舍……"回访结束后，法官坚信：小小的她，虽然经历了生活的考验，但依旧充满阳光、向往美好，也更肯定了我们在保护未成年人道路上付出的一切努力都是值得的。

未成年人的健康成长，不仅是无数家庭的事，更是关乎国家未来的国事。父母是未成年子女的法定监护人，有保护被监护人的身体健康、照顾被监护人的生活、管理和保护被监护人的财产等义务，监护制度为未成年人的健康成长提供了保障，但是对未成年人监护的社会干预还是有必要的，监护中出现的一些问题需要社会作为外界力量的介入和干预。当父母不履行监护职责甚至侵害被监护人的合法权益时，人民法院不能墨守成规，而应当根据有关单位和人员的申请，全面审查撤销监护人的必要性，听取各方当事人的意见，综合判断哪方监护更有利于未成年人成长后作出是否撤销监护人资格和变更监护人的判决。国家对未成年人承担的职责情况是衡量一个国家经济社会发展的重要指标，国家是未成年人最大的监护人，对所有未成年的健康成长负有职责，侵害未成年人权益被依法撤销监护人资格，体现了国家干预监护的司法特色，更体现了对未成年人的特殊关爱。

案例评析

常州作家协会主席　李怀中

一个普通的家庭，一场意外的事故，一份法律的及时介入，一位少女的健康成长，让读者看到了阳光，感受到了美好。尤其在法官努力下，作为小学生的女儿有了理解母亲的可能。

常州广播电视台副台长　许建俊

8岁幼女，突遭家庭离散；"事实孤儿"，如何在爱的陪伴下健康成长？这一沉重话题，幸运在于因为法官能尊重实际，不因循守旧、千方百计用活法规空间的创新之举，而迎来新的希望。

实事因事而制，时代在变，司法也应顺势而为、因时而变。亲生母亲被撤销监护人资格这一案例本身具有新意，同时，亲生母亲被剥夺监护人资格，是否也意味着当今时代一些墨守成规的办案理念也将一去不复返？本人以案说法，不失为一篇优秀案例。

超越血缘的父爱——法律之外的温情

◎ 王　昊

　　2019 年 9 月 2 日上午，一位面带愁容的男子来到钟楼法院立案庭，跟随他一同前来的还有一位看起来像是他母亲的老妇人，红着眼眶，也显得十分忧虑。男子名叫蔡德成，在向立案庭工作人员咨询过程中，蔡德成道出了自己的故事。

　　2014 年 5 月，24 岁的蔡德成与 16 岁的颜雯雯相识，对于这个比自己小八岁的女朋友，蔡德成十分疼爱，双方在恋爱期间可谓"缘之所起，一往而情深"，仅仅五个多月的相处，二人便已走到了谈婚论嫁的阶段。虽然那时的颜雯雯未满法定结婚年龄，但彼时的蔡德成已被爱情冲昏了头脑，对于与颜雯雯共同生活一刻也无法等待，在向颜雯雯求婚成功后，他按照习俗，于 2014 年 10 月 3 日在常州恒记饭店举办了婚礼。彩礼、金器齐备，风风光光地迎娶了颜雯雯。即便双方暂时不能领取结婚证，有一点小小的遗憾，但在外人眼中，蔡、颜二人可算是天作之合，迎接他们的将会是美满幸福的人生。

　　婚后的生活逐渐归于平淡，蔡德成每天需要上班，白天只有妻子颜雯雯一人在家，而颜雯雯也经常外出，蔡德成只当妻子年少爱玩，并未放在心上。日子一天天过去，意外的惊喜降临在这个小家庭中，颜雯雯怀孕了。得知这个消息的蔡德成喜悦之情溢于言表，足金挂件、钻石吊坠，给小妻子的礼物买了一份又一份，以感激她为家族添丁做出的贡献。十月怀胎，瓜熟蒂落。2016年5月21日，颜雯雯在常州市妇产医院诞下一个漂亮的女儿。"如画如诗，纯美秀妍，就叫蔡诗妍吧。"蔡德成面带骄傲，满怀爱怜地为女儿取下了名字。

女儿出生后，相较于蔡德成的激动与喜悦，颜雯雯却显得有些忧心忡忡，时常心不在焉。蔡德成看在眼里，认为妻子可能有些轻微的产后抑郁，他将生活的重心放在家庭上，对妻子和孩子的照顾越发无微不至。可颜雯雯的情况却并未好转，仍然显得有些闷闷不乐，蔡德成也不得其法，只能按部就班，履行着自己丈夫和父亲的职责。

时间如白驹过隙，转眼孩子降生已经一年半了。其间，颜雯雯仿佛失去了恋爱时期对蔡德成的激情，对其不闻不问，对孩子也不甚上心，过了哺乳期仍是时常外出，家中事务都丢给了蔡德成料理。对此，蔡德成也是一头雾水，但出于善良的本性和对年少妻子的怜爱，他也没有对颜雯雯太过责难，只是默默地承担起这一切。他心中抱着一个希望，等妻子再成长一些，一切就都会好起来的！

蔡德成的期许并未实现，现实给了他一个沉重的打击，2017年11月，颜雯雯离家出走了。面对妻子的不辞而别，蔡德成陷入了深深的困惑与自责，困惑于妻子离去的原因，自责于未能及时开启妻子心扉，导致了这样的结果。随后便是奋力地寻找，安徽、江苏、浙江，蔡德成找遍了妻子可能的去处，却一无所获。就在蔡德成试图报警时，颜雯雯通过其家人向蔡德成传来了讯息："别找我，我有了新的生活，与你从此一别两宽。"确实，虽有夫妻之实，却无夫妻之名，从法律上看，她仅仅是自己的"女朋友"，平凡的自己如何能留住年少的爱人呢，就当黄粱梦醒吧。淳朴的蔡德成不断自我安慰，他不再一味怨怼狠心的颜雯雯，而是将全部的注意力和人生希望放在了女儿蔡诗妍身上，是啊，这一切不只是梦，我还有女儿，把女儿带好，也许"妻子"会有回心转意的一天，一切也许都会好起来吧。

自此，女儿蔡诗妍成了蔡德成的精神支柱，成了他慰藉自己情感伤痕的药。同时，对女儿的亏欠感也与日俱增，这一切都让蔡德成对女儿越发地悉心抚育。其间，即便听闻颜雯雯已与他人领证结婚，也未能动摇蔡德成对女儿的爱，颜雯雯的离去使蔡诗妍成了蔡德成的全部。

时光荏苒，蔡诗妍在满溢的父爱下茁壮成长，转眼已到了上幼儿园的年龄。上幼儿园需要登记户口，由于父母并未登记结婚，上户口需要出生证明和亲子鉴定证明。不虞有他的蔡德成带着孩子做了亲子鉴定，可生活再次向这个淳朴的安徽汉子开了个玩笑，安徽金盾司法鉴定所出具司法鉴定意见书，鉴定意见载明："根据现有资料和 DNA 分析结果，排除蔡德成是蔡诗妍的生物学父亲"。"排除"这两个字像两把尖刀，插入了蔡德成的心脏，不甘、愤懑的情绪充满了他的身体，一定是弄错了，那一次次的拥抱、对视、亲昵都在证明着女儿与自己的亲缘，难道都是虚妄？一定是弄错了……

怀着一丝希望与侥幸，蔡德成做了第二次亲子鉴定。奇迹没有出现，安徽龙图司法鉴定中心出具的司法鉴定意见书载明："根据现有资料和 DNA 分析结果，在不考虑同卵多胞胎、近亲和其他外界因素干扰的前提下，排除蔡德成为蔡诗妍的生物学父亲"。"爸爸，爸爸，你怎么了？"一脸木然的蔡德成已经无力回应女儿懵懂的关切——天塌了。

往后的日子里，每当蔡德成面对尚不知情的女儿那可爱的面容时都心如刀绞，曾经的生活在他心中是如此虚假，支离破碎的人生已经无法让他与这个世界达成和解。痛定思痛，蔡德成意识到当下只有一途可破局，那就是直面这一切痛苦的源头——颜雯雯。蔡德成向颜雯雯的家人陈明利害，取得了颜雯雯的暂住地址，他决心振作，利用法律的武器为自己讨回一个公道。

聆听完蔡德成那段冰冷的回忆，立案庭工作人员怀着同情心指导他填写立案所需的材料。在经过长久的犹豫后，蔡德成咬着牙、含着泪在诉讼请求一栏写下：（1）确认孩子蔡诗妍与蔡德成无亲子关系；（2）请求颜雯雯承担孩子的抚养义务并帮蔡诗妍上户口；（3）请求颜雯雯返还孩子的抚养费 60000 元；（4）请求颜雯雯返还彩礼钱 79000 元；（5）请求颜雯雯承担精神损失费 50000 元；（6）请求颜雯雯返还生育医疗检查费 12583.29 元；（7）请求颜雯雯承担孩子的教育费、医疗费 5000 元；（8）诉讼费由颜雯雯承担。

阅看案卷后，承办人陷入了思索，蔡德成的遭遇无疑令人同情，但若是按照其诉状上的请求，其与蔡诗妍必然"骨肉分离"，对孩子的伤害不可谓不大。且在蔡德成的诉请中，包含了确认亲子关系纠纷、抚养权纠纷、不当得利纠纷、同居析产纠纷等多个法律关系，如何妥善处理难度较大。千头万绪，第一步还需先找到颜雯雯。

根据蔡德成提供的地址邮寄的应诉材料被退回，退件记载查无此人，电话无人接听。因案件涉及人身关系，公告送达的方案不可行。承办人随即前往公安部门查询，根据在公安户籍部门调取的颜雯雯登记的暂住信息，与蔡德成提供的住址信息某某花园××幢乙单元502室一致，看来只能从这个地址着手了。根据颜雯雯的暂住信息，承办人联系到了该暂住地址的房东，并携书记员前往其所在单位邹区灯具城调查情况。房东反映，公安暂住信息载明的房屋确系其所有，只是自己从不认识颜雯雯，房屋也是自己与家人居住，并未出租，房屋信息可能被盗用了。调查至此，直觉告诉承办人，颜雯雯并非随意登记暂住地址，她的实际住所不远了。来到某某花园××幢乙单元五楼，只有501和502两户人家，承办人试着敲响了501室的门，果然，一位年轻女子开了门，正是颜雯雯，承办人遂向其说明来意，屋内还有一年轻男子，似乎是她现在的丈夫，得知来者身份后显得十分生气。颜雯雯对法院人员的到来并未太过吃惊，似乎早有心理准备，面对承办人的询问，颜雯雯的回答充满了无奈，她承认当初就知道孩子并非蔡德成亲生，出于后悔、愧疚等原因，她选择了逃避，但她知道迟早有一天会东窗事发，虽然现在没有工作，并无能力抚养孩子，但愿意尝试去尽到一个母亲的责任。在向颜雯雯送达了应诉材料及开庭传票，办好了相应手续后，承办人轻轻叹了口气，在这对年轻人的争吵声中离开了出租屋。

2019 年 10 月 17 日上午 9 时，本案如期开庭，为避免孩子受到刺激，法庭决定让蔡德成的母亲带着蔡诗妍在庭外等候。庭审中，蔡德成明确了自己的诉请，并提交了出生证明、司法鉴定意见书、医院产检的各项费用发票等证据，颜雯雯对证据均无异议，她承认孩子是自己所生，但并不确定孩子的父亲是谁。对于蔡德成的诉请，颜雯雯表示孩子的户口肯定要上，也愿意将孩子接回去抚养。但是自己没有工作，靠现在的丈夫生活，经济拮据，当年蔡德成支出的生育费、这些年来孩子的抚养费，以及蔡德成的精神损失费无力承担。

承办人在庭审过程中组织双方进行调解，试图找到一个折中的、双方都能接受的解决方案。颜雯雯依旧愁容满面，她向承办人袒露心声，她心中也很清楚，孩子是自己的，抚养义务始终需要自己承担，但现实又是如此艰难，自己年少冲动，抛下安稳的家庭寻找新天地，没想到这些年来也没能找到更好的生活，21 岁没有工作，经济来源只能依靠现在的丈夫，实在是无力负担当年欠下的债；现下自己与丈夫只是租房暂住，为孩子办理户口困难重重；关于孩子的抚养问题，只能托付给乡下的父母，自己的丈夫万万不能同意自己带着别人的孩子生活。承办人向蔡德成转达了颜雯雯的意见，并向其陈述利害，关于彩礼等费用，证据并不充分，且后续如果蔡诗妍由颜雯雯抚养，这笔债务将对母女二人的生活造成重大的负担；颜雯雯同意抚养蔡诗妍，但如果孩子真的由颜雯雯带走，要么由乡下的外公外婆带大，要么跟着母亲和继父颠沛流离，未来的生活令人担忧，需要谨慎考虑。面临两难的选择，看着母亲流泪怀抱着尚不知情的孙女，蔡德成红了眼眶，

花落花开 | 常州法院保护未成年人案例精选

长久考虑后，蔡德成决定放弃彩礼、精神损失费，但仍然坚持余下的诉请，孩子也暂不要求颜雯雯带走，这已是他最后的底线。

调解无果，法庭宣布择期宣判，蔡、颜二人带着无尽的悲伤和无奈离开了法院，等待着最后的判决。在最为关键的蔡诗妍的抚养问题上，承办人也陷入两难，根据法律规定和公序良俗，蔡诗妍并非蔡德成的亲生女儿，应当由颜雯雯承担抚养义务，蔡德成独自抚养蔡诗妍三年已属不易，判令颜雯雯承担母亲的责任并补偿蔡德成天经地义。然而颜雯雯的现状也着实令人担忧，担忧无辜的蔡诗妍未来将面对怎样一种截然不同的生活，三岁的小女孩，突然被告知要永远离开亲爱的爸爸和奶奶，去往一个陌生的地方与陌生的"母亲、父亲"或"外公、外婆"共同生活，那种剧烈的生离场面想来都让人觉得撕心裂肺。然则奈若何，驳回蔡德成的诉请则有些太过强人所难，太不公平。在综合考虑案情后，承办法官最终还是在公序良俗价值和个案的未成年人权益间选择了前者，艰难地在判决书中写下结论：

蔡德成提交的鉴定意见排除蔡德成为蔡诗妍的生物学父亲，虽然亲子鉴定系蔡德成单方委托，但颜雯雯对鉴定意见并无异议，故本院对鉴定意见予以采纳，对蔡诗妍非蔡德成亲生，双方无血缘关系的事实予以认可，蔡德成主张要求确认其与蔡诗妍不存在亲子关系的诉请本院依法予以支持。

关于蔡德成请求颜雯雯承担蔡诗妍的抚养义务，并为蔡诗妍上户口的诉请，因蔡德成提交的出生证明载明颜雯雯系蔡诗妍母亲，且颜雯雯对该事实予以认可，故本院确认颜雯雯与蔡诗妍存在亲子关系。父母对子女有抚养教育的义务，为减轻诉累，且基于对未成年人合法权益的保护，关于蔡诗妍的抚养权本院在本次诉讼中一并处理，颜雯雯作为蔡诗妍的生母，应当承担对蔡诗妍的抚养义务；作为蔡诗妍的母亲，颜雯雯理应帮助女儿办理户口登记，但户口登记必须由户籍管理部门审批，法院应充分尊重行政机关依法行政的权力，不能越权代替行政机关作出某一具体行政行为，户口登记不属于人民法院民事案件处理范围，故蔡德成的该项诉讼请求本院不予支持。

关于蔡德成请求颜雯雯返还抚养费及产检生育费的诉请，因蔡德成与蔡诗妍并无血缘关系，也不存在法律上的拟制血亲关系，其对蔡诗妍并无抚养义务，然蔡德成实际抚养蔡诗妍至今，故其支出的相关费用应当由蔡诗妍的抚养义务人颜雯雯予以返还。蔡德成为颜雯雯支付的产检及生育费用有医疗费发票予以证实，亦应当由颜雯雯予以返还，本院予以支持；蔡德成主张的抚养费，本院考量本地实际生活水平，酌情支持抚养费标准为 1500 元 / 月。蔡德成自认颜雯雯于 2017 年 11 月离家出走，在此之前蔡诗妍为双方共同抚养，故相应的抚养费返还标准应减半为 750 元 / 月，蔡德成主张颜雯雯返还的抚养费经本院核算为 47250 元（计算至 2019 年 9 月）。

法院最终判决："一、确认原告蔡德成与蔡诗妍为非亲子关系；二、被告颜雯雯应承担对蔡诗妍的抚养义务，并于本判决生效之日起十日内返还原告蔡德成产检生育费及抚养费合计 59833.29 元；三、驳回原告蔡德成的其他诉讼请求。"

判决书发出后，在法定期限内蔡德成、颜雯雯均未提出上诉，事情看上去似乎告一段落。但审理虽然结束，后续的执行问题却一直牵动着承办法官的心。经承办法官了解，在法院判决后，蔡德成曾将蔡诗妍送至颜雯雯处生活过，但颜雯雯因故又将蔡诗妍送回蔡德成处，且颜雯雯也未支付产检生育费及抚养费。因颜雯雯未能履行判决书确定的义务，蔡德成于2019年12月10日向法院申请执行，要求强制执行颜雯雯返还生育费及抚养费，并要求颜雯雯将蔡诗妍接回抚养。为妥善处理后续事宜，承办法官也参与了执行中的协调工作。再次来到法院，蔡德成的眼神已不再像当初那样迷惘，他向承办法官表示经过之前短暂的分离，发现自己与蔡诗妍三年的父女之情已经很难割舍，自己已经萌生了继续抚养蔡诗妍的意愿，只是相关的手续不知如何办理。得知蔡德成有此心意，承办法官心中有了底，也许先前判决时的艰难抉择可以找到两全之法。承办法官向蔡德成表达了敬意，虽无血缘关系，但出于个人的无私和对未成年人成长的责任感，蔡德成毅然选择承担这份本不属于他的责任，令人钦佩。同时，承办法官也向蔡德成释明了后续孩子户口登记及办理领养手续可能面临的问题和法律后果。另一方面，明确蔡德成和蔡诗妍的合法权益仍应维护，颜雯雯应当承担的生育金及抚养费由法院继续向其执行。经过沟通，蔡德成撤回了要求颜雯雯将蔡诗妍接回抚养的执行申请，为确实解决蔡诗妍目前面临的上学问题，承办法官表示愿意提供相关的帮助。此刻，蔡德成流露出如释重负的神情，也许，只有在经历过人生的重压后，才能真正明白自己最珍视的究竟是什么。

在后续的执行过程中，法院对颜雯雯的财产状况进行了筛查，正如颜雯雯本人所说，她的经济情况不容乐观，名下并无可供执行的财产，故法院依法将颜雯雯纳入失信被执行人名单并对其采取限制消费措施。蔡德成方面，经法院与公安机关协调，说明关于蔡诗妍的特殊情况，先为其登记了户口便于入学。关于蔡家领养蔡诗妍的法律手续，目前正在与相关机构协调办理中。

法律是有局限性的，法律人只能遵循理性做自己认为正确的判断，然后接受它的事与愿违，而蔡德成却选择了超越世俗的情感，将片刻的感动化作持久的责任，这份高尚也给了承办法官一个实现道德救赎的机会。故事的最后，蔡氏父女终于生活在了一起，未来也许还有坎坷，但衷心希望这份特别的亲情能够温馨长久地持续下去。

案例评析

常州作家协会主席　李怀中

一份冰冷的非婚生生物鉴定，一种超越血缘的伟大父爱，两者形成强烈的冲突！主人公将片刻的感动化作持久的责任。这份高尚是一束给当今一些社会人实现道德救赎的"极光"。

《常州晚报》总编　朱佳伟

未成年人保护需要法律的力量，需要社会各方的关爱，更离不开家庭家人的温暖。本文的小主人公诗妍是不幸的：母亲抛弃家庭出走，待小诗妍上幼儿园时父亲又发现与她无血缘关系，一气之下诉至法庭，而结果势必将诗妍归母抚养，然而其母又根本无能力……小诗妍的人生遇见了"冰山"。承办法官怀揣保护关爱未成年人的一腔热血,费尽周折,克服重重困难,办理这起极其棘手的案子。而法官们办案的勤勉辛劳和细致的思想工作助燃起诗妍父亲心底的人性之火,他毅然办理了领养法律手续……本案例行文如泣如诉,读来令人唏嘘不已,在感受超越血缘的父爱、触摸法律之外的温情同时,深深体会到未成年人健康成长之不易,保护关爱未成年人之任重道远,意义深远!

常州关工委副主任　朱力工

　　这是一位值得社会肃然起敬的父亲。24岁的"他"与16岁的"她"相识相爱,在没有领结婚证的情况下举办了婚礼,生了一个漂亮的女儿。父亲的"他"满怀喜悦,履行着一名父亲的职责。女儿一岁半的时候,母亲的"她"却忽然出走了。转眼间女儿到了上幼儿园的年纪,需要亲子鉴定证明才能上户口入园。亲子鉴定的结果让父亲的"他"蒙了,DNA分析结果,排除"他"是生物学父亲。此时天塌了,愤恨、纠结涌上心头。父亲的"他"拿起了法律武器,为自己的权益进了法院。法院根据公序良俗判处母亲的"她"担负起抚养责任,然而,现实中"她"经济能力差,养自己都困难更别说养女儿了。此时,父亲的"他"发现女儿的短暂分离使他难以割舍三年的父女养育之情,他萌发了继续抚养女儿的意愿,只是相关的手续,不知如何办理。法院承办法官向父亲的"他"表达了敬意,虽无血缘关系,但三年养育之情和对未成年人成长的责任感,让"他"选择这份本不属于他的责任,令人钦佩。现实版的"仁慈、父爱"展现在大家面前。父亲的"他"可能在现实中也是一位很普通的市民,但选择了超越世俗的情感，将片刻的感动化作长久的责任，这份高尚将推动社会向善、向美。

《常州日报》评论副刊融媒中心副主任　谢雪梅

法官们怀揣保护关爱未成年人的满腔爱意，不辞辛劳，费尽周折，盼来了小诗妍"父亲"心底的良善爆棚，他超越血缘的狭隘，办理了领养法律手续……本案例促成了当事人的道德飞跃，不仅让小生命有了温暖的家，也让普通人与高尚同行。

特殊的成长

◎ 祁冻一

题记：那一瞬间，一道善良的光朗照了你，这是人道的光辉、人性的光辉。

——汪　政

2021 年的"六一"儿童节快到了，又该去看望小睿睿了。

金坛法院少年庭的法官们不约而同地讨论起给睿睿买些什么礼物的话题，睿睿是不是又长高了？是不是又懂事了些？是不是学会了喊我们？今年，睿睿 11 周岁，按理该是一名小小少年了。经讨论，大家觉得除了彩笔、绘图本、故事书等，可以再加上一个彩色魔方，听说，稍大些的小朋友多玩玩魔方更有利于开发智力。

5 月 28 日一早，少年庭的法官妈妈法官姐姐就赶往睿睿家。天气晴朗，空气中荡漾着初夏的气息，暖意里的麦田泛着金色的波浪，又是一季麦熟时，心中多了几分收获的喜悦。

王蕊法官看着路边熟悉的景致，有些感慨：少年庭的法官自 2012 年儿童节看望小睿睿以来，距今已是第十个年头了。自己

2015年调入少年庭也有七年了。这七年，看着小睿睿一点一点长大，一点一点变化，心里真有说不出的高兴。

是啊，这十年，是睿睿健康成长的十年，也是少年庭法官牵挂的十年。可以说，从来没有一种成长让少年庭的法官们如此欣喜、如此欣慰！

因为，睿睿是特殊的。

一、案件的痛点

2012年2月中旬，金坛法院少年庭受理了一起抚养权纠纷案。

原告是孩子的妈妈小云，请求法院判令孩子由自己抚养。事实和理由：2009年12月，原、被告二人按农村风俗举行了结婚仪式，一直未领取结婚证。2010年11月生育非婚生子睿睿。由于双方性格差异较大，加之被告脾气暴躁，经常殴打原告，已无法共同生活。被告强迫原告放弃对儿子的抚养权，故请求法院判令非婚生子睿睿归原告抚养。

从诉状和提交的简单材料看，案件并没有什么特别之处。承办法官蒋小蓉与书记员按程序向被告送达诉状及相应材料、应诉通知书等，并安排了3月15日庭前调解、3月29日正式开庭的时间。

庭前调解那天，被告小宏没来法院，调解没能按期进行。

直到正式开庭前夕，原告小云突然给蒋法官打来电话，说孩子已多日不见，孩子父亲即被告小宏坚决不说孩子去向，怀疑是被被告藏起来了，并哭诉孩子肯定被遗弃了，要报案。

蒋法官感到问题严重，立即向庭长祁冻一汇报了情况。大家分析了一下，感觉事有蹊跷，把孩子藏起来不让原告见完全可以

花落花开 | 常州法院保护未成年人案例精选

理解，但为什么要说遗弃呢？于是再次向原告了解详细缘由，原来孩子一出生就患有"唐氏综合征"、先天性心脏病，时而会发作肺炎，且二人目前均没有能力为孩子进行治疗。

大家明白了，睿睿是个特殊儿童。

事不宜迟，蒋小蓉法官立即给被告打去电话询问孩子情况，被告小宏回复说让法官放心，但不肯说明孩子去向。被告如此态度，法官哪里能放心！次日，被告小宏被传唤至法院，蒋法官与祁庭长共同与小宏谈起了话。小宏开始支支吾吾怎么也不肯说明孩子去向，只是一味让法官放心，孩子很好。法官便将《未成年人保护法》关于"特殊保护"、虐待、遗弃、藏匿、委托照护、非法送养等规定，以及《刑法》关于遗弃罪的法律后果向其作了释明，并严厉批评了小宏的错误做法。小宏终于说出了实情，孩子目前请了自家的亲戚帮忙带着，每月付1200元工资，自己每天下班后再将睿睿接回家；不愿说出孩子去向，实在是怕原告知道后抢走孩子，他认为孩子母亲是云南人，本地又没有其他亲人，两人分手后没有固定居所，工作不稳定，根本没有能力照顾好孩子，更谈不上带孩子医治。孩子自小得病已经很可怜，不想再让孩子吃更多苦。只因原告争着要孩子，才出此下策，遗弃的事是绝不可能做的！小宏表示，开庭那天一定会把孩子带过来。

中等身材的小宏，清瘦、朴素，说话始终慢言慢语，看上去性格温和，并不像原告所说的那样暴躁。小宏走后，法官的心中仍然忐忑不安。

开庭这天，小宏果真和亲戚一起把睿睿抱来了，法官悬着的心才算放下。

原告见到孩子，一下就把孩子抱住不肯放下，泣不成声。

开庭了，祁庭长将孩子抱过来。按出生日期，睿睿应该有16个月了，一般孩子都已蹒跚学步，但睿睿看上去却只有10个月大，四肢绵软，不会站立，"唐氏儿"特征明显，发紫的嘴唇微张，不时有口水流出，呼吸粗重，"先心病"正在折磨着孩子。怎么逗，睿睿面部都没有任何表情，祁庭长怜惜地抚摸着孩子。不过有一点让人颇觉放心，孩子穿着整洁，皮肤白皙，脖子上挂着一条有小金花生坠子的红绳，左手的小手腕上戴着一根五彩线，一看就是备受呵护的宝贝。

法庭上，原、被告唇枪舌剑，互不相让，各自提交自己有能力抚养孩子的证据、工作证明等，均激烈主张孩子随自己生活。

原告说，被告自小父母离世，一直是孤儿，每天要出门打工，脾气不好，现既没有人力精力也没有时间带孩子。

被告说，原告家在云南农村，本地无居所无亲人，且没有稳定工作，难以照顾好孩子。

原告说，我可以将孩子带回云南，托给自己母亲带。

被告说，不行！孩子不能离开自己父母身边，他的心脏也不适合长途颠簸，而且后续还要进行治疗。

辩论中，被告小宏突然站起来，将右手举过头顶说：我发誓！我从来没有对孩子有过不好，以后也一定会对孩子好！

双方各执己见，坚持要孩子的抚养权。庭审调解未果，择日宣判。

二、人性的光辉

睿睿暂时仍由父亲小宏照顾。

二人争夺小睿睿的情景，让少年庭的法官陷入了沉思。在处理家事案件中，有多少不负责任的年轻父母甚至家人，在遇到孩子问题时，不愿多负担一分，甚至明确不要孩子，生怕孩子成了以后生活的拖累，更何况像睿睿这样身体有缺陷的孩子呢？如今，原告小云、被告小宏这对80后年轻人，虽没有稳定工作，也缺少其他家人的帮助，却为孩子的抚养权不肯有丝毫让步。法官们分明看到了人性的光辉在闪耀，不禁赞叹不已，被二人的行为深深地感动了。

本案中，谁更适合抚养孩子是焦点，而小睿睿的特殊身体状况又是痛点，更是需要考虑周全的难点。但细细一想，这个难点，却是调解最好的突破口、切入点。

在很多情况下，法官会更多考虑幼儿随母亲生活。但从本案实际情况看，睿睿母亲漂泊在外，无居所，无亲人，无稳定工作，加之随意改变孩子的成长环境很可能对孩子产生不良影响。大家初步认为，相比之下，由父亲即被告小宏来抚养更有利于睿睿成长。但是，孩子的成长不是小事，绝不能草率作出判决！

小睿睿究竟随谁生活更为适宜，成了少年庭大家的事情。

随即，少年庭组成了三人"考察组"，由祁庭长带队，对睿睿家进行实地"考察"。

睿睿的家就在金坛北边的一个小村庄里。村口的一条小路直通到家门口，门前一条小河缓缓流淌，一群白鹅游来游去。

两层小楼，一间平房，坐北朝南，院子颇大，屋内家具简单干净，后门外有一大片即将成熟的麦田。生活环境真没得说！接着祁庭长一行又走访了周围几家邻居，邻居们对小宏赞赏有加，对小云也非常认可，邻居们还表达了一个愿望，希望他俩复合，小云能回来。

法官的内心确信度又提高了！

综合这些情况，祁庭长及时向院领导汇报并提议，能否通过院维权基金帮助解决孩子的部分医疗费用。院领导非常重视，很快作出了批示。可以！

下一步的重点，就是要做通原告小云的工作了。

那天，在办公室，祁庭长泡了一杯茶递给小云，紧挨着小云坐下，与她交起了心。

"你与小宏也认识多年了，孩子也十几个月大了，你说句真心话，你觉得小宏为人怎样？"祁庭长问小云。

"其实他人还是挺好的。"小云简单地回答，祁庭长感觉有了说下去的可能。

"那你为什么不留下来？找一个可靠的人不容易，我们也去村里了解过，对你俩印象都很好。金坛是个好地方，小宏各方面条件也不错，不要有一点矛盾就要分手，关键也为了孩子，你还是留下来一起生活吧。"祁庭长真心希望二人和好，共同养育小睿睿。

"我俩性格差异太大了，我也很不适应这里的生活，心情总好不起来。我还是想回老家去。"小云很是坚决。

"那么，你觉得孩子在哪里生活更好？你的顾虑又是什么？"

祁庭长进一步问道。

"我承认这里成长环境更好，孩子父亲也是负责的。但我想经常看到孩子，也怕孩子父亲重新组成家庭后孩子会受罪。"小云说着哭了起来。

遇到这样的情况，法官是心酸的，无论怎样，父母的分开往往会给孩子带来无形的伤害。

接着，祁庭长、蒋法官把双方抚养条件的利弊一一分析给小云听，小云渐渐平静下来，终于认认真真地去思考孩子的抚养问题，直言诉状中说被告脾气暴躁，经常殴打自己，并不全是事实，只是在争孩子的时候有过激烈争吵。一切也都是为了孩子的抚养权。

祁庭长说："你的心情完全可以理解。但你可不可以选择相信小宏？他是父亲，在法庭上也表了态，而且现在做得怎样你也看到了。其实，你俩的爱子之情感动了我们，小睿睿患病是不幸的，但遇到你们这样的父母又是幸福的！"

小云心里的不安慢慢放开了。

5月3日，原、被告签了调解协议，小睿睿随父亲小宏生活，并充分保障了母亲小云的探视权。

其间，时任团市委书记的陈琦同志得知了案件情况，深为感动，很快为睿睿争取到了免费的儿童先天性心脏手术的指标。

5月28日上午，风和日丽，法官妈妈会同团市委的阿姨们，专程看望了小睿睿，并赠送了资助款和儿童用品。

8月下旬，团市委陈琦书记特地转达了一个好消息，小睿睿在常州市儿童医院顺利完成了心脏手术，手术很成功！小睿睿终于摆脱了"先心病"的折磨。

不久，一期题为《人性的光辉》的节目在江苏卫视播出。采访中，小宏说，自己自小就是孤儿，知道没有父母的苦痛，所以，自己再苦再累，也要给患病的儿子最好的生活，不让他受一点委屈；要用一辈子为孩子创造幸福，因为孩子的幸福就是我的幸福……节目中，小宏特别表达了对法院、对团市委、对社会各界的感激之情，让他更增添了创造美好生活的希望和信心！节目播出后，在社会上引起了不小的震荡。一起平凡的案件、一个平凡的事例、一群平凡的人，却使人们见证了人性的善良、社会的温情、人间的关爱。这些闪耀着的璀璨光芒，将会照亮社会的每一个角落。

此后，少年庭的法官妈妈们开启了对小睿睿十年的关爱之旅。

三、关爱的旅程

今天，2021 年 5 月 28 日上午，法官妈妈们又来到睿睿家。

刚在村口下车，突然远处一个小孩沿着小路朝这边奔跑过来，王蕊一下就认出了睿睿："哇，这孩子又长高了，你看他跑过来的脚步多么稳啊！他肯定完全认得我们了！"激动地伸出了双手……法官王蕊阿姨现在可是睿睿最好的朋友了。王蕊自从 2015 年调到少年庭后，她每年都要提前精心挑选好礼物，和睿睿一起过个快乐的儿童节。这些年，虽然也在不断调动，但王蕊始终没有停下关心睿睿的脚步。每次，睿睿总是喜欢坐在王阿姨的腿上，听她讲各种各样的动物故事，这个时候，睿睿总是显得特别安静、乖巧，仿佛听懂了阿姨讲的每一句话、每一个故事。

见此情景，十年间坚持来看望睿睿的祁冻一庭长感触最深，睿睿特殊的成长过程历历在目，她也为一任又一任的年轻法官挑起了未成年人维权工作而高兴，虽然自己明年就要退休了，但她完全可以放心地把这项工作交给年轻的"法官妈妈"了。

记得，2013 年 6 月 1 日，法官妈妈与团市委的阿姨们来看望睿睿时，小宏介绍了睿睿的康复情况："心脏好了，肺炎好了，呼吸正常了，身体和智力的生长一下子快了好多。多亏了法院、团委帮了天大的忙啊！"当看到小睿睿居然知道伸手接礼物时，大家都惊喜万分。原来，睿睿的四肢不再绵软，已经能站立了，脸上也闪现出正常孩子该有的表情。

记得，2014 年 4 月的一天，春光明媚，金黄的油菜花开满了田野，法官妈妈来带睿睿放风筝了。这时的睿睿还不会独自行走，她们抱上睿睿，奔走在田间小道上，高高的风筝飞翔在蓝天之上，睿睿顺着法官妈妈手指的方向看向天空，看着看着伸出了手试图去抓风筝线，这一小小的动作令大家激动不已，又是不小的进步啊！那一刻，大家都乐开了花。田间的油菜花仿佛开得更灿烂了，散发着强大的生命力。

还记得，2015 年，法官阿姨们给睿睿带来的动物图画书，他拿起书居然自主地翻开来，王蕊不失时机地给他讲起了图画里的故事，睿睿眨着的眼睛越来越有光亮了。

更记得，2016 年，睿睿抓起彩笔画圈圈了；2017 年，在夸奖睿睿画的圈圈真好看的时候，他竟然开心地咧开嘴笑了……2020 年，睿睿拿着玩具枪大步走在前面，领着大家出了村口……这些点点滴滴的变化、成长，都深深地印在法官妈妈的脑海里，欣喜着、祝福着!

此刻，睿睿正向法官妈妈奔跑过来，他奔跑的姿势，俨然就是一个正常的孩子啊！大家的眼眶湿润了……

睿睿的奔跑，既有他父亲小宏多年来精心的照顾和培育，为了他，小宏至今未组建新的家庭，未去收入更高的远方工作，放弃年轻人追寻的那种自由自在的生活方式，只有看着睿睿健康成长，才是他最大的愿望，他，辛苦并快乐着！

睿睿的奔跑，也有法官妈妈们（如今有法官阿姨、法官姐姐，还有法官爸爸呢）十年来对睿睿的无私关怀，有对睿睿父亲的不断鼓励和帮助，更有法官们对未成年人维权工作那份热爱和责任！他们，坚持并传递着！

快乐的时光总是过得很快，又到了分别的时候，"睿睿，我们走了哈，要听爸爸话，多学点本领，下次再来看你啊！"王蕊阿姨握起睿睿的小手，教他挥手说再见。

睿睿的小手紧紧地牵着王蕊阿姨的手，久久不肯松开，好像懂得相会与分别的含义，那依依不舍的神情，像爱一样绽放在他的脸庞，那么真实、那么珍贵！

案例评析

常州作家协会主席　李怀中

面对"为患唐氏综合征孩子的抚养权互不相让"的80后无稳定工作的小夫妻，法庭组成"考察组"，团市委为患儿争取先天性心脏病免费手术，关爱的路程很长、很长——现实有无奈，人间有真情。

《常州晚报》总编　朱佳伟

关爱未成年人，需要法律的力量，更需要人性光辉的温暖！本作便是生动深刻更是感人至深地讲述了这样一种理念，传递了这样一种精神。离异的父母争夺孩子的抚养权，而孩子却身患多种重疾，相较于那些推脱抚养责任乃至遗弃孩子的阴暗行为，这是一束人性的光辉；而法院和团市委等社会各方绵延已达10年的关爱更是令人感动、感怀、感奋，深深体味到人性的温暖和社会的关爱。这是一个非常有个性、有教化意义的案例，不仅是关爱未成年人的好样本，更是挥发人性光辉的好读本。故事讲述感人，语言质朴精要，情感有张力，思想有深度！

常州广播电视台副台长　许建俊

少年庭法官10年爱心接力，2岁幼儿春、夏、秋、冬四季享受爱的阳光。10年帮扶，更让原本相互埋怨、唇枪舌剑的父母最终相互体谅、一别两宽。虽然未能让一对夫妻破镜重圆，却也总算让一个飘零中的幼童因为人性的回归而找到终身依靠。

一起平凡案例，法庭内外的人间大爱，让幼童特殊的成长充满阳光。

《常州日报》评论副刊融媒中心副主任　谢雪梅

儿童是社会的弱势群体，病患儿童更加弱势，如果没有一个完整的家庭，无异于雪上加霜……好在父母争夺抚养权。法院妈妈们将心比心地调解，联系团市委争取免费手术指标，从法官姐姐到法官妈妈乃至法官奶奶，长达 10 年的爱心接力，这个正能量满满的法官群体让自小就是孤儿的单亲父亲感受到了人性的光辉、人间的温暖。

　　本文内容翔实，语言质朴，细节丰富，闪烁着思想的光芒，是人性光辉的好读本。

横山桥法庭关爱站：点点滴滴都是爱

◎ 黄文娣　张华杰

如果无法给孩子一个完整的家，那就给孩子一份完整的爱。

未成年人是祖国的未来和民族的希望，其健康成长关乎小到家庭、大到国家和社会的命运。作为"家事特色审判法庭"，经开区法院横山桥法庭在处理涉少类案件中，始终坚持从保护未成年人权益出发，倾心呵护每一个未成年人的成长。

一、夫妻离婚，孩子抚养问题是前提

小钱和小赵是一对年轻的夫妻，恋爱期间，二人都是从外地来常务工，相同的经历使他们有了一定的共同语言，很快小钱向小赵求了婚，二人就此步入了婚姻的殿堂。但婚后的生活更多的是柴米油盐，少了原来的浪漫与温馨，小钱和小赵也逐渐发现，双方在婚前缺乏足够的了解，和对方的矛盾越来越大，双方都感觉对方不是自己要找的人。二人孩子的出生虽然一度缓和了夫妻间的矛盾，但也给原本就仓促组成的家庭增添了更多的压力。生完孩子的小赵辞职在家做起了全职妈妈，由于孩子的出生让家庭开支增加了很多，为了生活得更好一点，她一边带娃一边做起了兼职，对小钱的要求也变得越来越高。巨大的经济压力，让小赵焦虑不已，而作为丈夫的小钱不仅不能在经济上给予家庭更多的帮助，也无法在精神上给予慰藉，二人的心态逐渐失衡，常常为一点琐事发生争吵，甚至大打出手。为了避免夫妻矛盾进一步激化和带娃的辛苦，小赵将刚满一岁的孩子交给住在老家的父母照顾。就这样，婚姻的车轮在生活的道路上磕磕绊绊地前行，直到最后一根稻草的落下，小赵下定了决心，结束这段婚姻。原来，为了躲避小赵的唠叨，小钱开始整日不回家，并寄希望于投机取巧赚快钱，最后钱没赚到，反倒欠了一屁股债。家里本就不富裕，还要还债，让小赵根本看不到生活的希望，与孩子的聚少离多更让母子之情日渐淡漠，这样的生活令她绝望了，冷静一周后，她向法院提起了诉讼，要求与小钱离婚。

收到离婚起诉状的小钱并不意外，他的内心早有预感这一天迟早会到来，他与小赵一起来到了法院，准备亲手结束这段孽缘。在审理过程中，双方对离婚、分割财产等问题都没有异议，唯一有异议的是，两人都不肯独自抚养孩子。小钱告诉法官，孩子虽然一直由自己的父母照顾，但是父母年事已高，照顾一个孩子终归力有未逮，且孩子刚满三周岁更需要母亲的关爱，因此希望孩子由女方直接抚养，自己可以按月支付抚养费。而作为母亲的小赵却认为，孩子一直由爷爷奶奶照顾，贸然改变孩子的生活环境肯定对孩子不利，自己一直待业在家，没有稳定的收入来源，即便男方愿意支付一定的抚养费，也无法解决根本问题。另外，小赵还悄悄告诉法官，自己还有再婚的想法，如果带着孩子另外组成家庭，肯定也对孩子不利，希望法官考虑自己的实际情况，将孩子判由男方抚养。

　　面对双方的推诿，横山桥法庭的葛峰法官在庭上向双方释明："在刚才的庭审中，双方对孩子的抚养问题未能达成一致，都不愿意由自己承担抚养义务。考虑到你们的孩子尚年幼，不管你们离不离婚，孩子的抚养问题都要处理好，这是前提。只有你们把孩子的抚养问题处理好了才能处理离婚！"多方调解下，小钱和小赵始终无法就孩子的抚养达成协议，最终，法庭判决双方不予离婚。

　　"在涉少离婚案件中，一般情况是夫妻双方争抢孩子的抚养权，而像这种双方都不要孩子抚养权的，比较少见。"横山桥法庭法官葛峰说，法庭在处理类似案件时，首先要考虑孩子的抚养问题，因为这关系到孩子的健康成长。虽说孩子可能由爷爷奶奶或外公外婆一方抚养，但这些都无法代替父母的关爱与呵护。"作为父母，如果无法给孩子一个完整的家，就努力给孩子一个完整的爱吧。"

二、最小伤害，要给孩子完整的爱

　　阳春四月，草长莺飞。在一个阳光明媚的下午，横山桥法庭的黄冬梅法官，换上了一身便装来到经开区潞城中心小学。今天她可不是来办案的，而是对前不久处理的一起离婚纠纷中的未成年人进行回访的。在学校特意安排的一间教室里，她终于见到了这个梳着一条马尾辫的小姑娘菲菲。表明来意后，黄冬梅法官动情地问道："现在和妈妈生活在一起感觉怎么样？你爸爸有没有时常去探望你，关系缓和了吗？""我跟妈妈生活在一起挺好的，我才不稀罕爸爸来看我呢！"菲菲噘着小嘴，一脸不屑地说道。黄冬梅法官看着眼前这个小女孩，想起自己叛逆的女儿，心中泛起一丝涟漪，思绪不禁飞到了六个月之前。

春节刚过，空气中还夹着一丝寒意，横山桥法庭的立案大厅里走进来一位身着淡蓝色牛仔裤、白色羽绒服、脸型微圆、描画淡妆的普通中年妇女，她急火火地将一份起诉状递给了立案窗口的值班干警。"我要起诉，我要跟我老公离婚，他常年不着家，也不管孩子，我跟公婆发生矛盾，他从来都向着他母亲，这日子没法过了，希望法官帮我尽快处理！"看着倒了一肚子苦水的当事人，窗口的接待干警向她投去了同情怜悯的目光，拍着胸脯保证道："肯定给你尽快处理！"第二天，一份离婚案件的卷宗出现在了黄冬梅法官的办公桌上。

"你好，我是横山桥法庭的法官。请问是陈超吗？法院收到了一份来自你妻子王艳的离婚起诉状，如果你愿意调解离婚的话，请你今天下午来法庭处理！"黄冬梅法官看着卷宗，立马给被告陈超拨去了电话。出乎意料，下午2点，陈超准时出现在了法庭。"我愿意离婚，也愿意给女方一定财产上的补偿，我唯一的要求是女儿菲菲一定要跟着我生活，如果王艳同意的话。"看着男方这爽快劲，办惯了疑难扯皮离婚案件的黄冬梅法官竟一时没反应过来。"我同意女儿菲菲跟着陈超生活，明天就去法庭办手续！"电话那头的王艳也是一口答应。第二天，陈超和王艳手中都拿着一份民事调解书，曾经的夫妻终于成了最熟悉的陌生人。看着二人远去的背影，黄冬梅法官暗暗地叹了口气。

"怎么回事，这才三个月，王艳怎么又来起诉变更抚养权了！这不是开玩笑嘛！"黄冬梅法官看着眼前的卷宗不解地说道，立马给王艳打去了电话，要求王艳到庭说明情况。"我也想按照协议处

花落花开 | 常州法院保护未成年人案例精选

理，可是女儿不愿意跟着他爸爸走，我也没有办法。"王艳一脸委屈地说道，眼中却闪过一丝不易察觉的狡黠。黄法官推了推黑框眼镜，严肃地说："民事调解书已经生效，不能随便更改，既然你们双方就女儿的抚养问题达成了一致意见，就应该按照调解书履行！如果没有重大的情况变化，法院是不会变更抚养权的！"考虑到女方的"不诚信"，黄冬梅法官本想驳回女方的起诉，但为了最大限度保护未成年人利益，还是要求王艳带着女儿菲菲和陈超一起到庭调解。

看着眼前这个圆圆脸蛋，个头和自己女儿一般高的小姑娘菲菲，黄法官柔声问道："你是愿意跟着爸爸还是跟着妈妈生活？""我当然愿意跟着妈妈生活，从小到大都是妈妈和姥姥照顾我，这个男的从来都不关心，也不给我买衣服和零食，前几天还硬要把我带走，还把我姥姥打伤了，警察叔叔都来了，他太讨厌了，不愿意跟他一起生活！"菲菲斩钉截铁地说道。在一旁偷听的陈超却默默地流下了眼泪，他告诉黄法官，这些年自己为了家庭，一直在外创业，虽然对女儿的关心是少了点，跟她母亲也的确有很多矛盾，但是女儿学习生活的费用他都是一直打到王艳的卡上的，只是她妈妈从来不跟孩子说这些，只是一味在女儿面前说自己的缺点，导致现在女儿都不肯叫自己爸爸，所以这次离婚，只要求把女儿的抚养权给他，让自己有机会好好弥补对女儿的亏欠。"从目前的情况来看，菲菲是愿意跟着妈妈生活的，如果强制要求菲菲跟着你生活肯定不利于她的成长，改善和女儿的关系需要慢慢来，我建议你还是把女儿的抚养权让给女方。"黄冬梅法官无奈地对陈超说道。面对现实，陈超表示为了女儿还是愿意作出让步，只是请求法院让自己和女儿菲菲能够独处三十分钟，把自己的心里话告诉女儿。

为了满足陈超的愿望，也为了给菲菲一个完整的爱，在黄冬梅法官耐心开导下，父女二人走进了横山桥法庭为未成年人准备的"关心下一代工作站"。三十分钟后，眼角噙着泪水的陈超与王艳重新坐在了调解桌前。"你们要考虑好，一旦在这里签字，你们在法律上没有任何关系，但对于孩子来讲，无论你们怎样，她都是你们的孩子，你们永远是孩子的爸爸妈妈。如果无法给孩子一个完整的家，那就给她一份完整的爱！"在双方签字前，黄冬梅语重心长地提醒双方。

其实，这也是横山桥法庭的法官们对每一起涉少离婚案双方当事人在离婚之前都会重点提醒的一句"台词"。因为，法庭的法官们在长期处理离婚案件中，最了解夫妻离婚对孩子的伤害。

谈起夫妻离婚对孩子的伤害，黄冬梅法官总是感慨地说："现在很多离婚案件中，一些夫妻只顾自己眼前的利益，根本不顾孩子的感受。相反，孩子已成为夫妻一方要挟对方谈条件的砝码了。因此，我们在处理这些涉少离婚案时，首先想到的是如何最大限度维护这些孩子的利益，如何最大限度减少离婚对他们的伤害。"为此，法官们可能要对每一起案件做大量的工作，除了解释法律之外，还要说服、感化当事人，有时一个案子要来来回回很多遍才能达到法律、社会效果的统一。

三、晓之以理，法官化解少年心结

男孩小强也是一名初中生，今年上初二。小强的父母因感情不和而离婚。关于小强的抚养权问题，小强父亲朱先生表示要孩子的抚养权。而小强的母亲则表示，愿意尊重孩子的意见。

法官约了小强谈话。谈话中，小强悄悄告诉法官，自己想跟母亲生活。而法官了解到，小强的母亲是外地女嫁到常州，离婚后没有房子，工作也不稳定。40多岁的妇女要独自抚养一个正要用钱年纪的男孩，今后的生活可能会很吃力。而小强的父亲虽然不是很有钱，但是本地人，有房子，有稳定的工作收入，从经济上衡量，跟着父亲生活对小强更为有利。

于是法官问小强，为什么要跟着母亲生活？小强起初不愿意说，后来在法官的耐心开导之下，小强终于说出了心里话：平时父亲对自己管得严，特别是学习上要求特别高。而母亲则相对和蔼，从不苟责自己。

"父亲对你严格要求是为了你好。"法官对小强语重心长地说，"父母离婚，跟你没有关系，不管你今后跟着谁一起生活，你的主要任务就是好好学习，你的唯一目标就是健康成长、早日成才。你现在是成长的关键期，需要有人指导和管教。父亲对你管教严格，那是对你好啊。"

听了法官的一席话，小强改变了自己的想法，最终决定跟父亲一起生活。

"虽然法律上规定，对10周岁（《民法典》改为8周岁）以上的孩子在父母离婚时抚养权的问题上，要听取孩子的意见，但这并不等于要对孩子的意愿无条件地服从。在孩子抚养权的问题上，只有一个标准，那就是对于孩子的成长利益最优化。我们综合孩子父母双方的家境、人品、受教育程度、经济能力、生活居住等各种条件，依据最有利于孩子成长的一方来考虑抚养权的归属。用通俗的话来讲就是一切为了孩子。"横山桥法庭庭长黄文娣说。

后记：司法护佑少年成长，关爱伴随祖国未来

在处理涉少离婚案件中，横山桥法庭始终坚持以法治助力青少年权益保护，用司法柔情守护青少年健康成长。

同时，法庭不断延续"爱"的平台，以法庭关爱站为平台，在常州市中级人民法院、常州市关工委指导下，联合各级妇联、街道学校、社区村委等各单位，不断扩大影响力，形成社会合力，共同为青少年撑起一片法治的蓝天。

案例评析

《常州晚报》总编　朱佳伟

此文基于横山桥法庭处理涉少类案件的诸多实践，通过三个典型案例以及法官们在保护未成年人工作中作出的努力和探索，提取了三个处理涉少离婚抚养类案件的司法取向：一是将未成年人最优化的抚养选择放在首位，二是要尽力引导各方存异求同聚合给孩子完整的爱，三是在庭内庭外要多听听孩子的心声，多考虑孩子的意愿，而一切的出发点就是对孩子的成长利益最大化。以点带面，点面结合，从个别归纳整体，从现象抽取本质，便是此文的最大特点。

1号司法建议书发出以后
——记一起特殊的恶势力犯罪集团案件

◎ 李艳伟

虽然案件办结已近一年，但对案件的思考仍时不时萦绕在承办法官王逸的心头，不知那些失去自由的少年犯是否认识到了自由的可贵，能否痛改前非；更不知那些受到伤害的小姑娘是否还会从噩梦中惊醒；亦不知那些忙于工作的父母们对孩子的关爱可曾多一些……

豆蔻少女酒吧约会，一场噩梦的开始

2019年3月24日凌晨5时许，雅莉的爸爸已在上班的路上，雅莉特意晚点起床，以避开爸爸的唠叨。昨晚爸爸跟雅莉念叨了一晚，说无论如何也要再回到学校读书，翻来覆去总是那几句话雅莉的耳朵早就起了茧子，心想着烦死了。自己不喜欢读书不是一天两天了，读了一学期的初一课程根本跟不上，看着辍学的小姐妹们天天在微信朋友圈里晒着吃喝玩乐，心中十分羡慕。春节后，雅莉打定主意不读书了，要到社会上闯荡闯荡。

家里平时就雅莉和爸爸两个人，雅莉父母已离婚多年，这两

年雅莉连妈妈的人影都见不着。起床后，雅莉无所事事地刷着手机，和微信里的好友有一搭没一搭地聊着，小雪说要给自己介绍男朋友的信息引起了雅莉的兴趣，并把对方的照片和微信号发送了过来。聊天中男孩子自称王某，雅莉被王某的见多识广和俊朗的外貌深深地吸引，约好晚上在武进的一酒吧见面。

晚上雅莉赶往约定的酒吧。酒吧里闪烁的灯光、动听的音乐中，王某频频向雅莉示好，并跟雅莉说外面的世界如何精彩，跟着自己可以赚大钱，想怎么就怎么花，还可以见大世面。雅莉对眼前的新鲜世界满是好奇，对王某更是充满了崇拜。王某和他的几个哥们儿不停给雅莉敬酒，从未喝过酒的雅莉醉意朦胧，不知怎么跟着王某回到了他住的地方。到了房间后发现男男女女十来人，三四个男的恶狠狠地围着一个跟自己年龄相仿的姑娘拳打脚踢，嘴里说着"龙哥让你陪客人睡，那是给你机会，你竟然把单子搞砸了"，姑娘脸上青一块紫一块，泪流满面地说自己真的不能做这个。突然，一个男子拿了一把半米有余的砍刀出来，直把姑娘拖过去，握着刀柄砍在女孩背上，并继续拳打脚踢。

雅莉被眼前的景象吓了一跳，酒也醒了，想着赶紧离开，还没到门口，王某带着几个男子把自己拦了下来，说"来了这儿，哪能说走就走，听话点，不然你的下场比她更惨"。雅莉想着赶紧拿出自己的手机报警，却发现王某手里拿的正是自己的手机。说话间雅莉被连拉带拖地带到一个房间里。

房间里还有几个姑娘，有一个大姐大模样的人劝雅莉同意他们的要求，不然要遭到对方的毒打。过了一会儿，他们又把雅莉叫出去，说刚来第一天，先上点规矩，要雅莉蹲马步，并在雅莉头上放了一瓶矿泉水，瓶子掉下来就要挨打。雅莉不小心掉下来几次，被他们打了好几拳，还有一个人用扫把棍子打了她背上好几下，威胁雅莉说："不要想逃跑、更不要想报警，否则你会死得很惨，你的父母也会有危险。明天给你培训上班。"

雅莉只能假装顺从他们回了房间，想着一定要逃走。房间里的女孩子被陆续带出去了。凌晨三四点钟，雅莉观察了一下，守在房门口的男子已经熟睡，雅莉便鞋也不穿地蹑手蹑脚走到大门处，轻轻地拉开锁，赶紧跑下楼，跑出小区。

惊魂甫定的雅莉号啕大哭地在路上走着，引起了路边烧烤店店主的注意，在店主的帮助下，雅莉终于等来了自己的父亲。回到家中的雅莉仍瑟瑟发抖地哭个不停，雅莉的父亲焦急地询问她到底发生了什么事儿，雅莉啜泣着把一切告诉了父亲。雅莉的父亲一边安慰雅莉，一边气愤地说，必须报警！

重拳出击，打击涉未成年人恶势力犯罪

公安机关接到雅莉父女报警后，高度重视，迅速展开研判，一举抓获了十几名犯罪嫌疑人。经法院审理查明，2018 年 4 月始，被告人吴某某纠集章某、赵某、孙某等人在常州市武进高新区以某足浴店为据点从事卖淫活动，长期以假意处男女朋友、电棍电击、罚蹲马步、奸淫、拍裸照等手段，控制多名未成年被害人为该足浴店卖淫，逐步形成了以被告人吴某某为首要分子，被告人赵某、孙某为重要成员，其他十名人员为组织成员的恶势力犯罪集团。该恶势力犯罪集团，为谋取非法利益，为非作恶，欺压百姓，在常州市武进区、钟楼区等地，多次实施组织、强迫卖淫、

强奸、聚众斗殴、非法拘禁、敲诈勒索等违法犯罪活动，为非作恶，扰乱当地社会治安、生活秩序，造成极其恶劣的社会影响。

该犯罪集团拉拢多名未成年人从事违法犯罪活动，争夺卖淫资源，以多名未成年女性为犯罪对象，极大地影响了未成年人的身心健康。未成年人是家庭的重要成员，伤害一名未成年人，就是毁坏一个家庭，严重破坏了社会的和谐稳定。该恶势力犯罪集团的犯罪行为，严重影响了群众的幸福感、获得感和安全感。最终该案首要分子吴某某被判处有期徒刑 24 年，罚金 21 万元，剥夺政治权利 5 年，其余 12 名成员分别被判处 2 年至 20 年有期徒刑不等，惩治了罪犯，广大群众拍手叫好，办案取得了良好的法律效果和社会效果。

发出 1 号司法建议，维护未成年人合法权益

武进区人民法院在审理中发现，4 名未成年被告人 2019 年多次进出武进区一酒吧，其中王某某和赵某经预谋，在该酒吧认识了未成年被害人，后引诱、强迫两名未成年被害人从事卖淫活动，同时该酒吧还可能存在雇佣未成年人为营销人员等问题，上述犯罪集团成员长期以假意处男女朋友、电棍电击、罚蹲马步、奸淫、拍裸照等手段，控制多名未成年被害人卖淫。本地区相关经营者法治观念淡薄及行政主管部门监管缺失，无形中为该犯罪集团提供了便利。为预防打击犯罪、保护未成年人合法权益及身心健康，武进区人民法院向常州市武进区文体广电和旅游局发出了 1 号司法建议书，建议：（1）加强巡查力度。坚持日常巡查与专项检查相结合，加强对经营性娱乐场所日常管理，禁止未成年人进入上述

场所，禁止上述场所向未成年人出售烟酒、雇佣未成年人，以杜绝机械执法，净化行业环境。（2）严格执法尺度。按照相关规范性文件的要求，建立娱乐场所违法行为警示系统及信用约束机制，对有未成年人出入的经营性娱乐场所依法处罚，对其中发生过未成年人刑事犯罪的从严处罚，以提高违法成本，彰显法律威严。（3）强化宣传意识。运用广播、电视等媒体，全面、及时宣传相关法律法规、典型案例及举报电话，给未成年人及家长敲响警钟，增强未成年人的法治观念和防范意识，同时畅通举报渠道，以增强法治观念，保护未成年人健康成长。

常州市武进区文体广电和旅游局收到司法建议后高度重视，即刻对相关酒吧负责人进行了约谈，明确告知《中华人民共和国预防未成年人犯罪法》（2012年修正）规定营业性歌舞厅以及其他未成年人不适宜进入的场所，应当设置明显的未成年人禁止进入标志，不得允许未成年人进入。违反上述规定，不设置明显的未成年人禁止进入标志，或者允许未成年人进入的，由文化行政部门责令改正、给予警告、责令停业整顿、没收违法所得，处以罚款，并对直接负责的主管人员和其他直接责任人员处以罚款；情节严重的，由工商行政部门吊销营业执照。酒吧负责人纷纷表示，之前法律意识确有欠缺，保护未成年人成长责无旁贷，以后一定严格落实保护未成年人的相关法律规定。

针对司法建议中所提及的问题，常州市武进区文体广电和旅游局要求该场所对员工进行培训，熟悉相关法律及保护未成年人的相关政策，增加未成年人禁入提示牌并张贴于店内明显位置。酒吧负责人表示，针对以上问题，不折不扣地抓整改落实，确保

100% 落实到位，不能只顾经济效益，更要守法经营、合法经营，对出入酒吧的顾客要判断是否成年，对于难以判明是否已成年的，要求其出示身份证件。

此外，常州市武进区文体广电和旅游局还与常州市文化市场综合执法支队武进大队等部门协同配合，将歌舞娱乐场所违规接纳未成年人作为重点问题之一，开展拉网式排查整治，随机前往酒吧检查，严厉查处上网服务场所、酒吧等娱乐场所接纳未成年人行为，对多次接纳未成年人的场所，依法从严从重处罚，并定期开展"回头看"工作，督促落实整改措施。

后记

时隔一年，雅莉终于又坐在窗明几净的教室里，过往的画面不断闪现在脑海，爸爸每天那么辛苦地工作，还要为自己担心不已，自己竟那样不懂事，竟异想天开地以为外面的世界很精彩，出事以后，爸爸更是放下工作，昼夜不离地守在自己身边，不断重复地说着"不要害怕，爸爸一直陪着你"……听着琅琅的读书声，雅莉悔不当初，心里暗暗下定决心一定好好学习，不辜负爸爸！

未成年罪犯王某某在监狱里经过一段时间的学习改造，面对来探视自己的父母，更是悔恨交加，曾经的自己多么浅薄无知，为了追求短暂的快乐和所谓的哥们儿义气，把违法犯罪行为当成了炫耀的资本，对法律毫无敬畏，最终酿成了今日的苦果，实在是害人害己，今后一定要好好改造，再也不碰触法律的底线，做一个守法的好公民！

本案被害人中未成年人达13人之多，且未满14周岁的有3人。近年来，性侵类案件被害人低龄化越发明显，一方面和家庭、学校教育的缺失密不可分，另一方面和资本的逐利性息息相关，强迫未成年人卖淫可攫取巨大的经济利益。在案件审理过程中，对于个别犯罪事实清楚的未成年被告人进行法庭教育收效甚微。只有营造正确的价值导向，从源头减少犯罪的土壤，才能更好地保护未成年人的合法权益。

对未成年人权益的保护应举全社会之力，"控辍保学"，社会救助、文化监管、普法宣传多管齐下，才能防患于未然，切实保护未成年人的合法权益。尤其是未成年人的父母，在繁忙的工作之余，一定要加强对孩子的关爱。家庭教育是人一生中受到的最初、最基本的教育，家庭教育的缺失，父母的关心和爱护的缺少，易导致青少年的行为出现偏差，使这部分未成年人更容易走上犯罪的道路，亦更容易被犯罪分子所围猎。

未成年人是祖国的希望，民族的未来。预防是应对未成年人犯罪、受害的首选之法，只有全社会共同努力并采取正确的方法对症下药，才能在全社会范围内形成未成年人犯罪防治，保护未成年人的有效机制，希望每一个孩子都能在阳光下健康快乐地成长！

案例评析

常州作家协会主席　李怀中

少女、酒吧、圈套、暴力——将社会黑恶势力摧毁后，法院发出"1号司法建议",向政府有关部门发出司法建议,为未成年人保护拿出实锤,打出组合拳。

常州广播电视台副台长　许建俊

案例揭示问题严重,警示作用大。

《常州日报》评论副刊融媒中心副主任　谢雪梅

案件审理完毕,法院向文广新旅局发出1号司法建议:加强巡查力度,严格执法尺度,强化宣传意识。随后相关酒吧负责人就被约谈许诺整改,这一切实有效的举措,将从源头上预防打击犯罪、保护未成年人合法权益及身心健康。

天才少年的罪与罚

◎ 张慧姗

天才有界限束缚吗？天才不缺的就是奇思妙想与与生俱来的学习天赋，有的人西装革履创造自己的商业帝国，有的人却因一念之差葬送自己的大好前途。故事的开始和发展都是从一块块不起眼、无意操纵的拼图拼凑的，最后一块拼图落板，才知人生全貌。

第一块拼图：少年不知愁滋味

夏日逼仄的宿舍，厚重的洗衣粉味夹杂着猛烈的阳光气息，屋子里传来阵阵少年们嬉戏打闹的声音。我们的主人公小陈正兴致勃勃地在游戏王国里开疆拓土，略长的刘海遮掩熬红的双眼，机械的键盘敲击声却是一刻不停。"喂，小陈快来看，我可看到了一个了不得的东西！"舍友兴奋的呼声丝毫未减缓小陈敲击键盘的力度，只是匆匆瞥了眼显示屏，喉咙里溢出若有似无的闷哼声。"切，又有什么新奇的，总归难不倒我。"是的，这位常年拿各种计算机技能竞赛奖项的天才选手早已在大大小小的比赛中建立起自信，青春期的骄傲和目空一切总有着独有的锐气和锋芒。"哼，可不是兄弟打击你，你还真可能不知道比特币怎么玩。""是啊，我们班的天才可遇到铁板咯。"哄笑一团的一群人终于引起了小陈的注意，指尖无意识地敲打桌面，显示屏上不停闪烁的界面，"比特币""盈利""投资天才""隐匿"和耳边的哄笑声如咒语般入脑，随后站起身，踢踢旁边的凳子，只丢下一句"不就是比特币，爷玩给你们看"就离开了宿舍。周遭仅仅停滞了一瞬，又重新开着玩笑，追逐打闹，全无半点放在心上。可是啊，那个自尊心极强的少年在这个夏日的午后却慢慢偏离了轨道……

第二块拼图：按图索骥　一纸荒唐

小陈赶到网吧时只剩一台角落里还在大功率工作的电脑，头顶的吊扇呼哧呼哧地响着，不知是想冷却炙热的电脑外壳温度，还是想冷却某人一时发昏发热的头脑。小陈坐下来，快速地敲打键盘进入自己的秘密聊天基地。基地集结着各式编程大佬、电脑怪咖，小陈很多技能都是通过他们的点拨得以了然和掌握的。"有人了解比特币吗？"小陈输入一段文字，等待着回复，像极了小心翼翼抛开鱼竿的渔夫，耐心等待着鱼儿咬钩。"叮叮叮"，不停传来的信息回复声迫使小陈集中注意力一条一条地仔细阅读。"比特币啊，是虚拟货币，前些年有人入手再出手可大发了一笔""比特币可以用来套现，你想买网络游戏装备啊或者生活物品都可，只要有人愿意接受""比特币交易很安全，精密的密码学、复杂的计算机代码，值得拥有""比特币啊可是高智商人玩的东西，炒得价越高，身家越厚实"……一条条回复似树林藤蔓般缠绕在小陈心中，越发坚定了他探索比特币的决心。

又私戳了几位大佬详细了解如何购买比特币后，小陈立即下载软件，根据步骤注册成功。在与不同卖家交流和比价的情况下，小陈意识到一个问题：每件事的成功都需要一定的基础。那么原始资金从何而来呢？自己是没有那么多积蓄的，问父母要也容易引起警觉，该怎么办呢？对了！小陈立马想到比特币的优点之一是可免税，肯定有很多公司购买大量比特币交易，何不借着公司的外壳行便宜之事呢？此时的小陈还为自己的灵光一闪而沾沾自喜，未曾想到之后是一步错，步步错啊……暂且按下不表，总之接下来的事情一切都看似水到渠成，丝毫难不倒这位编程天才。

小陈通过一系列操作，将窃取的公司账户现金购得比特币再转卖。此时头顶的吊扇还在兢兢业业地吹着，但是少年的头脑再也吹不清醒了，少年额头、手心沁满的汗珠，是夏日的闷热，也是不见光的"成功"带来的狂热。

第三块拼图：身陷囹圄　多方接力

日子就这样一天天在指缝中溜走，但该来的还是会来。一日，几位身着警服的公安民警敲开了教室的门，也击溃了小陈的心理防线。这个不谙世事的少年宛如耳边被千年古钟震蒙，麻木地被带走，头脑一片空白。面对干警的询问，小陈从一开始的勉强镇静到最后听到可能触及刑法罪名，情绪越发激动，不停重复着"我不知道会这样，我只是想证明我能玩转比特币啊，那只是我和同学之间一时赌气、失去理智才会……""一切都晚了，该怎么办？我的人生是不是毁了？"少年不停地嘟囔着，审讯室里钟表滴答滴答地走着，一下一下敲在了少年的心里……

花开两朵，各表一枝。这边小陈父母赶到受害公司，原以为会受到对方指责，但对方在了解了小陈在编程方面的天赋以及青春期易冲动的特点后，与小陈父母进行了温和并深入的交谈。已生华发的夫妻其实并不清楚儿子到底做了什么，又有何用处。天性使然的舐犊之情让这对夫妻拿出全部积蓄以及未动用的不义之财，退还并尽全力补偿公司损失。在看到为人父母对子女浓浓的爱意以及挽回损失的最大诚意，公司在进行内部决议后开具了谅解书，小陈父母不停地鞠躬道谢，敬以公司气度，谢以给予孩子第二次机会。

同时小陈父母也去了小陈所在的学校，在与班主任和校领导沟通以后，学校方面认为小陈虽然性格内向，但是一贯表现踏实稳重，做事认真负责，学习成绩名列前茅，本着教育、感化、挽救的方针，不仅学校会在案件结束后酌情考虑其回校继续读书，当地居委会也同意接收小陈进行社区矫正。

第四块拼图：公正审判 捍卫法律尊严

万家灯火，总有人负重前行。受理本案的是一位审理刑事案件经验丰富、法律素养颇高的法官。推开门，只见成堆的案卷材料堆放在办公室一进门左侧的低矮茶几上，满屏文字的电脑、摊开的书籍、厚厚的卷宗将法官的身形掩盖住，手肘边的茶杯也早已不再冒着烟雾袅袅的热气，办公室楼道的灯光或明或暗，整个楼层静悄悄的，只听到法官翻阅卷宗，纸张相互摩擦的"沙沙"声。"叮铃铃……"是妻子催促他按时吃饭的声音，因为每天还有其他的庭审事宜需要跟进，法官忙到顾不上吃饭，这种日旰忘食的精神，是案卷堆起的责任之山。

为践行党的号召"捍卫法律尊严，维护合法权益"，以及遵循《中华人民共和国未成年人保护法》中"保护未成年人的身心健康，保障未成年人的合法权益"的宗旨，法官在审理本案时慎之又慎，除了每天和法官助理穿梭于法庭、办公室和看守所之间，一本本、一遍遍地翻阅案卷，调取、核实、筛查、核对、比较证据之外，还多次抽出时间接待小陈的父母，充分了解小陈在校和在家情况，也以同样为人父母的身份宽慰小陈的父母，让他们相信法律，相信司法会给予最公正的判决。与此同时，当法官了解到小陈在羁押期间出现强烈的拘禁适应性障碍后，本着关爱、正确引导其重归正路的理念，适时安排了心理疏导并告知家人正积极奔走以期获得受害公司谅解的事实，小陈这才逐渐放平心态，主动交流，深刻反省。

在做好充足的庭前准备后，终于到了开庭时间。"传被告人到庭，现在开庭！"随着主审法官敲下法槌，小陈在两位法警的带领下走了进来，并按照法警的指示在中间被告席落座，只见正前方是公正审判的审判人员，头顶上悬着的是威严庄重的国徽，因为本案是未成年人案件，为了更好地帮扶未成年人健康成长，因而本次开庭也依法律规定，选择不公开开庭并且未组织其他人进行旁听。但这一肃穆安静的场面也明显超出小陈的认知范围，饶是他再竭力保持冷静，也还是紧张得目光游离，寻找支撑点。在看到作为被告法定代理人出席的陈父时，小陈的眼眶瞬间湿润了，陈父满头的白发、乌青的眼眶仿佛在诉说着这段时间为小陈奔走的心力交瘁。受害公司也派出公司代表落座在原告席上，对受害公司的愧疚和自己犯罪的羞耻之心令小陈不敢抬头正视他们，不停摩擦的手掌诉说着他内心的忐忑与不安。主审法官见此，与两位有着多次庭审经验的人民陪审员眼神示意了一下，在与小陈进行问询时，主审法官尽量语气轻柔，通过将法言法语转换成通俗易懂的语言以及将重要问题加强语气进行问答的方式，让小陈放下紧张心理的同时也让他能够充分理解庭审纪律和问题的内涵。小陈在回答的时候也几度哽咽，以致在最后的陈述环节，小陈的悔恨情绪再也收不住，哽咽得话都说不出来，陈父见此情景也用手捂住脸，觉得自己教子无方。庭审静悄悄的，只有些许呜咽声在萦绕，主审法官和受害公司代表等在场的人见此情景，都不再言语，充分给予小陈诉说心里话的时间，大家的眼里满是对他这个青葱少年的痛惜。

该案件同时也受到了全院上下的高度重视，因在庭审中关于量刑方面还有值得商榷的事宜，所以这一场关于法理与情理的博弈也同样摆在了合议庭、刑事专业法官会议和审判委员会会议上。站在"惩罚为辅，教育为主"的角度，考虑到本案被告人小陈既是未成年人又是在校学生，心智还未完全成熟，受到不良网页宣传影响，且想在同学之间使用并炫耀其计算机操作技能而进行盗窃，其行为有一定的偶然性，主观恶性较小，应当给予孩子一个改过自新的机会。但另一方面，站在罪刑相适应的角度，与其他入室盗窃、扒窃以及采取隐秘手段转移他人财产的手段方式不同的是，小陈的作案手段通过互联网以及金融比特币交易具有一定的新颖性和隐秘性。因而在其连续得手后，仿佛打开了潘多拉的盒子，欲望源源不断，致使涉案数额越滚越大。依照法律规定，其犯罪行为的量刑基准应当在十二年左右，虽然他是未成年人，但缓刑的适用条件同样适用三年以下有期徒刑，是否能做到罪刑相适应还需打一个问号。

为了保障法律效果和社会效果的最佳统一，让判决书书写得更精准完善，主审法官在开完庭审等各项会议后，常常下班后也不辞辛苦地查找判例、字斟句酌，在书桌前一坐就是几个小时，从白天到黑夜，日升日落，清辉斜落。最终主审法官综合各项意见，考虑小陈在犯罪时还是未成年在校学生的事实，念及其是初犯也是偶犯，判处缓刑，并处一定罚金。同时将小陈的犯罪记录封存，除特殊情况外，不予公开，足见法律对未成年犯罪的保护，殷切希望未成年能回归正途，学以善用，主审法官也通过该案践行了作为法律人"一生信仰铸法魂，一副铁肩担道义"的职责，保障了各方权益，体现了公平正义。

第五块拼图：尘埃落定　重扬风帆

我们常说，法不容情是为担起公平正义的责任，但宽容相济，也同样释放出情理与法理交融的关怀。面对特殊的少年审判，惩罚并不是目的，关键在于用法律的温度感化，引导他们真诚悔过，重塑人性，走向新生。同时，法律的力量在于正义，而法官的责任在于公正。法官不应该只做法庭上的法官，仅围绕案卷工作，应兼具更多道德和文化层面的责任，担负着向社会传输法治思想、法律文化的责任。因而面对案件不能简单地一判了之，而是将工作一直延伸到审判后的帮教，不仅要实现"看得见的正义"，同时也要兼顾实质正义。

让我们回到开头的问题，天才有界限束缚吗？答案当然是有的。通过小陈的案例可以看出，不管一个人有多大的天赋，多不可思议的才能，只要触碰法律底线，通通都会碾落成泥，天才陨落。我们这一生，从孩提到成年，总有那么些意气用事、鲁莽草率的时候，是法律时刻警醒又保护着我们不铸成不可挽回的后果。我想小陈通过此次事件一定增添了许多人生感悟，希望他未来坚定地走在正确的轨道上，向光明的未来一步步迈进！

案例评析

《常州晚报》总编　朱佳伟

《罪与罚》是俄国作家陀斯妥耶夫斯基的代表作，描写了一名穷大学生在犯罪后，在他人关爱下悔过的经历。本文用 5 块拼图式的结构，描写展示了一位天才少年走向犯罪的过程和法官们本着惩处犯罪和依法保护未成年人办案精神的帮扶，是《罪与罚》精神在新时代的一个翻版，同时更生发出新的教化和思考意义。

常州广播电视台副台长　许建俊

网络天地，虚拟世界，纵横其中，会成大咖精英，也会沉迷其中，甚至身陷囹圄。生活中，一失足成千古恨的网络问题少年例子常有耳闻。本文所选案例很有代表性。值得高兴的是，因为法官能站在"惩罚为辅，教育为主"的出发点，合理量刑、断案救人，让原本的一个"问题少年"，在罪与罚，扬与弃中，又有了新的天空、新的希望。

行文以五块拼图精巧架构，层次脉络讲究，说法说理清晰透彻，语言精练，法官形象生动，主题突出，是一篇佳作。

常州关工委副主任　朱力工

这是一位天才少年，计算机网络技术玩得很"溜"、很"牛"，可是用错了地方，居然潜入某公司盗窃了公司支付宝的账户，盗取了账户里的现金。对这样的天才少年如何判？天才少年窃取现金，他可能是为了显示自己高超的计算机网络技术。但客观上，他对社会形成了危害，是犯罪行为。法官综合各方面的意见，考虑天才少年犯罪时还未成年，是在校学生，念其初犯、偶犯，判处缓刑。

法不容情是为了担起公平正义的责任，但宽严相济也同样是为了释放情理与法理交融的关怀，面对特殊的少年审判，惩罚并不是目的，关键在于用法律的温度感化引导他们真诚悔过，重塑人生，走向新生。

《常州日报》评论副刊融媒中心副主任　谢雪梅

同学玩笑、青春期冲动是传统话题，编程天才、比特币诱惑是时代命题，两者一相遇，竟然导致了荒唐的犯罪。本案的审理过程承担了更多道德与文化层面的责任。本文作者富有文学素养，在构思行文中担负起了向社会传输法治思想、法律文化的责任。

法官妈妈的"人身保护令"

◎ 王 蕊

最近热播的电影《你好，李焕英》中有一句很受欢迎的台词："我的女儿，我就让她健康快乐就行。"子女教育问题一直是社会关注热点，电影中的母亲李焕英，面对顽皮捣蛋甚至学历造假的女儿，依旧舐犊情深，相信她未来可期。但并不是所有的父母都能像李焕英。据一项调查结果显示，超过七成的家长表示自己打过孩子，如打屁股、罚站、打手心等，很多家长认为这不属于"家暴"，而是对"熊孩子"惩戒的一种"家教"行为。值得关注的是，有一些儿童长期处于被殴打的家庭环境，每年也都有未成年人因家长管教失当而丧生的悲惨案例发生。在当今法治社会，打孩子绝对不是家庭私事，"棍棒底下出孝子""不打不成器"等陈腐观念，应该摒弃，我们全社会应该共同努力，将家庭教育纳入法治轨道，为未成年人健康成长保驾护航。

爸爸，我错了！

"爸爸，我错了，求您别打了！"夜幕刚刚降临，江南小镇的农村炊烟袅袅，忙碌了一天的人们正在吃晚饭，询问着孩子一天

花落花开｜常州法院保护未成年人案例精选

的学校生活，享受着此刻的清闲。小花凄厉的哭泣声、求饶声、物具的撞击声以及其父杨某怒不可遏的打骂声划破了这份夜晚的宁静。

村民李老太对老伴说："老头子，你听听，又开始打孩子了，作孽啊，再这样，孩子早晚会被打死，打不死也得打残啊！"

"老子管孩子，天经地义，这个是人家自己家的私事，清官难断家务事，这个法律可能也没有办法管吧。"老伴儿答道。

"即使家务事也不能下这个狠手啊，虎毒还不食子呢，你不知道上次小花到家里玩，我看到她身上、胳膊上到处都是伤疤，新伤压着老伤，不是青的就是紫的，我看了是忍不住地心疼。如果是我自己的孙女，拼了老命我都要保护孩子。老头子，你想想办法帮帮孩子。"李老太催着老伴儿。

"小花爸爸（杨某）是外来租户，脾气暴躁，又喜欢喝了酒耍酒疯。听说小花亲妈生下她后就离家出走了。上次遇到他，我和他说别老打孩子，好好和孩子说，孩子还小，好好教育，还被他说我多管闲事呢，我可不敢再管闲事了，你有机会多帮着照看点孩子得了，咱们老了，孩子也不在身边，不要惹事，万一人家找我们麻烦怎么办。"老伴有点犹豫。

"咱家是邻居，最了解情况，要是我们也不管，孩子可怎么办？咱不敢直接管，那也不能撒手啥也不干了，我可不忍心。要不明天你去镇妇联反映一下情况，我去村委会反映一下。"李老太出主意道。

"那也行，我明天就去，就是不知道有用没用，要是工作人员来了光劝导劝导，怕是治标不治本啊。"老伴还是有点担心。

"那就没有办法了？走一步看一步，实在不行，可以打'110'，我看电视新闻，警察管得蛮多的，咱村里上次有人打老婆，警察就上门批评教育了，还挺管用的，让警察来说说他，小花她爸应该会怕的，起码孩子少受点罪。"李老太顿时觉得自己想了个好办法。

爸爸，我真的错了吗？

接到热心市民的电话，常州市金坛区某派出所第一时间赶到了小花家，并对其家庭情况进行了详细了解……

从来没有见过亲妈的小花，原本也是一个乖巧可爱的好学生，虽然父亲对自己呵护不够，可也不会缺吃少穿，童年的时光虽然缺失了母爱，可还是那么快乐天真。但自从进入发育期，小花注意到了自己和同学们的不同和差距，同学们都有爸爸妈妈或爷爷奶奶来接送，自己每天独自步行上下学，别的同学每天至少能穿着干干净净的衣服，自己却总是穿得不合时宜。每当下课后，同学们可以到小卖部去买些零食或新鲜玩意儿，自己却难得问父亲要到一块钱，加上自己是外来户，小花慢慢地变得更加敏感。劳累了一天的父亲下班后，只会喝酒来缓解疲劳，根本没注意到小花的成长和情绪变化。特别是在父亲有了女朋友之后，父亲让她改口叫"妈妈"，小花心里别扭，一直不愿意，她感觉和父亲好像也疏远了。

放学后，小花一般都会到小镇上的活动广场玩一会儿，一方面是因为家里面黑咕隆咚的，她不敢一个人进去开灯，另外也刚好等父亲下班，因为她不愿意去所谓的"妈妈"家。傍晚的时候，不少人在广场上锻炼、跳舞或玩耍。时间长了，小花经常一个人在广场上玩耍的情景被一双邪恶的眼睛看在了眼里，那时候小花才10岁。

观察了一段时间后，50多岁的单身汉丁某觉得时机已到，准备实施自己的犯罪计划。他先是每天赠送各种小零食来获取小花的信任，然后套取小花的家庭信息和父亲的作息习惯，等小花彻底放下心理防备后，就会捏一捏脸蛋或拉一拉胳膊等，借故关心小花的生活，最后会给几块钱的零花钱让小花自己买点东西，并约定这是两个人之间的秘密，谁都不告诉，否则就没有零花钱了。再次遇到小花的时候，还会问问小花有没有将在外面与他接触的事情告诉家人，得到否定的回答后，便变得更加大胆，故技重施，但每次都会得寸进尺。

正值成长期的小花，对突如其来的关心和零花钱"受宠若惊"，既开心又害怕。开心的是，终于有零花钱买自己喜欢的东西了，害怕的是，担心这位"友善"的伯伯会像电影里一样是假好人，但她一直不知道和谁谈论这些事情。长期缺失女性长辈关爱的她不知道女孩子的身体底线在哪里，想和最亲近的父亲说，又担心父亲发现了自己的小秘密后指责、打骂，在懵懂与无知下，最终选择了沉默。多次接触后，看伯伯也没有什么过分的行为，甚至越来越"真心"地关心自己了，小花彻底放松了心理的防线。

经对小花生活的多次"关心"，并多次与小花"谈心"老伴去世后自己无人陪伴十分孤单的苦楚。一天傍晚，丁某将小花带到附近的小树林，将魔爪伸了出去，对小花进行了猥亵，事后给了小花50元钱……世上没有不透风的墙。丁某和小花的亲近行为还是被村民看到，小花近期的异常消费行为也终于被"粗枝大叶"的父亲发现了端倪……最终丁某因猥亵儿童罪被判入狱，等待小花的却是一顿顿的棍棒交加。而年幼的小花却一直想不明白，自己到底错在哪里？伯伯对自己做的那些事到底是什么？爸爸为什么要打我？

爸爸，你也错了

为了保护未成年人身心健康，小花的涉案信息一直受到保护，周围邻居和老师同学完全不知情。在刑事案件的起诉、审理阶段，相关司法机关还帮助小花请了心理咨询师对其予以开导，同时法院也对小花的父亲进行了引导，提醒他要注意关注孩子的成长和心理变化。但没想到"家暴"事件却还是发生了。

事发之后，杨某越想越觉得生气，虽然丁某已经入狱，但心中的怒火却一直无处发泄。想想这么多年独自一人含辛茹苦把小花养大，她却为了一点零花钱让自己"丢了人"，于是喝了酒之后，只要小花有一点不听话就成为他拳脚相加的理由，还自称"棒打出孝子，手捧忤逆儿"，于是开头的一幕就出现了。基本上隔一段时间，小花就会被父亲打一顿，每次打的时候，杨某基本上是看到什么随手就抄起什么，包括擀面杖、凳子、皮带等。刚开始，根据群众反映，镇妇联介入和村委会工作人员多次进行走访，杨某的行为有所收敛，但隔一段时间后又会重犯。随着小花慢慢长大，她渐渐明白了当初伯伯对她做的一些事并不是什么光彩的事情，特别是父亲在打她的时候还会骂一些"丢人现眼"之类的话，逐渐步入叛逆期的小花，性格越来越沉默、越来越自卑，更不愿意向父亲敞开心扉，也不愿意接触同学，渐渐地出现了一些不良行为，成绩一落千丈，这更加剧了父亲的愤怒，陷入恶性循环。镇妇联在此期间，还派了专门的工作人员对小花的情况进行跟踪了解，甚至多次找到了离家出走的小花，将其送回家。村委会也多次上门劝说杨某好好教育孩子，不要动手，但没有强制力的劝说和教育确实治标不治本，杨某甚至还会将工作人员骂走。

2020 年夏日的一天夜晚，越发孤僻和叛逆的小花终于忍受不了父亲的责骂和棍棒，悄悄离家出走了。后在民警的帮助下送到区人民医院进行验伤，CT 检查其右肱骨骨折，身上还有一些轻微伤。该情况受到公安机关、检察机关和法院的高度关注，因为小花为限制行为能力人，缺乏自我保护能力，其亲生母亲又下落不明，根据《中华人民共和国反家庭暴力法》的相关规定，由当地村委会代小花提出申请，向金坛区人民法院提起诉讼。

法律规定，人身保护令案件需要在受理之后七十二小时作出裁定。承办法官杨丽莉在收到村委会申请的第一时间，放下手头工作，立刻去实地进行走访。"蜷缩着角落，用手轻轻揉搓着受伤的胳膊，十二岁正是豆蔻年华、天真烂漫的年龄，但在她的眼睛里却只有乞求和迷茫，那个眼神让我心里难受得一紧。"这是杨法官谈到第一次看到小花时的情形和感受。

金坛区人民法院经审查认为，家庭成员之间本应互相关爱，和睦相处，履行家庭义务。反家庭暴力是国家、社会和每个家庭的共同责任。杨某作为小花的父亲，在小花行为失当时未能采取适当方式进行引导和教育，而是采用殴打的方式，并致其受伤，属于家庭暴力。在教育子女的过程中，以错误的管教方式只会让孩子更加叛逆或向相反的方向发展。鉴于小花系未成年人，且只要和杨某共同居住，仍将面临继续被实施家庭暴力的现实危险。依照《中华人民共和国反家庭暴力法》第二十六条、第二十七条、第二十九条规定，决定向杨某发出"人身安全保护令"，裁定禁止被申请人杨某对婚生女小花实施家庭暴力。若被申请人违反人身安全保护令，视情节轻重给予训诫、罚款、拘留，构成犯罪的，依法追究刑事责任。裁定发出后，金坛区人民法院向小花所在学校、辖区派出所、社区居委会送达了人身保护裁定书及协助执行通知书，希望能共同监督杨某履行禁止殴打女儿的法律义务，制止杨某的过激暴力行为。

本案最重要的一个环节就是杨某的态度问题，承办法官杨丽莉对被申请人杨某进行了谈话教育和训诫，并向其释明了违反"人身安全保护令"将面临的法律制裁。同时，承办法官知道，一纸"人身安全保护令"要真正起到最有效的作用，还要从心理上进行干预，故又邀请了心理专家介入，创造机会让父女俩尽快化解心结，缓解精神压力。在多次心理干预和相关部门的共同努力下，杨某深刻检讨了自己的错误行为，保证以后不再对孩子家暴，自己将心中的怨气迁怒于孩子是完全不对的，孩子还未成年，对事物的认知没有形成正确的判断，也意识到当前要紧的是不能在孩子的心里埋下"仇恨"的种子，会让她尽快走出受伤害的阴影。在法官的见证下，杨某也郑重地向女儿说了一句："女儿，这次是爸爸做错了！"

知错就改不再"错上加错"

"法官阿姨，你们又来看我了？这个学期期末考试，我的成绩还不错哦。"2021年春节前，虽然疫情防控形势依然严峻，办案法官还是坚持定期上门看望小花，并送去了学习和生活用品。办案法官详细询问了小花的日常生活情况，又和小花父亲交流了小花的近期表现。"看到小花开心的笑容，眼神里出现了这个年龄应有的光彩，我紧张的心终于可以舒展了。"杨法官说。其实在案件处理结束后，除心理干预外，金坛区法院还联系了当地妇联组织继续为小花进行心理辅导、情绪调节，经过半年多的指导和关心，小花渐渐从不良情绪和心理阴影中走了出来，一切在向好的方向发展。在此次走访中，被申请人杨某也表示，"作为父亲，以前教育孩子的方式欠妥，经过法院普法教育后，真心认识到了错误，受到法院的保护令限制后，自己也改变了很多，对孩子的关爱呵护和交流沟通多了，孩子的学习和身心健康比以前也好了。"

时间倒退三个月，2020年11月11日上午，常州市中级人民法院关工委陆洪生主任一行到金坛朱林法庭调研人民法庭"关心下一代"工作站时，与金坛法院一起，走访了在全市法院中对未成年人发出第一份"人身安全保护令"的保护对象，也就是本案中的小花，获悉自法庭发出保护令后，女孩没再受到其父亲的虐待和殴打，学习成绩进步明显，陆主任亲切地勉励小女孩好好学习，若需要帮助及时与法庭联系，人民法院将一如既往地依法为她健康成长保驾、守护。令人高兴的是，经过金坛法院的多次走访关心，孩子所在学校、村委会均反馈，孩子情况良好，没有发现被申请人杨某有殴打孩子、违反保护令的情况。

后记

父慈子孝一直是中华民族传统美德的象征。父母对未成年子女负有抚养、教育和保护的义务，望子成龙、望女成凤是每一位家长的期盼，但是每个孩子都有自己的特点，教育孩子应该采取合适的手段、科学的方式引导，不可采用过激手段，甚至家庭暴力，应以健康的思想、良好的品行和适当的方法教育和影响未成年人。

实践中发现，家庭暴力案件多具隐蔽性、隐私性、长期性等特点，难有相应"见证人"，受害人往往不敢、不能说出口，尤其是未成年人而导致案件取证困难。我国《反家庭暴力法》第二十三条第二款规定，当事人是无民事行为能力人、限制民事行为能力人，或者因受到强制、威吓等原因无法申请人身安全保护令的，其近亲属、公安机关、妇女联合会、居民委员会、村民委员会、救助管理机构可以代为申请。另外，学校等教育机构是除父母亲人外最密切接触未成年子女的场所，若发现学生的精神状态异常或者身上带伤，应及时介入了解情况，必要时留存证据报警。本案值得赞扬的是孩子所在的村委会、镇妇联及时伸出援手，相关司法机关亦及时提供了司法保障，挽救了一个孩子和一个家庭。希望以本案为鉴，让全社会更加关注处于家庭暴力中的未成年人，也提醒我们要关注未成年人的心理健康问题，让我们一起反对家庭暴力，让维权与爱同行，维护平等、和睦、文明的家庭关系，使我们的孩子在良好的环境中健康、快乐地成长！

案例评析

《常州晚报》总编　朱佳伟

未成年人保护对象中有个不容忽视的较大群体，就是家暴受害者。这类未成年人保护案件由于多具隐蔽性、隐私性、长期性等特点，不仅取证难不易处理，更由于其"阴暗"的行为特点——亲人的"无情性"给未成年人身心健康带来极大伤害，其伤害往往给当事人造成终生负面影响。保护未成年人不被家暴侵害、将未成年人从家暴侵害中解救出来，是未成年人保护的重中之重，也是须破解的一大难题。本案例就是在这一领域做出的探索样本，它用细腻的笔触，丰富的细节、心理的描绘，情感的剖析，披露了一位家暴受害少女的不幸和心路，同时详尽地表现了办案法官在处理这一家暴案时付出的艰辛，做出的可贵司法探索，特别是通过这一案例的实践，提出了全社会须共同关注、防范、制止家暴这一社会问题！

《常州日报》评论副刊融媒中心副主任　谢雪梅

我市法院对未成年人发出的第一份"人身安全保护令"，保护对象就是本案的主人公小花。这是一个很具时代色彩的案例。

家暴受害人是当下社会不容忽视的为数众多的群体，尤其是未成年人群体。由于其隐蔽性、隐私性、长期性等特点，难有相应"见证人"。受害人往往取证困难，不敢、不能说出口，给未成年人的身心健康带来极大伤害，其伤害往往伴随终生。

小花是不幸的，小花也是幸运的，好在她遇到了爱心满满的法官妈妈，好在这个时代有了"人身安全保护令"，将她从家暴虐待中解救出来。本案例从热映的《你好，李焕英》说起，真实细腻，情感丰富，说理明晰，办案法官的司法探索源于大爱。还带给人们深远的启示：家教还是家暴？将家庭教育纳入法治轨道，可谓任重而道远。

我想有个家

——撤销监护人资格案

◎ 于　娜

我们都有自己的家，也许这个家不是很华丽，也许这个家不是很富有，但是有爱我们的爸爸和妈妈，给予我们生命，给予我们温暖。但是，也有那么一群不幸的小朋友，从小就失去了自己的家，没有了爸爸妈妈的保护，孤单且害怕。又有谁能够解救这些孩子，重新让他们感受到爱，重新给他们一个温暖的家？

除夕之夜　十岁小儿孤苦无依

今年的除夕夜下起了雪。初下雪时，雪片并不大，也不太密，如柳絮随风轻飘。路上的行人并不多，人们都在家准备着除夕丰盛的年夜饭，平时人来人往、热闹繁华的江南小巷今天显得格外的幽雅恬静，雪花轻柔地飘落在青石板地面上，不肯发出一点声音，转瞬即化。

在某条巷子的深处，远远传来了一阵窸窸窣窣的声音，细看原是一个十岁左右的小男孩在垃圾箱里翻找着什么东西。这个孩子个子不高，四肢细小，身上穿着一套脏兮兮的校服。和瘦瘦的身体相比，他的脑袋显得很大，活像一根蔫儿了的豆芽菜，仿佛一折就会断似的。

只见孩子把垃圾箱里的垃圾袋一个一个解开，每找到一个塑料瓶就把它小心翼翼地放进自己早已破烂不堪的蛇皮袋里，不知不觉袋子里已经装了好几十个塑料瓶了。

这个孩子叫沐阳，他每天都会在巷子里的各个垃圾桶里翻找塑料瓶，然后把集下的瓶子卖到附近的废品回收站，换得几块钱，买两个包子，也算是可以勉强填饱总是饿得咕咕叫的肚子。因为沐阳总是脏兮兮的，小巷的居民看到他都是绕道走，有时不小心遇到当地的小混混，沐阳还会受欺负。为了保护自己，十岁的小沐阳格外谨慎，总是乘巷子里没有人的时候才敢出门活动。

眼见垃圾箱已经见底，沐阳清点了一下蛇皮袋里的瓶子，估算着明天的饭钱已经有了着落，便把蛇皮袋往肩上一扛，回家去了。

"我想有个家，一个不需要华丽的地方，在我疲倦的时候，我会想到它。我想有个家，一个不需要多大的地方，在我受惊吓的时候，我才不会害怕。"这首歌是沐阳有一次路过一户人家的时候，从屋里传来的电视声里学来的，虽然只会哼唱这两句，还有些五音不全，但沐阳的嘴里总是哼着这几句词。

只见小沐阳走进了一处破败的棚户区，这里的房子歪七扭八地站成两排，房子中间的石板路上长满了青苔，积雪化成的水一滴一滴从屋檐上滴下来，路面上都是鞋子踏过积水后留下的污泥。"吱呀"一声，沐阳推开了一扇锈迹斑驳、门锁已坏的铁门，这就是小沐阳的家。只见屋内格局极小，估计只有六平方米，四面墙壁的白漆早已发黑剥落，家中仅有的家具，就是一张放了两床破被子的单人床和一张不知道从哪里捡来的单人沙发。这个屋子朝北，常年不见阳光，屋北面的墙上有扇窗，窗子的缝隙用报纸封了起来，勉强可以抵挡屋外呼啸的寒风。

沐阳进屋后掸了掸身上的雪，搓一搓生满冻疮的手，浑身打了个哆嗦，便赶忙钻进被窝里取暖。

夜幕降临，屋外逐渐响起了连绵不断的爆竹声。沐阳手里攥着一张发黄的旧照片，早已进入了梦乡。

不忍回首　母亲出走父亲家暴

照片上是一家三口，男人是个四十多岁的中年人，中等身材，四方脸庞，胡子拉碴，不修边幅，表情很是严肃。女人一看就比男人小个五六岁，个子很小，瓜子脸，头发乱蓬蓬，神情呆滞，怀里紧紧抱着一个还在襁褓中的婴儿。

这张照片是沐阳和爸爸妈妈唯一的一张合照。沐阳的爸爸父母早亡、家中贫寒，因为先天疾病走路一瘸一拐，在一个不景气的厂子里打着零工，三十多岁也没找到对象，后来通过熟人张罗，花多年的积蓄娶了一个有智力残障的女人，这个女人就是沐阳的妈妈。沐阳的爸爸和妈妈并没有去民政局办理过结婚登记，只是简单请亲友吃了顿饭，就算是办过婚礼了。不久后，沐阳出生了。新生命的诞生也曾给这个贫寒的家庭带来了一丝希望，爸爸虽然收入很少，但也够维持这个三口小家，妈妈虽然智力残障，但凭着母亲的天性也能够把小沐阳照顾得很好。可惜好景不长，小沐阳八岁这一年，爸爸的厂子倒闭了，爸爸也失业在家。因为心情不好，爸爸染上了酗酒的恶习，喝醉后就打人，沐阳妈妈终忍受不了丈夫的家暴，离家出走，自此没有人知道她去了哪里，也没有人知道她是死是活。

　　妈妈走后，沐阳的爸爸也不出去重新找工作，而是待业在家，家里凡是值点钱的东西都被爸爸送去二手市场换了钱。因为心中苦闷，无处发泄，沐阳的爸爸经常在外酗酒，喝醉后回来就把怨气都撒到沐阳身上，谩骂沐阳是拖油瓶，还摔东西打人。可怜的小沐阳才上小学二年级，每天最怕的事情就是下课铃响，那意味着要回那个可怕的家。在家里写作业的小沐阳，往往一听到爸爸回家的脚步声，就赶紧跑出去躲起来。因为没有人帮助沐阳，爸爸酗酒后打人的情况越来越频繁，越来越严重，发展到后来，沐阳的爸爸甚至开始限制沐阳的人身自由，不允许沐阳上学、不允许沐阳与外界接触，严重影响了沐阳的生活学习和身心健康。一天夜里，爸爸醉酒后将睡着的沐阳叫醒实施殴打，沐阳被打得遍体鳞伤，跑出去躲了一夜没敢回家。第二天一大早，无家可归的沐阳只能到所在社区寻求帮助。

寻求帮助　法院发出保护裁定

　　社区的王阿姨对沐阳的情况较为了解，平日里对沐阳也很关心，经常给他送些吃的、穿的，也曾试着找沐阳的父亲谈话，想给他安排个工作，哪怕能有些收入，也不至于天天在家发脾气打孩子。可是王阿姨和社区工作人员每次去沐阳家里，沐阳爸爸都是骂骂咧咧地把她们赶出来，所以，社区对于沐阳的情况也是心有余而力不足。这天一早，王阿姨第一个到单位，老远瞧见一个小孩子蹲在树下，走近一看，竟然是小沐阳，再仔细一看，发现孩子满身是伤，这定是他那个狠心的父亲打的。王阿姨又是心疼又是气愤，赶忙把沐阳带到办公室，还拿了点心和水给沐阳。

"这么下去不是个办法，孩子没等长大就要被他那狠心的父亲给打死了，一定得想个办法帮帮孩子啊。"王阿姨找到社区的李主任，向李主任征求办法。李主任摸着脑袋想了想，正巧看到了手边的一份红头文件，笑着说道："有办法了。前不久我们区法院、区民政局、区妇联、区公安分局四家单位为了贯彻落实《反家庭暴力法》，联合签订了《关于保障人身安全保护令制度实施的工作协议》，这不，前两天刚刚下发到我们社区，我们可以让小沐阳去法院申请人身安全保护令，让法律来保护小沐阳！"

在社区工作人员的帮助和指引下，沐阳选择不再沉默，向当地法院提出了保护自己人身安全的申请。法院少年及家事审判庭的工作人员向社区详细了解沐阳的情况后，认为沐阳父亲与沐阳共同生活期间曾多次殴打、威胁沐阳，限制沐阳人身自由的情况属实，鉴于沐阳父亲长期存在严重家暴行为，为防止危害后果进一步扩大，法院及时发出一份"人身安全保护令"，依法裁定："一、禁止张某某威胁、殴打张沐阳；二、禁止张某某限制张沐阳的人身自由。"裁定作出后，法院向当地妇联、派出所、沐阳所在的社区居委会寄送了"人身安全保护令"，委托上述单位监督沐阳的父亲履行裁定书所确定的义务。社区、派出所收到"人身安全保护令"后，第一时间找到沐阳的父亲，对其进行了谈话、教育和训诫。

无人肯管　可怜沐阳何去何从

让人没想到的是，沐阳的父亲平日里打人的时候一副凶猛的样子，但一见到公安民警，就心虚害怕极了，也不知他从哪里听说了公安民警介入后，一定会对他的家暴行为追究责任的说法，因为害怕被抓，沐阳的爸爸抛下沐阳连夜逃跑，直到现在仍下落不明。

父母都出走后，沐阳就独自一人在家，没有人照顾，也不肯去上学，只能靠在外捡垃圾来维持生活。社区居委会的王阿姨虽然心疼沐阳，但也只能给他送些吃穿用品，不能从根本上解决沐阳的监护问题。王阿姨曾试图联系沐阳的其他亲人，但发现沐阳的爷爷奶奶都早已过世，外公、外婆又早已离婚。现在跟外婆已经没有办法联系上，外公又没有正式工作，而且体弱多病。

"我不是不想管孩子，但是我自己都是靠低保过日子的，这点钱我治病吃药都不够，我哪有能力再抚养这个孩子？再说，我女儿虽然脑子不好，但也是好好的一个闺女嫁给沐阳他爸爸的，现在弄到活不见人、死不见尸，我又去哪里诉这个苦去？你们不要找我了，我管不了！"沐阳的外公在电话那头说完，便把电话挂了，从此再也不接王阿姨的电话，小沐阳的监护问题也成了社区工作人员头疼的事情。

更为不幸的是，沐阳的爸爸在外面不仅酗酒，还参与了赌博，欠了一屁股的债，这也是沐阳爸爸逃跑的原因之一。债务到期，债主起诉到法院，沐阳唯一可以安身的小屋子也面临被执行的风险，小沐阳究竟该何去何从呢？

法院判决　撤销父母监护资格

时间又回到了除夕这一天。"咚咚咚"，一阵敲门声将沐阳从睡梦中唤醒。沐阳揉了揉眼睛，下床开门，原来是社区居委会的王阿姨来了，旁边还跟着两个陌生的阿姨。

王阿姨告诉沐阳，这两个阿姨是 A 市流浪乞讨人员救助站即 A 市未成年人社会保护中心的工作人员，他们了解到沐阳的情况，今天就来接沐阳去救助站，救助站的叔叔阿姨会好好照顾沐阳，重新给他一个温暖的家。

沐阳将信将疑地跟随两个阿姨来到救助站，一进大堂就传来了孩子们的欢笑声，他们正围着一个个摊点，有的在剪窗花，有的在吹气球，有的在包饺子，有的在做春卷，大家开开心心共迎新春，很难想象他们其实是一群孤儿。

这个时候，一个穿着小花袄的小姑娘跑到沐阳身边，稚气地对沐阳说："哥哥，我们待会儿要表演一个节目，叫佩奇一家过大年，现在缺一个人扮演佩奇爸爸，你能加入我们吗？"沐阳先是愣了一下，已经很久没有小朋友邀请他一起玩耍了。不过孩子爱玩的天性终究战胜了紧张和尴尬，沐阳还是笑着加入了小朋友们的游戏之中。

节后，A 市流浪乞讨人员救助站作为申请人，向当地人民法院起诉，要求撤销沐阳父亲张某某、母亲马某的监护权。法院依照法律规定，对此案进行了缺席审理。

开庭当天，沐阳也来到了法院，少年及家事审判庭的王法官询问了沐阳的意见。沐阳说道："我不知道爸爸妈妈去了哪里，他们不管我了，我也不想再做他们的孩子了。我想有人管我，有人照顾我，我想去上学了，想和其他小朋友一样。"

A市流浪乞讨人员救助站的代理人陈述道："张沐阳的父母都已离家出走，现在下落不明，其二人怠于履行监护职责，严重侵害了张沐阳的合法权益，我方申请撤销其二人对张沐阳的监护资格。现在张沐阳可以找到的唯一其他近亲属就是他外公，但是他外公也无力作为张沐阳的监护人。在未成年人其他近亲属无力监护、不愿监护或不宜监护，临时照料人监护能力又有限的情形下，《民法总则》规定由民政部门作为兜底，履行带有国家义务性质的监护责任，所以希望法院可以指定民政部门作为张沐阳的监护人。"

庭后，王法官召集庭内法官专门针对张沐阳的案件开了一次专业法官会议，大家经讨论后一致认为，张某某经常殴打张沐阳，给其造成了严重的身体及精神伤害，张某某已经不能继续承担监护责任。马某虽是张沐阳的母亲，但是其作为限制民事行为能力人，无独立生活能力，也无力继承承担监护责任。张沐阳的其他近亲属均无力作为张沐阳的监护人。根据《民法总则》第三十六条 [1] 的规定，监护人实施严重损害被监护人身心健康行为的；怠于履行监护职责，或者无法履行监护职责并且拒绝将监护职责部分或者全部委托给他人，导致被监护人处于危困状态的，应当撤销其监护人资格，安排必要的临时监护措施，并按照最有利于被监护人的原则依法指定监护人。

"现在，撤销张沐阳父母的监护权是毋庸置疑的。但是，剥夺

---

[1] 现为《民法典》第三十六条。

小沐阳父母的监护权后，小沐阳应该由谁来照顾呢？当下，妥善解决小沐阳今后的监护问题，为其指定合适的监护人，才是重中之重。"少年及家事审判庭的韩庭长给这个案件指明了方向。

考虑到儿童福利院的居住、教育设施、人员配备较为完善，这样的生活、教育环境更有利于小沐阳的健康成长，法院最终作出判决：张沐阳的父亲张某某、母亲马某怠于履行监护职责，并且实施严重损害被监护人张沐阳身心健康的行为，应当撤销其监护人资格。为了保障未成年人利益最大化，依法指定A市民政局作为张沐阳的监护人，由A市民政局所属的A市儿童福利院承担对张沐阳的监护职责。

心理疏导 沐阳人生重新起航

庭审结束后，王法官把沐阳带到了心理疏导工作室"宁心驿站"，原来，为了防止父母的伤害给小沐阳今后的生活留下不可磨灭的阴影，防止对其健康成长造成严重的负面影响，法院及时联系了专业的心理疏导师，来为小沐阳进行心理疏导。

心理疏导师首先带着小沐阳做了一个"沙盘游戏"，只见小沐阳将一个个沙具深深嵌入沙子中，心理疏导师看到沐阳制作的沙盘场景后告诉法官："一沙一世界，一叶一菩提。沐阳制作的这个场景代表他的内心有强烈的恐惧和不安，他在生活中不能获得充分的安全感，在他心中还有因为他父母遗弃他留下的深深的怨恨。"

"沙盘游戏"过后，心理疏导师和王法官与沐阳进行了深刻的交流，王法官认真倾听了沐阳的心声后，对沐阳说道："父母虽然带给了你苦难，但是也赠与了你生命。你的生命是独立的，你的未来也是你自己选择的。小沐阳，不要把自己留在过去的阴影中，你看，王阿姨、民政局和我们法院都没有放弃你，我们都对你的未来有很多期待，你自己也要对自己充满信心，给自己的人生设定目标，我们希望你可以努力学习、茁壮成长、改变命运。"

经过心理疏导，小沐阳黯淡的眼神透露出一丝光芒，他坚定地对王法官说："法官阿姨，谢谢你们关心我，我未来也想成为一名法官，用法律的手段来帮助像我这样孤立无援的孩子。"

"六一"儿童节这天，少年及家事审判庭的工作人员专程去看望了小沐阳，大家还一起筹资给小沐阳和儿童福利院的其他小朋友们准备了礼物，看到小沐阳和其他小朋友们融入一起，眼神中散发出孩子应有的快乐和神采，大家的脸上都露出了欣慰的笑容，小沐阳终于有了一个温暖的家。

撤销父母监护权是国家保护未成年人合法权益的一项重要制度。父母作为未成年子女的法定监护人，若不履行监护职责，甚至对子女实施虐待、伤害或者其他侵害行为，再让其担任监护人将严重危害子女的身心健康。为保护未成年人合法权益，我国《民法典》对有权申请撤销监护人资格的主体及撤销后的安置问题都作出了规定。未成年人的健康成长，不仅仅是家庭的"家事"，更是关乎国家未来的"国事"。撤销失职父母监护权只是保护未成年人的第一步，后续的监管监护问题才是关键。本案充分体现了国家监护制度对于未成年人监护权益的补充和保障，人民法院的判决结果符合未成年人利益最大化原则，对未成年人权益保护有着重要的意义。

案例评析

常州作家协会主席　李怀中

　　本文通过细腻的文笔，描写一个"无家少年"的生活情景。母亲智障、父亲残疾，但社会没有抛弃，法院发出保护裁定，民政局将他接进"救助站"，福利院成为他的监护人，法官为他寻找心理疏导师，我们看到了"未成年保护"的完整的"社会链"。

《常州晚报》总编　朱佳伟

　　本案例用周详的描述和较细腻的语言，讲述了一个未成年人小沐阳被家人因种种原因弃养的令人心酸的故事。而本案例真正的核心是：不同于诸多确认抚养权的司法实践，而是通过司法行为撤销小沐阳的监护人资格继而依法指定民政部门为监护人，给小沐阳提供一个理想的新家，从而保障小沐阳的成长利益最大化。而作出这一司法选择，不是法庭的简单而为，此前法官们做了大量调查和法律研讨工作，而作出判决后法官并未就此了事，而是请来专业心理师一起及进介入对小沐阳进行心理疏导，并跟踪关心关爱小沐阳的生活和成长情况。此案例个性独特，故事性强，更具有司法实践的样本指引意义。

《常州日报》评论副刊融媒中心副主任　谢雪梅

　　"没妈的孩子是棵草"。然而，母亲一走了之，父亲动辄拳脚相加，这样的孩子又是什么呢？本案讲述了可怜的小沐阳的凄惨故事，最终，是法律张开了保护伞：法院判决撤销父母的监护资格，指定民政局作为监护人，儿童福利院承担监护职责，保障了小沐阳的成长利益最大化。

撤销失职父母监护权只是保护未成人的第一步，后续的监管监护才是关键。本案充分体现了国家监护制度对于未成年人监护权益的补充和保障，具有司法实践的样本指导意义。

本案例写作想象力丰富，可读性强。作出判决之后，法官们的关爱依然在延续，心理疏导、节日探望，小沐阳的笑容竟然来自此。读罢掩卷，不禁让人涌起法外之思：年龄到了就有资格当父作母吗？父母失职时，谁来教育父母呢？

法有主权 爱无国界

◎ 陈德严 丁 民

"Thank you，张法官！"凯特一步三回首，"依依不舍"地跟江苏省常州市钟楼区人民法院法官张锋道别。夕阳的光晖洒在凯特略显沧桑的蓝色眼眸中，隐约能看到泛起了一丝光亮。凯特充满了对张锋法官的感激，对中国司法的感激。"感谢张法官，感谢钟楼法院，是你们让我一个外国人感觉到了温暖和善意。"凯特用她不够流利的中文想极力地表达自己的感激，生怕自己哪一句词不达意。

这不是张锋遇到的第一个外国当事人，但一定是印象最深的一个，多少个白天和夜晚，他一边查着单词一边纠正着发音，解答了凯特一个又一个法律问题。望着凯特渐行渐远的身影，张锋不由得想起了这起跨国婚姻纠纷案件。

首份涉外人身保护令

2019 年 8 月，定居常州的外籍女士凯特以感情破裂为由，向钟楼法院提起诉讼，要求和中国籍男子李某解除婚姻关系。

案子分到了张锋手里，他仔细查阅了这起离婚案卷材料，梳理出一些可能出现的争议焦点和法律问题，随后和当事人取得了联系。

"凯特强烈要求离婚，李某坚决不同意……针尖对麦芒，婚姻纠纷的调处一开始就陷入了僵局。"张锋说。他隐约地感受到两国传统文化、家庭观念和社会价值观之间的冲突与碰撞。

在组织双方进行庭前听证过程中，张锋对他们采取了"背对背"式调解。凯特悄悄告诉张锋，李某曾多次殴打她，她对自己的人身安全感到担忧。

安全是人最基本的需求，出于对危情的防控和对妇女权益的特别关注，也为了更好地了解案情、处理纠纷、化解矛盾，张锋一边倾听凯特叙说，随时在笔记本上记录，一边时不时地给她添茶倒水，安慰几句。

在得知中国还有"人身安全保护令"这样的法律救济渠道之后，凯特当即提出了申请。张锋随即在当天发出了全市首份涉外"人身安全保护令"，禁止李某以任何形式实施家庭暴力等违法行为。

本着"治病救人"的原则，在后续的案件审理过程中，张锋给予他们一个月的冷静期，劝导双方放下芥蒂，共同参与家庭经营，珍惜来之不易的婚姻关系，努力给孩子营造一个温馨的生长环境。

考虑到双方有一定的感情基础、婚姻关系还未破裂且完全有可能改善等情况，张锋最终依法判决不予离婚，并分别向他们做了有关法律释明工作。

按常理，本案审判工作已经结束。谁承想，故事才刚刚拉开了帷幕。

三解孩子抚养权纠纷

一审判决下来后，凯特带着女儿搬到了外地。李某以看望孩子为由，与凯特相约中秋节见面，却趁机抱走孩子……

转眼就"丢"了孩子，凯特顿时崩溃，号啕大哭，发誓一定要夺回孩子。人海茫茫，谈何容易？绝望之中她想起了张锋，那个在他们离婚案件中不厌其烦地倾听他们家长里短、耐心做调解工作的法官。

"张法官，我的孩子被他抢走了。"凯特带着哭腔跑到钟楼法院，仿佛抓到了一根救命稻草，不知为何，她相信张锋法官会帮他，可能仅仅是一种感觉，可她明明跟张锋只有一面之缘，而且她作为原告的案件还败诉了。可能是张锋法官敦厚的形象给了她安全感吧。

"案子虽已办结，但是事儿还未了啊。"看着盈满泪水、无助渴望的眼神，张锋不禁动了恻隐之心。虽然当天还安排了一个调解和一个会见，虽然手上还有好几份判决书等着完成，但张锋知道如果不是特别无助，凯特也不会突然跑过来焦急地寻求帮助。于是张锋立刻联系上李某，电话接通的瞬间，电话那头果然传来了孩子的哭闹声。

简单的几句"闲聊"之后，张锋话锋一转，切入正题。他从关爱孩子的角度出发，晓之以理，动之以情，教育李某要认清三个事实，即无论婚姻当事人遭受多少委屈，夹在他们之间的孩子才是真正最无辜的受害者；无论他俩之间关系最终如何走向，也改变不了各自与孩子之间的血缘关系；无论女儿最终选择跟谁一起生活，她的成长也还是离不开另一方。张锋还一再强调，任何人都无权以任何理由去毁掉另外一个人的幸福，尤其对一个毫无招架之力的孩子……

感觉李某有了些许触动，张锋赶紧抓住机会趁热打铁，用一种商量的口吻"提醒"他，孩子还小，一时半会儿还离不开母亲，"是不是"可以暂由孩子母亲先行照料？

就这样，凯特接回了女儿。

然而，事情还没完。

"孩子是我李家的，怎么能给人家？万一带出国，有个头疼脑热、三长两短的……"一个月后，李某越想越不是滋味。

一天，他摸到凯特居住的小区，恰好看到孩子，跑上前去一把抱住凯特，同行的家人趁机将孩子抱上汽车绝尘而去。李某再次夺走了孩子。

凯特深知仅靠自身力量很难再次夺回孩子，便接连向公安、妇联、外事办等多个部门寻求帮助。各相关部门很快从社会综合治理平台得知这一矛盾纠纷已由法院先行作了处理，告知凯特，根据有关规定，该案将转交"首办"单位即由钟楼法院继续处理。

于是，凯特再次想到了张锋法官，毫不犹豫地拨通了张锋的电话，希望能再次得到他的帮助。

几乎在接到凯特求助电话的同时，张锋也先后接到了妇联、外事等部门的来电。放下电话，张锋立即与凯特相约当面沟通，了解事情的来龙去脉。

同时，张锋通知李某立即来法院配合调查，告知其法律是严肃的，之前的行为已经违反了法律，可能即将面临罚款、拘留等法律后果，千万不要因为无知而承受了不可挽回的损失。

李某顿时傻了眼，声称自己并未意识到违反人身安全保护令会有这么严重的后果，当即保证今后绝不会再犯，并将会和凯特好好协商孩子的抚养问题。

为了缓和他们之间的矛盾，减轻对孩子的伤害，张锋再次耐心地做起双方思想工作，那一天，张锋整整花了一下午时间，苦口婆心、循循善诱，两人的对立情绪在他的劝导下明显趋于缓和，最终促使他们达成协议，同意在正式离婚前轮流抚养孩子。孩子再次回到身边，凯特喜极而泣。

事情总算告一段落。

但一个月后，张锋又接二连三地接到凯特的求助电话。原来，他俩协商好要去民政局办理离婚手续，但凯特不晓得如何草拟协议才能更好地维护自身权益。

凯特的求助内容已然超出了一个法官的本职工作，但张锋依然不厌其烦、一次又一次、耐心细致地回答她提出的每一个法律问题。或许也是被张锋的诚恳所感动，李某表示他决定不再做一些伤害彼此的事情，只是希望能得到孩子的抚养权。

了解到他俩的婚姻现状和真实想法后，张锋规劝他俩拿出最大的善意，提出切实可行的方案，争取能做到和平分手。在张锋来来回回、数十次的沟通之后，双方终于就离婚协议内容达成了一致意见，凯特如愿拿到了孩子的抚养权，李某也有了更多的机会较为方便地看望孩子。

服务延伸至案里案外

2020 年 3 月 27 日，凯特带着女儿专程来法院看望张锋，并赠送一面锦旗，写着"人民法官为人民，司法关爱无国界"，以表达她对中国法律、法院和法官的一片感激之情。于是，就出现了本文开头的那一幕。

再次见到凯特和孩子，张锋显然也非常高兴。为了这次见面，他特意查阅了有关英语词典，纠正了自己的发音，以便能与凯特进行"无障碍"交流。

鉴于当前仍处于新冠肺炎疫情防控期，张锋按照有关规定，完成测量体温、询问活动轨迹、有无与相关病例接触史等系列动作之后，才开始正式与凯特进行交流。

他详细询问了凯特离婚后的生活状况，劝导她要与前夫"友好"相处，提醒她至亲交恶势必会伤害孩子、影响孩子身心健康，同时也告知她今后碰到什么困难仍然可以向法院求助。

"有了这么个乖巧宝贝女儿的牵挂，你俩是'剪不断理还乱'的。或许今天的分开，又将是明天一个更好的初见。"张锋一再鼓励凯特放下过往，坦诚地和前夫继续交往，争取破镜重圆……

望着凯特和孩子远去，张锋方才长舒一口气，不由得有些感叹，无意间翻起手机，竟发现接听凯特的电话竟达 58 次，最长通话时间超 1 小时，最晚通话是晚上 9 点后，通话总时长 400 多分钟……

之所以说凯特是张锋印象最深的当事人，因为在帮助凯特的过程中，差点引发了张锋家庭矛盾。出于急切的心情，也是出于对张锋的信任，凯特总是想到一个问题就不分时间地给张锋打电话，有时候傍晚张锋和他妻子在散步，突然接到凯特的电话，电话里传来一名陌生女子焦急的声音，张锋的妻子难免有些疑惑。有时候晚上正准备睡觉，又是这个"熟悉"的陌生女子的声音，一聊就是一个小时，看着张锋不厌其烦地耐心劝导，时不时说几句英文，张锋的妻子终于忍不住质问："是谁啊，这么热心、这么能聊，这都几点了？"张锋看着妻子一脸的不高兴，是又好气又好笑，心想这可不好解释啊。

"是我一个婚姻案件的外国当事人，遇到婚姻中的法律问题，我给她解答一下。"

"好你个张锋，平时看你老实巴交的，现在都会骗我了，有你这么解答的吗？白天打电话，晚上打电话，一打一个小时。老实给我交代。"

"真不是你想的那样，真的是我的工作，不信我给你看记录。"

看着张锋一脸的真诚，妻子虽然还有一丝怀疑，但也多少信了几分。好在通过张锋及时地解释，让妻子彻底消除了疑虑，并且对张锋的工作表达了支持和理解。当然，凯特对这一切全然不知。

或许，正是张锋这不分白天黑夜的耐心解答，一丝一毫的关爱，一分一秒的付出，一点一滴的积累，让凯特对中国司法产生了全然的信任。张锋的细心、耐心解决了人民群众切身利益问题，让当事人在一个具体的司法案件中真切感受到公平正义，使得陌生的法律悄然融入寻常百姓的心田，增强了获得感、幸福感和安全感。

这面特殊的锦旗，现在挂在张锋办公室最显眼的位置，上面写着"人民法官为人民，司法关爱无国界"。每当工作累了，状态疲了，张锋就抬头看一眼这面熠熠生辉的锦旗，这不仅是对他的一种褒奖，也是对他的鞭策，让他在繁重的基层法院工作中能够想起年少时选择成为一名法官的初心。有人会说，当事人在案件胜诉后送锦旗给法官以表示对其工作的肯定和感谢，这早已不是什么新鲜事，没什么值得大惊小怪的。但张锋知道，这面锦旗与以往收到的都不同。这是一名无助的外籍女子在中国遭遇困难时所遇到的温暖，这是一名坚强的母亲在失去孩子时获得帮助的体现。

有人说法官审的不仅是案件，还是别人的人生。张锋法官不仅在案件审理中能够释法析理，步步为营。在审判工作之外，也能耐心地不厌其烦地为当事人答疑解惑，正是这种"不务正业"的细致工作，让一名不懂中国法律的外籍人士了解了中国法律，认识了中国法官，并衷心地感谢中国司法。锦旗上的内容看似简单，背后却隐藏着一个中国法官跨越国界的司法关爱故事。

案例评析

常州作家协会主席　李怀中

这是一起特殊的跨国婚姻纠纷案，从全市第一份涉外"人身安全保护令"，到再三调解孩子抚养纠纷，最后将法律服务延伸至案外，真是"人民法官爱人民，司法关爱无国界"。

《常州晚报》总编　朱佳伟

常州法官遇到外国当事人不新鲜，常州法官发出"人身安全保护令"是寻常事，但常州法官为了保护一名与中国男子正发生婚变的外国女性及其未成年女儿发出涉外"人身安全保护令"，却是全市第一例。而此案例讲的故事不止于此，随后发生的父亲争抢女儿、夫妻抚养争执、办理离婚协议等等一连串的涉外家庭变故难题，都摆到了中国法官面前待破解……行文丝丝入扣，情节一波三折，生动讲述了中国法官"司法关爱无国界"的感人故事，具有很强的独特性、时代性、可读性。

《常州日报》评论副刊融媒中心副主任　谢雪梅

全市第一例！常州法官为了保护一名与中国男子正发生婚变的外国女性及其未成年女儿，发出了涉外"人身安全保护令"。

"司法关爱无国界"，这个涉外案例具有很强的国际性、时代性、可读性。

路途遥远，隔不开屏幕前后的爱

◎ 谢君佩

"阿姨，我想回学校找小伙伴们玩儿，也很想妈妈，您能让我回去吗？"屏幕上面的小女孩儿用祈求的眼神望着我们，屏幕下的我们无一不动容。

屏幕上的小女孩叫雯雯，是张女士和杨先生的孩子。张女士和杨先生于2012年登记结婚，2013年便有了女儿雯雯。为了生计，两人都在常州打工，后因感情不和，于2017年协议离婚。离婚协议约定女儿雯雯由杨先生抚养，但实际上雯雯从幼儿园中班开始，一直跟随着妈妈张女士生活，杨先生虽也一直在常州工作，却很少关心看望雯雯。倒是远在宁夏的爷爷奶奶很是挂念孙女，张女士也体谅老人家的心情，每年都带着雯雯回宁夏看望老人。虽然张女士和杨先生离婚了，但因为张女士把雯雯照顾得很好而且每年带着孙女回去看望他们，两位老人一直很喜欢张女士，也一直希望两人能重归于好。

2020年春节，张女士照例带着雯雯回宁夏老家看望爷爷奶奶，聊天时雯雯提到有位叔叔对自己很好，经常带着她和妈妈一起出去吃好吃的，爷爷奶奶便突然变了脸色，说张女士要是还想和雯雯一起生活，必须向他们保证不谈恋爱，不结婚！还说杨先生也没再婚，要张女士必须等着，要不两人再婚，要不等杨先生找到了另一半她才能考虑自己的个人问题！张女士听了之后觉得非常荒谬！自己这么多年辛辛苦苦独自抚养女儿，从未管杨先生要过钱，还每年坚持带孩子回家看望老人，本以为老人会很体谅自己，却没想到竟会提出这么荒谬的要求，还威胁自己说雯雯本来就归男方，不准她再见孩子！张女士一时气愤便和老人大吵一架，当天就带着雯雯回了常州。

2020年4月28日，雯雯学校开学了，杨先生主动要求说第一天上学要送雯雯去学校，张女士以为是老人家调整好了心情，让爸爸对孩子好一点，也没多想就同意了，但没想到等来的却是杨先生的一通电话："告诉你啊，雯雯已经被我带回宁夏老家了，以后她就跟着爷爷奶奶生活，学校也给她找好了，就在本地读。"张女士接到电话都要崩溃了，要求杨先生立刻把女儿带回来，说女儿从未离开过自己，这样对孩子不好。但杨先生只说："给你带这么几年你以为抚养权就是你的了吗？别忘了当时签离婚协议的时候你是放弃了雯雯的抚养权的！孩子本来就该在我们杨家待着！"张女士知道和他再争论也是无用，就决定去宁夏亲自把雯雯带回来。

2020年5月1日，张女士到了宁夏，但没想到爷爷奶奶坚决不让她见雯雯，她在宁夏待了好几天，希望等到假后雯雯上学时能见到她。假期结束后，张女士去当地的学校找雯雯，门卫拦着不让她进去，说雯雯的爷爷奶奶已经跟大家都打了招呼——有个女的要来抢孩子，肯定是不能放她进去的。张女士精疲力竭，只能挨着好几天在门口蹲守，但她发现根本见不到雯雯的身影，实在没办法的张女士央求着门卫给了她雯雯班级老师的联系方式，但给老师打了电话才得知，雯雯已经请了几天病假没来上学了。张女士听完更着急了。不知道是雯雯真的生病了还是爷爷奶奶怕她见到自己故意不让她上学，张女士思来想去觉得只能通过法律手段来解决了，便回了常州起诉到法院，张女士认为，杨先生的行为已经严重破坏了孩子当前健康、稳定的生活和学习环境，对孩子的健康成长极为不利，在生活中也并没有尽到父亲该尽的照顾、抚养义务，现在要求变更雯雯的抚养权并要求杨先生每月支付600元生活费，教育费、医疗费各半承担。

经开法院接到该起诉讼后，第一反应便是调解。首次组织调解，杨先生和张女士均到了法院，但调解却并没有实质的进展，因为杨先生不论说什么都是坚决不同意变更抚养权！法官百思不得其解，根据张女士所述，几年来杨先生并未十分关心雯雯，这次却很是坚决。经过耐心询问才得知，原来杨先生自己倒是无所谓，但家中的老人要求他必须把雯雯带回杨家，说他要是敢把雯雯的抚养权让给张女士，他也别想回家了！法官了解了这个情况后就想着雯雯的爷爷奶奶要是也能参加调解就好了，但宁夏确实路途遥远，再加上疫情形势严峻，途中有感染新冠的风险，两位老人可经不起这样折腾，而且费用也不低，最终法院讨论决定利用互联网视频进行远程调解。

第二次调解，雯雯和爷爷奶奶出现在了大屏幕上，法官和张女士、杨先生在屏幕这边进行调解。雯雯见到妈妈就掉了眼泪，但在爷爷奶奶面前一直怯怯地不敢说话。爷爷奶奶则态度坚决，不同意变更抚养权，谁说也没用！法官先夸了爷爷奶奶把雯雯照顾得很好，孩子胖乎乎的，稳定了爷爷奶奶的情绪。接着又问了最近雯雯有没有去学校学习，在家谁来负责雯雯的功课辅导等，爷爷奶奶此时显得支支吾吾，说学习自然有老师辅导。法官敏锐地觉察到老人家对雯雯学习的重视，立马抓住机会说，比起宁夏县区的学校，常州的教育资源是先进了许多的，而且雯雯从小就在常州生活，她的好朋友都在这边，这样突然把她接回去环境的突变会对雯雯的成长十分不利，我们知道你们特别爱雯雯，怕雯雯跟着别人会受委屈，只有自己亲自带才安心，但孩子的未来不能用来赌气，雯雯现在才刚刚开始学习，优质的学习资源和环境才能给她带来更好的未来，请你们深思熟虑啊！两边都是爱，但哪一个爱对雯雯的未来更好请你们想一想。

张女士听完也对屏幕对面的老人说："雯雯从出生就是我带，我不可能让她受委屈，而且这么多年我坚持带孩子回老家看你们就是想让她尽量感受家庭的爱，以后也绝不会不让你们见雯雯的，我们大家都是因为爱雯雯，所以才要慎重考虑雯雯的未来！在常州在我身边，雯雯的未来会更有保障。"

雯雯听到妈妈的声音也忍不住带着哭腔说："阿姨，我想回学校找小伙伴们玩儿，也很想妈妈，您能让我回去吗？"

屏幕前的人员都没再逼爷爷奶奶妥协，安静地等着两位老人作决定，良久，爷爷开口说："好，我同意。你来接孩子回去尽快上学吧，抚养费我们也决不会不给，雯雯是我亲孙女，我们一直疼爱她。"之后，法官又询问了杨先生的意见，他表示也同意。

至此，这件案件调解成功，雯雯的抚养权变更为张女士，杨先生需每月支付雯雯抚养费 600 元，张女士须每年带雯雯回宁夏看望一次爷爷奶奶。双方都同意并当场签订了调解协议。

一周后，张女士发来短信说，雯雯已经回常州上学了，每天跟小伙伴玩得很开心，她特别感谢我们。屏幕前父母爱得真切，屏幕后爷爷奶奶爱得质朴，不会因为路途遥远而隔开。

案例评析

常州作家协会主席　李怀中

新一代法官通过新媒体成功调解一起未成年人的监护权纠纷，法官的敏锐细致、因势利导，终于让当事人的理性战胜了感性和任性！

一切为了孩子
——记一起特殊的分割死亡赔偿金案

◎ 杜月笙

明天和意外，谁会先到来

"瑶瑶、瑶瑶，你赶快把东西收拾一下，你家人来接你了。"正在上课的瑶瑶听到老师的急切催促，天性敏感的小姑娘感觉似乎出了什么事。瑶瑶并没有从老师那儿得知出了什么事，只是默默将书包收拾好准备回家。这个刚上一年级的小姑娘从两年前就变得格外安静。来学校接瑶瑶的是对她爱护有加的阿姨姚慧芳，在路上阿姨并没有和瑶瑶说什么，只是一边开车一边擦着眼睛。瑶瑶不知道发生了什么，只是在后排紧紧盯着这个从来对她笑嘻嘻，今天却眼睛红肿的阿姨。

二十分钟的车程，映入瑶瑶眼帘的是高耸的医院大楼。姚慧芳抱起瑶瑶就往里面跑，似乎在与时间赛跑。等瑶瑶定下神来，发现自己的外公外婆、爸爸、姨父等亲人都在一个亮着"手术中"的门前坐着。外公外婆看到瑶瑶的那一刻再也忍不住了，抱起这个心疼的外孙女痛哭起来："慧兰啊，瑶瑶来了，你可一定要坚持住啊，孩子还这么小，可不能没有妈妈啊。"撕心裂肺的哭声打破了大家紧张的情绪，都忍不住地擦起眼泪来。七岁的瑶瑶看着大家都在哭，也跟着大哭起来。她意识到，妈妈出事了。

手术室的大门打开，医生无奈地表示，病人伤势过重，抢救无效死亡了。听到这个消息，瑶瑶的外婆几乎要伤心地昏过去。昨天一家人还开心地一起吃饭，今天怎么就没了呢……想到今年才七岁的外孙女，以后就成了一个没妈的孩子，她更是伤心不已。看到从手术室推出来的浑身是血的姚慧兰，瑶瑶一下子跑过去，又惊愕又难过地拉着妈妈的衣角，眼泪就像开了闸的洪水，失了心似的放声大嚎。所有人都陷入了无尽的伤痛之中……

明天和意外，谁会先到来，这是谁也无法预料的，当然，所有人都想迎接一个美好的明天。但是，意外却降临在了本就不平凡的一家。对于逝者姚慧兰而言，到来的是一场突如其来的车祸和她永远逝去的生命；对于姚庆厚和周来娣夫妇而言，失去了他们最最疼爱的女儿；对于七岁的瑶瑶而言，永远失去了那个最爱她的妈妈以及那可爱的笑容……

爱与恨，一个并不幸福的原生家庭

2007年1月，刘振兴与姚慧兰结为夫妇，并且在同年5月生下小宝宝瑶瑶。看似幸福美满的一家却有着不为人知的心酸。据姚厚庆和周来娣夫妇描述，前女婿刘振兴并没有稳定职业，自然没有稳定收入，并且一直没有积极外出务工，家里大部分生活开支都由女儿承担。除此之外，刘振兴还脾气暴躁，在有了女儿瑶瑶之后，经常和姚慧兰大吵大闹，甚至有动粗行为，一度让女儿精神非常崩溃。终于在2012年5月，双方协议离婚。双方约定，女儿瑶瑶跟随父亲生活，母亲每月给予 500 元生活费，其他教育、医疗等费用双方各承担一半。一个本该幸福和谐的三口之家走到了尽头。

虽然原生家庭不再，但不管是父母，还是外公外婆，都对瑶瑶这个孩子疼爱有加，包括瑶瑶的阿姨，也对其视如己出。瑶瑶从小就是个聪明懂事的孩子，每当看见父母吵架，总会有着超乎同龄孩子般的成熟，哭着让爸爸妈妈别再吵了。虽然爸爸妈妈离婚之后自己随爸爸生活，但是几乎每个礼拜妈妈姚慧兰都会去看望她，给她带好多吃的。暑假的时候，外公外婆也会把外孙女接过来带，给这个小丫头无尽的疼爱。所以，虽然并没有和父母一起居住，瑶瑶也得到了大家很多的爱。

其实在瑶瑶心里，最想看到的是爸爸妈妈能够重新在一起，这个想法她和外婆说过很多次。每当看到别的同学爸爸妈妈一起来接他们，瑶瑶总是会想着自己的爸妈什么时候可以一起来接自己。也正是因为这样不圆满的原生家庭，瑶瑶从爸妈离婚之后，脸上的笑容总比以前少了一点，大人们也能时不时地感受到这个孩子的失落与孤单。尽管大家都很关心呵护她，却似乎总少了些什么。都说小孩子不懂事，也许瑶瑶比谁都懂——自己已经没有完整的家了。

对簿公堂，妈妈的死亡补偿金何去何从

一份法院的传票再次伤了姚庆厚和周来娣夫妇的心。2014 年 9 月，离女儿去世不到五个月，前女婿竟然通过打官司的方式来要女儿的死亡赔偿金，二老这次真的心凉了。原告是瑶瑶，作为法

定代理人的父亲刘振兴向瑶瑶的外公外婆提出了分割姚慧兰的死亡赔偿金。具体诉求是请法院判令原告应得赔偿款由原告法定代理人保管，两被告承担诉讼费用。由于当初关于姚慧兰的交通事故赔偿一事，是由肇事方与三法定继承人经调解达成协议，肇事方一次性补偿死者家属115万元。在常人看来这是一笔不小的款项，但是对于姚庆厚和周来娣夫妇而言，再多的钱也不能挽回女儿的生命，也不能等价瑶瑶的妈妈。而且二老年事已高，自己也有退休金，并没有霸占赔偿金的想法。姚庆厚在答辩状中陈述道：自己与老伴并不像原告代理人诉称的那样拒绝分割赔偿金，并且曾多次主动与刘振兴协商分割赔偿金一事，均未收到其正面答复。一时间双方仅存的一些情谊也因对簿公堂而烟消云散。

2014年9月23日，溧阳市人民法院对此案进行了第一次庭审。在审理过程中，主要的争议焦点有三个：（1）原告从姚慧兰死亡赔偿款项中应得多少份额？（2）原告分割款项由谁管理和保护？（3）本案被告对于原告分割款项有没有监督其使用的权利？在第一次庭审过程中，双方并没有就以上焦点问题进行解决，尤其是关于原告应得份额和分得款项由谁保管这两个问题存在较大争议性意见，最终没有形成一致同意的解决方案，赔偿金到底怎么分割陷入僵局。在庭审最后，审判长龚雪法官考虑到此案涉及未成年人利益，尤其是原告瑶瑶还小，又刚刚失去妈妈，内心正遭受着巨大的痛苦，希望双方能从瑶瑶的利益出发，为了她以后的健康成长，充分协商，达成一致。

人性化处置，那个可爱的小姑娘回来了

第一次庭审结束后，龚法官对双方当事人的话给了大家启发，都知道是为了瑶瑶这个孩子好，不管大家之前有什么矛盾，现在瑶瑶的妈妈不在了，大家更应该给她更多的关注与爱，再也舍不得让这个可怜的孩子受一点点伤。于是在 2014 年 10 月 20 日，双方在龚法官的组织下开展了一次调解。原告法定代理人刘振兴坚持认为自己是合法合格的监护人，瑶瑶应得部分赔偿款应该由自己管理，并且保证不会随意使用。以后也会继续给瑶瑶购买每年一万元的保险，并且会根据孩子的兴趣爱好培养她的才艺技能。而被告姚庆厚与周来娣夫妇则愿意继续按照女儿生前的离婚协议支付外孙女每月的抚养费与每年的保险金，一直到原告满 18 周岁。同时愿意到原告 18 周岁时，一次性将余款打入瑶瑶账户，在此之前，这笔钱由处理事故时的约定仍然交原告阿姨姚慧文保管。

眼看双方还是不能达成一致，这样继续下去总不是办法。在做了大量的准备工作和调节前双方的思想工作之后，法庭向双方提供了两个合理的调解建议。最终大家经过讨论商量选择了其中一个方案。即将瑶瑶应得赔偿款分成两个部分，基本一部分作为瑶瑶的生活学习开支，交由法定代理人刘振兴保管；另一部分建议由原告法定代理人与被告中的一人或两人以开设联名账户的方式共同保管，直至瑶瑶满 16 或 18 周岁为止。双方在第一次调解之后基本达成一致意见。但是就瑶瑶应得份额上还是存在一些差异。

此次调解结束之后，龚雪法官再次做了原告法定代理人刘振兴的思想工作，表明如果真是为了女儿的健康成长考虑，何必在

意那几万块钱的归属问题。并且表示如果严格按照交通事故赔偿的处理标准进行分割，原告确实只能分割到32万元左右，如果此时他能退一步，不仅能够展现一个好父亲的形象，也能更及时地化解和原告外公外婆之间的矛盾，大家也更能早日从这件伤痛的事件中解脱出来。从两被告处得知，瑶瑶小时候从楼梯摔下，导致右眼有疤痕，医生表明只能在其成年之后动手术，所以这也成了逝者姚慧兰的遗愿。因此，两被告坚持将一部分赔偿金保留至瑶瑶成年，给其进行眼睛手术。龚法官恳切地说道："瑶瑶这么小就没了妈妈，大家就为了孩子的美好未来下些功夫吧，别再让孩子伤心了。"原告法定代理人刘振兴也表示自己其实并不是为了争几万块钱，只是想给孩子多一点保障。况且孩子的外公外婆确实对瑶瑶都不错，愿意再退让一步。

终于，2014年11月5日，在法庭的调解之下双方达成一致协议，原告瑶瑶在其母亲交通事故死亡赔偿金中应得赔偿款项32万元，其中15万元由被告汇入原告法定代理人账户代为保护管理，用于瑶瑶的学习生活医疗等事宜；剩余17万元以原告法定代理人和两被告设定联名账户的方式共同管理，非三人一致同意不得随意支取，直至原告满18周岁由其自行保管。尤其值得夸赞的是，双方一致认定，因原告母亲去世，为了原告健康成长，在不影响其正常学习生活情况下，两被告有探望原告的权利，原告法定代理人应予以配合。

至此，一场特殊的分割死亡赔偿金案告一段落。在拿调解协议书的那天，原告瑶瑶和父亲一起到法院，看到了很久不见的外公外婆，还有最爱自己的阿姨，瑶瑶非常开心。虽然她不太明白什么是法院调解书，但是她知道大家都笑了，自己也就开心了。那个可爱的小女孩又回来了！承办此案的龚雪法官看到一家人和好如初，尤其是瑶瑶这个可怜的孩子依偎在大家怀中，天真地笑着，自己也欣慰地露出了笑容……

案例评析

《常州晚报》总编　朱佳伟

本案例讲述了在保护未成年人的语境下，面对一起特殊的分割死亡赔偿金案，法官们将保护未成年人瑶瑶的利益和身心健康放在首位，依法而为，讲理用情，通过过细的工作妥善处理这一案件，实现了未成年人利益最大化。案例在彰显独特性的同时，也彰显了保护未成年人的法律精神和社会取向。

"法官叔叔，我又站起来了！"

◎ 张　锋

5 岁，正值天真烂漫的童年。而还有一个月就将迎来自己 5 岁生日的男童，却在 2015 年 10 月 24 日的一起车祸中永远地失去了左腿。男童是不幸的，但幸运的是他遇到了一位好法官。正是由于法官的秉法相助，帮男童争取到应得的赔偿，男童才安装完假肢后又重新站立了起来。

5 岁男童遇车祸，左腿惨被压断

每当想起车祸的瞬间，王强都不由痛苦起来，并努力让自己忘记那段痛苦的回忆。时间回到了 2015 年 9 月 24 日，在当天上午 8 时 20 分许，外公驾驶电动自行车搭载王强行驶至星港大道与月季路交叉路口时，遇唐伟驾驶重型自卸货车在该路口右转弯，突然，"砰"的一声，唐伟驾驶的重型自卸货车右前部与王强外公驾驶的电动自行车左侧发生碰撞，致使电动车倒地，王强和外公摔倒在地，货车车轮正好压过了王强的左腿，王强当即便昏迷不醒。经常州市公安局交通警察支队钟楼大队认定，唐伟承担事故的全部责任，王强和外公不承担事故责任。事故发生后，王强立即被送往常州市第一人民医院住院治疗，经诊断为左大腿完全离断伤、左下肢毁损伤等，并进行了相关截肢手术。王强经过治疗，身体虽渐渐康复，却永远地失去了自己的左腿。腿对于活泼好动的王强重要性不言而喻，这一变故也给王强的家庭带来了无尽的悲伤。

及时心理疏导，抚平精神创伤

因货车肇事司机唐伟拒不赔偿，王强家人也无力承担高昂的假肢安装费用，于是王强家人将肇事司机唐伟连同其背后挂靠的公司、车辆保险公司一并起诉至常州市钟楼区人民法院，而负责审理这起案件的正是钟楼法院少年家事综合审判庭的庄锋法官。钟楼法院很早便成立了专门审理未成年及家事案件的综合审判庭，少家庭的法官都是具有丰富审判经验的法官，对未成年人的心理都比较熟知，而庄锋法官更是有着教师的背景（入职法院前系教师），其对未成年人的心理动态有着更为独到的见解。

庄法官接到这起案件后，很快便意识到该案不仅仅是尽可能为王强争取到应得的赔偿款，更为重要的是需要抚平其精神上的创伤，使其尽早从悲伤中走出来，重获新生。车祸发生后，因无法接受失去左腿的现实，王强终日沉默不语，整天将自己关在家中，不敢出门，也不敢去上学，害怕被同学和他人耻笑，整日处于极端的自卑之中，精神状况堪忧。庄法官在了解到王强的现状后，第一时间与其父母一同做他的思想工作，安慰他今后可以通过安装假肢的方式重新站立起来。同时，庄法官及时联系与少家庭有合作关系的心理辅导师，希望心理辅导师能提前介入，尽快解开王强的心结，让他敢于面对现实，重新振作起来。经过一次次的心理辅导，王强慢慢地放开了心怀，也露出了久违的笑容，对未来的生活也充满了希望。

精准释法，维护未成年人合法权益

王强的案件在法律适用方面比较简单，但本案最大的争议点在于王强的残疾辅助器具赔偿年限法院会先行判决多少。虽然当时《最高人民法院关于审理人身损害赔偿案件适用法律若干问题的解释》对此有相关规定，即残疾辅助器具的更换周期和赔偿期限参照配制机构的意见确定。王强案件中鉴定机构出具的鉴定意见明确王强配置假肢的使用年限建议为当地人均寿命，当时常州市区男性平均预期寿命为 77.7 岁。

既然有相关规定，很多人认为只要按照上述规定判决即可，但大家却忽视了一个问题，如果法院机械地一次性支持受害人的残疾辅助器具的赔偿年限至平均寿命，可能导致另一个问题出现，即有的受害人可能不能存活到该平均寿命的年龄，这样会导致肇事方利益受损。针对这种情况，常州市中级人民法院出台相关指导意见，即对类似案件中的残疾辅助器具赔偿期限一般为先行判决二十年，待二十年之后再由受害人另行主张权利。到底王强案件是否也要遵循常州法院系统的上述"惯例"，庄法官陷入了沉思，而肇事方唐伟则提交了数份常州各法院的判决书，也包括钟楼法院的判决书，这些判决书均是按二十年的标准计算残疾辅助器具费用。本案比较特殊，受害人王强当时年仅六周岁，其仅仅失去一条左腿，并不影响其健康成长，而肇事方唐伟年纪较大，二十年后是否健在还不得而知，其他被告公司也很难确定在二十年后仍然存续与否。为了尽可能维护未成年人的合法权益，庄法官认真查找了外地及外省的大量类似判决，发现很多判决将残疾辅助器具的年限计算至人均寿命，同时庄法官也积极向老法官请教，也得到他们的认同，最终判决被告赔偿王强残疾辅助器具的年限计算至77.7岁，判决赔偿的各项费用总金额近200万元。接到判决书后，王强及其家人都不敢相信自己的眼睛，他们一直认为庄法官会按常州法院系统之前的二十年标准判决，连连惊呼"想不到、想不到"，并紧紧握住庄法官的手表示感谢。庄法官看到这一幕也很感动，连忙说道："我只是尽到了一个法官应尽的职责。"虽然判决后几被告提出上诉，但常州市中级人民法院二审维持了原判决。本案的判决结果，有力地维护了未成年人王强的合法权益，为其后续长期的治疗及康复提供了保障，取得了法律效果和社会效果的统一。

不惧挑衅，耐心解心结

本案审理过程中，因肇事司机唐伟没有赔偿能力，其本人也身患严重肺病，其他被告公司为了迫使法院不要将残疾辅助器具的赔偿年限计算至人均寿命，便让唐伟出面向法院施压。唐伟以其身患肺病为借口，扬言如法院判决赔偿金额过高，他便会死在法院门口。同时唐伟连续数周每天在法院门口等着庄法官向其讨要说法，有时身上还带着冥币，扬言要钱没有，要钱就给冥币。对于唐伟的这种挑衅，很多同事劝庄法官应该对其采取强制措施，对其司法拘留，但庄法官考虑到唐伟法律意识不强，其可能受到他人挑唆，且其本人确实身患严重肺病，故并未对其采取强制措施，而是耐心地接待他，并做他的思想工作，告知他如继续这样扰乱法院工作会受到相应的处罚，也要相信法院会公正、公平地审理本案。通过一次次耐心的工作，唐伟终于对法院工作有了一定了解，也知道他这样做并不会影响最终生效的判决。最终，唐伟真诚地向庄法官道歉，并表示不会再采取过激行为，希望法院能公正判决。二审终审判决后，庄法官也再次与唐伟进行了沟通，希望他能理解两级法院的判决理念，保障未成年人的权益是法院工作的重中之重。经过庄法官耐心的法律释明后，唐伟也逐渐接受了判决结果，之后再未到法院采取过激行为。

爱在延续，真情温暖人心

按理说案件判决后，庄法官也完成了其本职工作，不需要再管王强的后续事宜。但考虑到案件判决后，并未案结事了，还有执行问题，只有赔偿款真正执行到位，王强才能彻底走出阴影。由于对案件双方比较了解，且执行法官也希望庄法官能继续做被告公司的工作，让他们配合案件的执行。为此，庄法官又与被告公司进行了沟通，希望他们接受法院的判决结果，本着关爱未成年人的态度配合法院的执行工作。在执行法官和庄法官的共同努力下，王强的200万元赔偿款全部执行到位，为此王强家人再次对法院的工作表示感谢。同时，庄法官还非常关心王强的后续学习和生活，多次鼓励他尽快恢复学业，用好的成绩来报答社会上关心他的人。此外，庄法官也非常关心王强安装假肢后能否适应生活，为此多次上网收集相关资料，与王强家人及时沟通、交流，及时了解王强最新的心理动态。经过大家的关心和鼓励，同时通过系统的锻炼和适应，王强安装完假肢后终于重新站立起来。在站起来后，王强第一时间告诉了庄法官这个好消息，并要当面表示感谢。在见到庄法官的那一刻，王强流下了激动的泪水，并紧紧地抱住了庄法官，同时高喊着"法官叔叔，我又站起来了！"

王强虽然不幸失去左腿，但他又幸运地遇到了一位好法官，在大家的关心和鼓励下，王强又重新站立起来。我们相信，他今后一定会努力学习，用自己的成绩来回报那些关心和爱护他的人。

案例评析

常州广播电视台副台长　许建俊

意外事故，让5岁男孩惨遭不幸，飞来横祸，给两个家庭带来的伤痕如何弥合？案件法官面对法与情的艰难抉择和智慧考验。法条是公正的，也是冰冷的，但法律的运用和法律内涵的传递却是充满温度的。法官不仅根据当事人的实际状况，灵活运用法律规定为受害儿童尽最大可能维护合法权益，还发挥此前教师的职业优势，分别对事故双方当事人进行心理疏导，既公正圆满断案，又引导化解了双方当事人心中的块垒，更重要的是，让一个自卑男孩重新站立起来。

荒野弃婴，你用生命完成对亲人的救赎

◎王　芳

荒野中，传来几声微弱的啼哭

五月的江南，万物复苏，沉睡了一冬的黄鳝也解除了"禁闭"开始出洞觅食。当地人都知道，这是一年当中抓捕鳝鱼的最佳时节。2016 年 5 月 9 日，江苏省常州市薛家镇农民陆学良（化名）忙完手中的活计，跟往常一样，悠闲地带上他常使的"猎捕"工具，打算去附近的荒郊野地捉些黄鳝来打打牙祭。

想象着今天傍晚时分，饭桌上香喷喷冒着热气的下酒菜，陆学良的脚步也不觉变得轻快了许多。

蒙蒙的细雨缠绵着微风，空气中弥散着青草和泥土的芳香。时钟指向中午 12 时许，陆学良骑着电动车不知不觉溜达到了位于新北区玉龙北路与嫩江路十字路口西南面的一大片废耕的荒地前。他放慢速度，瞅了一眼这片沟沟壑壑，里面长满了一人多高蒿草的荒地，正犹豫着要不要踩着泥泞进去寻两处浅塘捉鳝鱼。

突然间，耳畔隐约传来了两声微弱的啼哭。他不由得一愣，慌忙停下车，竖起耳朵仔细搜寻着声音的来源，可那声音又消失了。该不会是幻觉吧？现在是正午时分，放眼望去，方圆二里都

花落花开 ┃ 常州法院保护未成年人案例精选

瞧不见一个人，况且那声音一飘而过很难分辨。

"哪里来的哭声？可能是野猫叫？或是风吹野草发出的响动吧？"他摇了摇头，然后自嘲地放松了"警惕"，准备加油门继续到前面转悠转悠选处"猎场"。

"哼……嗯……"车轮还没滚出几圈，那声音又出现了，"不对！"这回他敢肯定没听错，那不是野猫叫，好像是婴儿的啼哭声。可是这么大一片荒地，怎么会有婴儿呢？陆学良不由得心头一紧，好奇心驱使他急忙刹车，决定去探个究竟。一只脚刚踏上田埂，陆学良便止步了，他忽然感到脊背有些发凉，"从没遇上过这种事，大白天的不知道里面是人还是鬼？"他有些胆怯，不敢一个人贸然进去搜寻。于是，他伸长脖颈环窥了一下四周，想找个"帮手"和他结伴一起进去。就在这时，不远处过来了一位刚刚干完农活的中年妇女，陆学良像是遇到了救星，急忙迎上前去向农妇描述了他刚才的经历。热心的农妇一听，瞪大滚圆的眼睛一脸惊讶地使劲点头，表示愿意同陆学良一起进荒地去探险。

细雨淅淅沥沥地落着，哭声夹杂着雨声时断时续，两位好心人冒雨循着声音飘来的方向一脚高一脚低地摸索前行……哭声越来越近，越来越近了……很快，在荒野中一棵小树底下的一簇杂草丛底下，隐约露出了一个花布包裹，包裹的一头已经散开，两只青紫的婴儿小脚丫相互踢腾着裸露在外。出于母性的本能，农妇"扑通"一声，双膝跪地俯下身子，用两只粗大有力的手几下扒开了盖在布包上的厚厚蒿草，一把揽起了那个已经被雨水和粪便浸湿了的小布包，打开布包，里头裹着的竟然是一个已经奄奄一息的小男婴……由于饥饿和寒冷，男婴柔软而冰凉的小身体一投入农妇温暖的怀抱，一股热流瞬间充斥了他虚弱的身体。男婴停止了哭泣，本能地将小脑袋转向农妇的胸脯，小嘴巴一张一翕寻找着妈妈的味道。"老天爷！这孩子是兔子嘴！……谁这么狠心把个这么小的孩子丢在这儿啊？就不怕被蚊虫叮咬，被野狗给叼了去？好歹也是条生命啊！"一旁的陆学良一边怜爱地看着男婴一边愤愤不平。还是先救命要紧，他二话没说，立即拨通了派出所的报警电话。

接到报案后，民警迅速赶到了现场，将小脸憋得乌青，只剩下一口气的男婴紧急送往离案发地最近的一家乡镇医院。经检查，该名男婴除了患有先天性唇腭裂（Ⅲ度），其他生命体征一切正常，但由于长时间暴露在野外没有进食，加上风吹雨淋，男婴受到严重感染，已经发生了败血症、高胆红素血症以及肺炎，情况非常严重，必须马上转送市儿童医院救治……

抢救生命的过程中，看着操作台上那张无辜的小脸蛋从青紫色渐渐泛出粉红色，在场的医务人员和民警一直紧绷着的心才慢慢恢复正常。给男婴擦洗时，细心的民警发现，男婴脚踝上缠着一只新生儿脚环，虽然上面已沾满污垢，但是不难分辨出上面显示的信息线索：该名男婴是于5月6日晚9点多出生的，男婴的母亲姓金，也就是说这个无辜的小生命出生还不满3天。幸亏转院及时，医院把握了最佳抢救时间，一番处治后，男婴终于脱离了生命危险，转危为安。因为男婴的身世之谜尚未解开，派出所正在抓紧破案，决定暂时先将这个可怜的小家伙寄养在常州市儿童福利院。

黑夜里，父亲丢下襁褓头也不回

"哇……哇……"一串响亮而有力的啼哭声穿过产房，打破了夜晚的宁静。一位年轻的父亲像接到了命令，一个急转掉头几步奔到产房门口，迫不及待地贴着门缝朝里面伸头张望。不一会儿，产房护士微笑着怀抱一个蜡烛包出了手术室，核对家属身份后，护士一边将蜡烛包小心翼翼地交接给走廊上两个等候多时的大男人，一边说："恭喜啊！是个儿子，过来亲亲孩子吧！产妇还要进行剖宫产缝合手术，你们再耐心等待一会儿，不过……这孩子……有点……"说着说着，笑容渐渐爬下了护士的脸庞，她的表情变得异常尴尬起来，欲言又止了。接过孩子的正是小婴儿24岁的父亲赵文军和他45岁的外公金国富。由于他们是不久前刚从甘肃省一个偏僻的县城来常州打工的，所以没有组成本地人那样阵容强大的"亲友团"来迎接这个家庭的新成员。

不知赵文军是因为初为人父的激动还是受护士异样表情的影响，他的额头上渗出了冷汗，怀抱着婴儿的臂膀微微有些颤抖，好容易举起的一只手又停在了半空中，迟迟没有揭开襁褓。一旁的岳父耐不住性子，上前一把掀开了盖头，"天哪！这孩子的嘴？怎么会这样？"眼前的一幕让翁婿两人完全惊呆了。原来，襁褓中小婴儿的嘴严重畸形，上嘴唇当中深深开裂了一条缝，直接延伸进鼻腔，以致孩子都无法流畅地进行呼吸和吮吸。

走廊里弥漫着令人窒息的空气。岳父一下子蹲在了墙角，双手紧紧地抱住头，用力拉扯着头发，痛苦地呻吟着："唉！当初就不该把这个孩子留下来，你们不听劝，都怪我没有坚持啊！"赵文军则瘫软得几乎跌倒在了椅子上，闭上双眼，脑袋无力地撞着椅背，陷入了往日的回忆之中。他和金银花来常州打工不久，妻子就有了身孕。怀孕 7 个月做产检的时候，医生告知胎儿的嘴唇有畸形，可能患有唇腭裂。当时他们考虑过想把孩子打掉，可是"人生地不熟，也不敢轻易相信医生的判断"，就又跑了几家医院，结果时间久了，月份拖大了，错过了引产的最佳时机，医生们都不同意做手术了，他们只能硬着头皮把孩子生下来。当时的赵文军心存一丝侥幸：他和银花正值育龄，模样也都生得俊俏，又没有家族病史，兴许是 B 超看走眼了，说不定生下个健康宝宝呢！怀揣梦想，赵文军对孕妻关怀备至，还给未出世的宝宝取名乐乐，一起憧憬着幸福小家庭的美好未来……

"哼……啊……"婴儿吃力但并不清晰的啼哭声把亲人们的思绪拉回了残酷的现实。赵文军强打起精神来到医生值班室，询问孩子的病情，得知孩子的修复手术需要花费数十万元费用。又一记响雷炸裂了，赵文军彻底崩溃，痛不欲生，让他最恐惧的不是孩子的病，而是这笔治疗费用将成为压垮这个家庭的最后一根稻草。家里之前为母亲看病和自己结婚、生子等事情已经欠下 10 多万元的巨额外债，哪儿还有能力再承担这笔对他们来说无疑是天文数字的手术费啊！他只能与岳父一起陷入了深深的绝望之中。

"我拿什么来拯救你啊！我的宝贝！"生活的重压使这两个西北汉子昏头转向失去了理智。他和岳父商量后决定，长痛不如短痛，趁银花没出产房之前扔了这个"累赘"，免得让妻子知道后同他们一起受煎熬。

冲动是魔鬼。出了医院大门，翁婿二人骑上电瓶车便径直向

花落花开 常州法院保护未成年人案例精选

北郊方向一路飞奔而去。那时已是夜里 11 点，他们辗转来到一块四处罕见人迹，长满蒿草的荒地，围走了一圈，感觉此地比较理想，便趁着夜黑风高，猫腰钻了进去。

夜，静得让人发怵，除了脚下踩过枯草发出的窸窣声，赵文军几乎听到了自己"咚咚"的心跳声……不知走了多久，他们来到一片小树林里，岳父示意女婿止步就此了断，赵文军停下脚步，轻轻地将孩子"安放"在一棵小树下，蹑手蹑脚正欲转身离开，孩子忽然大哭了起来，那哭声似乎是在乞求，似乎是在呼唤亲人们停下脚步，不要抛下他……

一听哭声，赵文军和金国富顿时慌了神，做贼心虚，怕这哭声会引来路人，会让自己失去抛弃孩子的勇气，赵文军疯狂地从旁边拔了一捆厚厚的蒿草慌乱地盖在了襁褓上，哭声压低了。处理完这一切，赵文军和岳父一扭身，头也不回地朝大路逃去。

回家了，余生加倍偿还欠下的爱

根据弃婴脚环上的信息，民警顺藤摸瓜，很快锁定了犯罪坐标。案发后 1 天，即 5 月 10 日，赵文军被公安机关抓获，金国富不堪良心的折磨随后投案自首，两人均因涉嫌故意杀人罪，双双被新北区人民检察院提起公诉。进了看守所，赵文军和金国富这才从冲动中回过神来，如梦初醒。然而他们法治意识的淡薄也着实令人唏嘘。当赵文军听说检察官给自己定的是"故意杀人罪"时，小伙子瞬间懵圈。他眼里噙满泪水哽咽道："如果当初有一个人告诉我们，想要引产应该怎么办，如果孩子生下来有问题可以申请唇腭裂救助基金帮助治疗，我一定不会丢掉儿子。"外公金国富也不淡定了。他是个文盲，不识字，案卷全都要检察官读给他听。也不会写字，每次签名，总是渴求"能不能只按手印？"在他的观念里，自己只是扔了自己的外孙，算不上杀人……丢掉一个外孙，那是他们的家事，作为孩子的血亲，他有权利处置这条血脉的去留。整个审讯过程中，金国富操着一口晦涩的当地方言反复表达着自己的悔恨之情，但他却是在懊悔："如果当时，在场的是文军的爸爸，我说什么也不会卷进这件事，去扔孩子的就不会是我！"多么愚昧无知啊！他们始终不理解，"同样是'丢孩子'，一年全国要发生好多起，为什么他们就被定成'杀人罪'了？"

可怜的银花剖腹产出院后还不能下床，更没法照顾生病的宝宝，所以孩子只能留在儿童福利院这个临时的"家"中寄养，她母亲从老家赶来照料月子。银花万万没想到，自己走出鬼门关后迎接她的竟是这样一场劫难：丈夫和父亲被刑拘，与怀胎十月宝宝的第一次相见，不是在医院，不是在自己怀中，而是隔着冰冷的电视荧屏。年轻的母亲终日以泪洗面，日夜思念着她的宝贝，牵挂她的亲人。丈夫和父亲的荒唐举动着实令她痛惜，可接下来的日子怎么过呀？家中两个重劳力双双被关押在看守所，使本就负债累累的家庭彻底断了经济来源，生活举步维艰。

乐乐在福利院医护人员的精心护理及好心叔叔阿姨的关爱下，身体一天天在康复。可是对他来说，只有回归家庭，回到妈妈的怀抱才是最适宜的成长方式。但是面对如此的家庭窘境，拿什么来抚养孩子呢？

为了给乐乐营造一个健康的生活成长环境，使这个在风雨中飘摇的贫穷小家庭早日摆脱困境，新北区法院和检察院联手，商议决定对该案采取特事特办的人性化处理方式。他们邀请当地人大代表、社区代表等相关人士召开了一场特殊的听证会。经过各方讨论后，建议公安机关变更强制措施为取保候审，把乐乐的父亲和外公从看守所放回去，共同承担婴儿的抚养责任，支撑起这个家。

赵文军和金国富回家了。他们感激涕零。取保候审的日子里，为了乐乐能早日回家，为了能筹集更多的钱给乐乐治病，赵文军每天起早贪黑拼命打工赚钱，对妻子更是体贴入微，照顾有加，"尽自己的能力补偿犯下的错"，以慰藉内心对儿子和银花的亏欠。作为孩子外公的金国富，也怀着同样的心情默默承担着照顾外孙和家庭的责任，只有每天发奋劳动，才是他最好的赎罪方式。

弃婴乐乐很不幸，世界对他已经太残忍，但自从5月9日那天被救起，却在他的生命里照进了光芒。社会大家庭向他伸出了友爱之手，乐乐及他的家庭获得了更多的关注。审理此案的承办法官谭韫争多次上门嘘寒问暖，乐乐的健康和他一家人的工作生活境况一直牵动着她的心。她先是耐心为赵文军和金国富解析法理，给他们做心理疏导，给银花传授育儿经验，还特意给乐乐送去了唇腭裂婴儿专用奶瓶、奶粉、衣物等婴儿用品。

阳光总在风雨后。经过一段时间的"考验"，乐乐回家了。久别重逢，乐乐在亲人的怀中相互传递着，跳跃着，一家人抱在一起亲也亲不够。那一刻，乐乐冲着久违的爸爸和外公咧着小嘴露出了纯真的天使般的微笑。尽管这笑容因为兔唇并不好看，可小家伙还是努力地表达着对亲人的包容和热爱。赵文军和金国富的心中像打翻了五味瓶，眼泪似决堤的潮水般奔涌而出，那是在洗刷自己的愚蠢无知，洗刷自己灵魂的罪孽。最终，银花选择了对亲人的原谅："日子还要继续过下去，毕竟是一家人。"因为她理解亲人的难处。

弃婴乐乐的传奇故事引来了各路新闻媒体的关注，事件一经报道，当即就有3位热心市民捐款三千元。除了传统的纸媒新闻发动捐款外，网络平台也成了募捐的主力军。随着报道宣传，更多的爱心人士和组织加入救助行动中。新北区人民法院打造的"灯塔萌"法律志愿服务中心第一时间发起了公益募捐，通过消息传播最为迅速的腾讯乐捐网络平台和多方爱心人士捐助，在短短6天募集期内就募集到善款一万四千余元。在9月30日新北区法院"同阶审判"项目导入该案的审判现场，旁听学生和一位不愿透露姓名的好心人更是捐出了1200元。

事情发展到这里，谁也料想不到，竟然出现了如此大反转。接报弃婴警情的薛家派出所一方面联合高新公安分局政治处、媒体朋友积极联系嫣然天使基金会；另一方面与薛家镇政府组织了爱心捐款活动，共募集善款7万余元。民警积极帮助银花整理各种申报材料、体检手续等，最终顺利通过了全国知名的嫣然天使基金会的审核，所有手术费用均由嫣然基金会承担。令人振奋的是，2019年8月31日，乐乐和他的爸爸妈妈在薛家派出所民警的陪同下，坐上了赶往北京的列车，去嫣然儿童医院接受了第一次唇裂修补手术。手术非常成功，经过第一期的治疗，乐乐的首次唇裂修复达到了理想的效果。

9月30日，新北区人民法院对该案作出一审判决，判处赵文军有期徒刑3年，缓刑3年6个月；金国富有期徒刑2年，缓刑2年6个月。听到判决结果，赵文军和金国富心服口服，当庭向法庭谢罪："感谢法官！感谢社会上好心人的帮助！经历过这件事，我们会更加珍惜孩子，不管孩子以后会怎么样，我们都会加倍对他好，尽到父亲和外公的责任。不管有多难，我们一家人都要走下去。"

如今，乐乐已经4周岁了，他活泼可爱，聪明健壮，而且特别爱笑，一见人就露出最美的笑容。

案例评析

常州作家协会主席　李怀中

唇裂、弃婴、荒郊、啼哭——看似一个庸常的故事却透视出一个普遍又无奈的社会现象。但人间有爱、法律有情，最终唤回了亲人良知，换来了新生。

常州广播电视台副台长　许建俊

标题采用知音体，且一语双关，弃婴的生命延续，实则也是对其生父、外公的救赎；"荒野中""黑夜里""回家了"三个章节，依照事件发生的时间、空间顺序，结构全文，与法律条文阐释寓于事件叙述之中，既有悬念，也强化了可读性；循着事件步步推进，公安、检察、法院介入，最终牵动了社会爱心人士、公益机构及医疗卫生部门，可谓政府、社会、司法等方方面面的温暖，让一个悲情故事有了完美结局，故事结尾让人欣慰。

人间至爱祖孙情
七旬老人打响监护保卫战

◎ 韩洲晶

戴着老花镜，坐在缝纫机旁一针一线赶制棉鞋，这是年过花甲的老人林越馨的日常。在同龄人安享天伦之乐的时候，她却在寒冷中编织着一双双手工棉鞋，苦苦支撑着风雨飘摇的家。

看着年幼的孙女一天天长大，林越馨和老伴冯国富既有"吾家有女初长成"的欣慰，又为孩子的监护人不是自己而忧心。百般思量之下，为了让孩子的将来没有后顾之忧，两人终于决心夺回孩子的监护权，为爱打响保卫战。

天降横祸　和睦之家分崩离析

冯国富与林越馨的儿子冯斌与儿媳许彩霞相识后，情投意合，顺利走入了婚姻的殿堂。婚后，两人的爱女冯梓欣降临了，给小夫妻的生活增添了甜蜜。冯家于 1998 年 9 月出资购买了小河沿菜市场的两个摊位，此时，冯斌子承父业在小河沿菜市场从事水产海鲜生意，生活虽然不算富裕，但也温馨和美。

但是，一场车祸打破了一家人对于未来所有的规划和期待。

2006 年 5 月 21 日，对于很多人来说都只是平常的一天，对于冯家却是一道惊雷突起。冯斌出了交通事故，伤重不治身亡。面对冯斌身亡的事实，许彩霞完全慌了，一切来得如此突然，看着才 26 个月大的女儿，她完全不知未来该何去何从。对于冯国富和林越馨来说，在古稀之年却要面对失去至亲，白发人送黑发人的伤痛，两位老人更是难掩悲伤。

许彩霞在丈夫身亡后，看着年幼的女儿、年迈的老人，深感自己无法撑起这个破碎的家，她选择了独自离开。

一个原本和睦的五口之家，一夕之间分崩离析。

家产争议　旧时家人法庭再会

在许彩霞离开之后，冯国富和林越馨拖着年迈的身躯，为抚养年幼的孙女奔波劳累。全家靠着冯国富的失地农民保障金和林越馨微薄的退休金艰难度日。儿子冯斌离世后，摊位也失去了顶梁柱支撑，加之之前的一些资金借贷，两位老人不仅要四处筹措孙女的学费和生活费，还要为儿子偿还遗留下来的巨额负债。

在生活难以为继的时候，老两口想到了自家位于新北区泰山花园的拆迁安置房。2004 年 9 月 24 日，冯国富父亲冯良大位于新北区河海街道许家村委赵家塘的 34 平方米的房屋被拆迁，由于父母已过世，冯国富与其他四位兄弟姐妹共同继承了该房屋。2009 年，冯国富支付了房款 84487.72 元后取得了安置房屋。2010 年底，冯国富与其他兄弟姐妹一起到常州市公证处，将安置房公证由冯国富一人继承。

2012 年，为了改善日益艰难的生活，冯国富将安置房以

487000 元的价格出售了。

2014 年，许彩霞得知了安置房被卖的消息，作为冯斌遗产的第一顺序继承人之一，许彩霞觉得自己对于安置房也有部分继承权，于是，她将曾经的公婆一纸诉状告上了法庭，要求分割与冯斌的共同财产——泰山花园安置房以及小河沿菜市场的两个摊位。

因为许彩霞和冯国富、林越馨双方就遗产、负债有相当大的意见分歧，案情变得复杂，新北人民法院依法组成合议庭，多次公开开庭进行了审理。最终，法院将两个摊位中的其中一个判决给了许彩霞和女儿冯梓欣继承，驳回了其他诉求。

在此次判决中，对于安置房的分配，由于证据不足等各种原因，新北人民法院并未予以处理。在判决下达后不久，许彩霞再次就安置房的分割向新北人民法院提起诉讼，法院于 2015 年 7 月 8 日立案受理。承办人经过调查，查实了冯斌在过世前确实遗留有相当大数额的债务，这些债务都由冯国富与林越馨在偿还，冯国富与林越馨代偿的债务数额已经超过享有的遗产数额，再考虑到孩子冯梓欣一直跟随两位老人生活，综合各方面因素后，一审判决驳回许彩霞的诉讼请求。

保障权益　为实际抚养人正名

冯国富与林越馨在赢得官司后，以为生活终于迎来了平静，但是命运却并不曾放过两位已经满身重负的老人。

2016 年 1 月，林越馨感到身体不适，去医院检查后被发现患有肠癌，需要手术治疗。对于生活已经拮据的他们来说，手术费用无异于一笔巨额的开销。与此同时，林越馨已年近七旬，常年操劳生活的她身体素质并不过硬，手术很可能面临风险。林越馨看着孙女稚嫩的脸庞，看着老伴因为常年劳累已经弯曲的脊梁，她深深地感到这个风雨飘摇的家再也经不起一点意外，这个家必须"一个都不能少"。

为了筹集手术费，冯国富与林越馨将名下的房子卖了救命。所有的苦难都没有摧毁两位老人坚韧的意志。林越馨出院后，虽然身体还在恢复期，她却闲不住，不能外出赚钱，她便在家重拾四十年前做棉鞋的手艺补贴家用。

除了日常家务外，林越馨全身心扑到了做棉鞋上，一天最多的时间都是在一台老式缝纫机旁度过。林越馨制作棉鞋全靠手工，每双棉鞋的制作要耗费两三个小时。在手术后的恢复期，为了顾及身体，她每天只能制作三双，后来身体恢复得好些了，她便每天至少制作上五双才肯休息。虽然棉鞋做了不少，但是林越馨和老伴年纪大了，不方便外出兜售，又不懂网上销售，所以家中经常丢满了棉鞋的成品，却销售无门。

天无绝人之路。在危难关头，社会上的爱心人士对林越馨一家伸出了援手。一场"订购爱心棉鞋、帮扶棉鞋婆婆"的活动让社会各界了解到了这位多难却志坚的"棉鞋奶奶"，大家纷纷解囊相助，爱心款很快送到了林越馨手中。

拿着注满爱心的捐款，林越馨难掩感动。命运虽然一次次让她经历苦难，但是社会却从不缺少爱。而这份爱也带给了她和家人继续乐观生活的勇气。为了回报社会的关爱，林越馨暗暗下决心，更要将每一双棉鞋做好，把自己感受到的温暖，通过这一双双棉鞋传递给其他人。她在棉鞋底上悄悄写上了"谢谢"二字，小孙女冯梓欣更是在鞋底画上了色彩斑斓的花朵。面对通过各种渠道来她这订购棉鞋的爱心人士，林越馨都感激地跟对方说："棉鞋穿在你们脚上，却暖在我们心上。"

在爱心人士的帮助下，林越馨一家的生活得到了改善。但最让老两口欣喜的还是小孙女的变化。从小失去爸爸，母亲又不能陪伴在身边，家庭经济状况更是捉襟见肘，冯梓欣的性格自小便比较内向、自卑，情绪上也很消极，有时甚至会自暴自弃、走极端。两位老人多年来看在眼里急在心里，却也总是无可奈何。但"棉鞋奶奶"的事情被传开后，冯梓欣在学校也受到了更多关怀，不仅有同班的家长替她交补习费，还有家长主动登门问候，带她出去春游。在爱的包围下，冯梓欣慢慢卸下满身的防备和对世界的抵触，学习成绩直线上升，人也越来越开朗起来。

虽然生活逐渐在改善，小孙女的成长也在步入正轨，但冯国富和林越馨却一直揪心着冯梓欣的监护权问题。作为母亲，许彩霞自然是女儿的第一监护人，但是许彩霞自从冯斌身亡后便选择了离开，之后对女儿的照顾也是微乎其微。冯国富和林越馨在病重手术期间，因为金钱上的困难，曾经求助于许彩霞，希望她能支付冯梓欣的抚养费，减轻冯梓欣生活上的困难。但是许彩霞却选择了置之不理。想到许彩霞的态度，两位老人心寒之余，不免为小孙女的将来担忧，监护人有名无实，孙女的成长会不会受到影响？在一番计较后，两人向新北人民法院起诉许彩霞，要求变更监护权。法院受理后，由审判员王晶适用特别程序，并不公开开庭进行了审理。

一边是亲生母亲，一边是年迈但实际负担起了冯梓欣监护职责的爷爷奶奶，怎么样的判决才能真正有利于冯梓欣的健康成长？

王晶通过各方调查了解到，冯梓欣自2009年起便与冯国富和林越馨一起生活，多年来，一直是两位老人给予冯梓欣物质上的照顾和生活中的陪伴，而作为母亲，许彩霞虽然声称从未同意过女儿跟随爷爷奶奶生活，但是从2009年起，从没对此事明确表示过异议，更是很少来探望女儿，甚至从未支付过一分钱的抚养费。

在综合考虑冯梓欣的实际生活情况，两位老人与许彩霞在冯斌去世后至今对冯梓欣的义务履行情况以及冯梓欣本人的意愿后，王晶认为冯梓欣应当继续跟随申请人冯国富、林越馨生活为宜，故对申请人要求变更监护人的请求依法予以支持，判决冯梓欣的监护人由被申请人许彩霞变更为申请人冯国富、林越馨。

监护人不是一个虚无身份，它代表着责任和关爱。监护人应当履行监护职责，保护被监护人的人身、财产及其他合法权益。监护权的意义在于监护人要给予未成年人物质上的照顾、生活中的陪伴、精神上的成长。

根据原《民法通则》，监护人不履行监护职责，或者侵害了被监护人的合法权益，原《民法通则》第十六条、第十七条规定的其他有监护资格的人或者单位向人民法院提起要求监护人承担民事责任的，按照普通程序审理，要求变更监护关系的，按照特别程序审理；既要求承担民事责任，又要求变更监护关系的，分别审理。

结束名义监护人消极履行抚养义务的状态，是为了引导其正视自己的抚养义务。通过判决为实际抚养人正名，保障未成年人实际抚养关系与法律认定相一致，是对未成年人本人和实际抚养人的双重负责。

家是温暖的港湾，遇到风雨时，我们总会想起这座避风港。但是，有时，家也会遭到风雨的洗礼，此时更需要家人团结友爱、互相扶持，共同渡过难关。若是遇到困难便相互指责、推诿责任，大难临头各自飞，结果必然是家庭不睦、纷争不断。

家是最小国，国是千万家，只有每一个家和睦了，国家才能越发繁荣。中华民族自来便是一个重视家庭建设的民族，古有司马光《温公家范》等各种家规家训，近代有以《曾国藩家书》为代表的各类典籍，如今，更是全社会都在倡导树立正确的社会主义家庭观。注重家庭、注重家教、注重家风，既是个人和家庭的大事，也是全社会的大事。

撕掉了名牌，不能撕掉诚信

◎孙 琦

"终于要放假了，可以好好玩玩了。"张虎大摇大摆地走在路中间。

"我们玩跑男撕名牌吧！我听说上周末（6）班的人玩的，就在世贸商城，特别刺激。"李师师手舞足蹈地对王丽娜比画着，王丽娜则频频点头。

赵乾听到说，"不就一群人跑来跑去，体育课还没跑够啊？"

新转学来的孙易戴着耳机走在旁边。张虎拉住孙易一把摘下他的耳机，"这周末玩撕名牌，你也一起。"

李师师转头拉王丽娜和刘晓飞，吆喝着周末约起。赵乾赶忙凑上来，"算上我，算上我，我再喊上曹立和杨然。"

"时间、地点你们告诉我，我准备衣服和道具，大家晚上把尺码发给我。"孙易说完又戴上了耳机。

高中生的生活就这样，上课、考试，偶尔组织一次新鲜的活动，再不合群的人也想释放下高考的压力。转眼到了周末，"跑男小分队"在世贸商城集合完毕，贴好名牌，确定好活动范围，随机分成两队，撕掉名牌本轮出局。大家早就等不及了，张虎喊了一声"开始",众人各自跑向心里规划好的地点,躲在人群中或角落里伺机捕杀"猎物"。

周末的世贸商场人来人往,胡爷爷和吴奶奶也趁着周末来逛逛商场,想着为自己的小孙子买点玩具。虽然吴奶奶七十多岁了,经常腰酸腿疼,但是一想到自己可爱的小孙子,就精神抖擞,走路都比平时快了许多。

一连串的微信提示音在众人的手机响起,"10、9、8、7⋯⋯3、2、1,开始撕名牌!"只见世贸商场一至二层突然闪出好几道身影,或几人一起围捕一人,或一对一进行速度比拼,更有人利用商场环境、来往人群躲避追捕。几个被撞到的路人抱怨道,现在的孩子还是作业太少了!不多会儿,微信提示音响起:"曹立名牌被撕掉""杨然名牌被撕掉"。游戏进入了白热化阶段,几个人集中到了一楼"孩子王"附近,利用"孩子王"的多个出入口进行追捕、躲避。王丽娜和刘晓飞似乎体力不支,躲在一边不参与激烈的"厮杀"。张虎和李师师突然发动袭击,伸手撕孙易、赵乾的名牌,吴奶奶正好从四人中间经过,为孙易、赵乾挡住了一次突袭,四个人围着吴奶奶辗转腾挪,李师师趁孙易不注意突然扑过去想撕掉他的名牌。随着一声惨叫,吴奶奶和四个人全部倒地,吴奶奶面容痛苦手捂着大腿站不起来。几个孩子手足无措,留下了几百块钱就赶紧溜掉。

吴奶奶身体多处骨折,住院一个多月,鉴定为九级伤残,各项费用合计35万元,起诉到法院,要求八个高中生及世贸商场承担赔偿责任。收到传票的当天,八个人聚到了一起。赵乾突然站起来,"我就说没什么好玩的,体育课还没跑够啊。现在好了,撞了人赔吧，一人四万多，我爸要打死我了。"李师师指着赵乾说，"当初可没人叫你，你自己要来的。"

王丽娜一听要赔四万多元，"哇"的一声哭了出来，"我妈一年才赚五万，我赔不起，我对不起妈妈……"张虎劝住大家，"吵有个屁用，我们想想怎么能把责任撇干净！"

大家都没什么话说的时候，孙易看着笔记本说，"我记了一下我家律师的意见，我们这种情况钱肯定要赔，我们和商场都要赔钱，但是王丽娜、刘晓飞、曹立和杨然没参与撞吴奶奶所以不用赔钱。"李师师问道："怎么我们赔得最少，要是平分的话一人要7万。"孙易说："一口咬定那天商场保安很多，但是没阻止我们。"

第二天，孙易的家长拷贝到了当天的录像，把其他七个学生的家长约到一起，大家看完录像统一了口径，开庭当天孩子都不要去，不能让孩子接触原告，也不要让孩子再给任何人提这个事情。开庭的时候，家长或者律师去，统一答辩意见。

开庭当天，吴奶奶的律师要求八个学生和商场对吴奶奶赔偿35万元。王丽娜、刘晓飞、曹立和杨然的父母提供现场录像，主张自己的孩子没有撞击吴奶奶，不应承担责任。张虎、李师师、赵乾、孙易的父母统一认为，"第一，现场录像只看到四个孩子和吴女士一起倒在地上，但由于路人遮挡视线看不到是吴女士撞倒四个学生还是四个学生撞倒吴女士，所以责任无法确定；第二，根据当天的录像一到二层的商场管理人员和保安多次巡逻看到撕名牌活动，但并未制止，应当承担主要责任。"商场则表示愿意赔偿，金额由法院确定。法庭提示被告："根据法律规定，若作虚假陈述，可能被处以罚款或拘留"，各被告均表示不存在虚假陈述。

　　放学后，张虎、李师师、孙易、赵乾又聚到一起，不像以前嬉笑打闹，一个个愁眉苦脸。李师师低着头说："我上星期发现吴奶奶和我住一个小区，坐着轮椅，走不了路了。我丢了两个月的身份证找到了，小区保安说有人捡到放在门卫的，是吴奶奶捡到的，应该是那天撞倒吴奶奶掉她身上的。"张虎瞪着李师师，"那你现在是什么意思？"李师师抬起头想说什么，张开的嘴又闭上，看了看别的地方，小声说："我觉得这样不对，我觉得对不起吴奶奶，她都不能走路了……"赵乾也不耐烦，"你早干吗去了，人是你扑倒的，和我们有什么关系，大家把责任推到商场身上有什么不好，你有钱你全赔好了！"孙易跟着说了一句，"你现在告诉法院，人是你撞的，就是虚假陈述，不光要赔钱，还要罚款，你想想好。下个星期应该就出判决了。"李师师回家时，看到吴奶奶坐在轮椅上，三岁的小孙子推轮椅推不动，就跑到前面拉吴奶奶的手，奶声奶气地喊着："奶奶，你懒死了，快点起来陪我玩，陪我玩嘛。"吴奶奶只能一直笑着，把小孙子抱在腿上逗他玩。

　　李师师看到李奶奶不能再站起来和孙子玩，心中充满了愧疚，第二天早早出门，却没有去学校，而是去了法院，从6点多等到8点多，看到庭审的法官就慢慢地跟上去，又停住，转头往回走，生怕法官发现，最后又追上法官，低着头说："法官，我叫李师师，是我撞的吴奶奶！那天我没看到几个保安。你罚我吧，我有压岁钱。"法官问道："那你就是主要责任，要承担30万元，还要罚款1万元，你知道吗？"李师师说："我可以周末去打工，晚上去打工，我会赔钱，我对不起吴奶奶。"法官让李师师作了询问笔录后，又叫来其他三个学生和父母，分别作了笔录。法官走访了吴奶奶和四个学生的家庭，发现李师师是单亲家庭，父亲是海军战士，已经牺牲，母亲一个月收入3000多元；张虎和赵乾家境差不多，年收入15万元左右；孙易家境优渥；吴奶奶属于机关退休职工，有退休工资，有医保。法官最终决定在正式判决前举行一次圆桌会议，听取吴奶奶和四个学生的意见。

会议上，李师师哭着向吴奶奶道歉："奶奶，对不起，多少钱我都会赔你的。"其他三人看到吴奶奶白发苍苍坐在轮椅上，也心生悔意，低着头道歉。吴奶奶说："你们现在的样子，特别像我儿子上中学的时候闯了祸回家被我骂，后来儿子上大学一年回来一次，现在儿子在国外，一年都回不来一次。我就想是不是小时候对他太凶了，他不愿意回家了。你们别哭了，以后不要说谎了，你们要做个诚实的孩子，不论是现在还是以后进入社会，做人诚信为本。"最后吴奶奶变更了诉讼请求，只要求四人及商场承担7万元的医药费，放弃了伤残赔偿。

春去秋来，张虎、李师师、孙易、赵乾高考结束了，成绩都过了一本线，填志愿的时候，张虎报了苏州大学的"临床医学"专业，李师师报了南京中医药大学的"针灸与推拿"专业，孙易报了当地的师范学院，赵乾报了中国药科大学的"康复治疗学"专业。大一暑假的时候，张虎敲开了吴奶奶家的门，发现李师师正在给吴奶奶的腿扎针，赵乾在给吴奶奶播放康复视频，孙易在厨房里忙来忙去，喊着："张虎来了啊！我今天做吴奶奶最爱吃的红烧排骨，快点来帮忙……"

案例评析

常州广播电视台副台长　许建俊

　　四个天性活泼的少年，因为在商场里玩一次"跑男撕名牌"游戏，而意外造成一名年迈老太落下九级伤残，面对责任赔偿，他们一时间出现逃避责任的念头也许在所难免，但家长不该如此，良心也不允许这样，最终面对法官的提醒和被害当事人的善良举动，使懵懂少年良心发现，迷途知返，由此出现了相互谅解、皆大欢喜的圆满结局，也算是好人好报。此案涉及诚信做人道理，对未成年人极有启发意义。

常州关工委副主任　朱力工

　　文中的八个高中生，在商场玩追捕游戏，撞到了吴奶奶，造成吴奶奶身体多处骨折，鉴定为九级伤残。在承担赔偿责任过程中，上演了一部由各方互相推卸责任和吴奶奶主张巨额赔偿，到各方主动承担责任和吴奶奶放弃巨额赔偿的温馨现实剧，令人感动。文章结尾，出现了非常感人的一幕：高中生们考上大学后，在大一暑假的时候，张虎敲开了吴奶奶的门，发现李师师正在给吴奶奶腿上扎针，赵乾在给吴奶奶播放康复视频，孙易在厨房里忙来忙去，喊着"张虎来了啊！我今天做吴奶奶最爱吃的红烧排骨，快点来帮忙……"一件利益攸关的案件，在法官的调解下，处理得如此美好，这样的社会环境，谁能比？

《常州日报》评论副刊融媒中心副主任　谢雪梅

　　诚信，需要全社会共同营造，未成年人培养诚信意识尤为重要。在本案例中，当事人的良心被悔恨折磨，终于勇敢地站了出来承认错误，承担责任，而原告也深明大义放弃了伤残赔偿。当年的熊孩子们努力上进，一个个考上了大学，报考了与医学相关的专业，与原告吴奶奶成了不打不相识的"一家亲"。这是国人诚信的民间样本。

受害少年重返校园记

◎ 卢晓文

一起针对未成年人的敲诈勒索案件，一位拒绝上学的 14 岁少年，手机上传来的消息让他惶恐不安，篮球场上的遭遇让他噤若寒蝉，正义的天平高悬在法庭之上，惩治犯罪的法槌终将敲响。今天，让我们一起走近常州市天宁区人民法院少年与家事审判庭，走近一起侵犯未成年人权益的敲诈勒索案件，近观天宁法院司法延伸工作的温情如何让受害少年走出阴霾重返校园。

惨遭 QQ 敲诈勒索　初中少年恐惧逃学

四月的夜仍是寒意袭人，床头的电子闹钟轻轻"嘀"了一声，已经 0 点了。陈安宇在床上翻了个身，还是没能入睡。手机里接二连三的提示音让他恐惧不安，恶意辱骂的话语和惊悚骇人的图片在 QQ 对话框里一条接一条地弹出来，他吓得不敢去看，也不敢关机。

陈安宇家住青龙街道新丰苑社区，是常州市一名初中生。安宇在寒假上补习班回家的路上，偶然遇见了社会青年高凯，高凯强行加上了安宇的 QQ。寒假结束，新学期开学，一切按部就班，

花落花开｜常州法院保护未成年人案例精选

似乎并没有什么事发生。

虽然已经过了春分，夜里依然渗着寒意。一天晚上，安宇正在房间做物理作业。桌上的手机突然震动了两下，QQ的弹窗跳了出来，安宇随手打开QQ，看到高凯发来的信息："借我1000块钱，急用。"安宇觉得奇怪，他只见过高凯一次，根本谈不上交情，高凯怎么会问他借钱呢，更何况他根本没有1000块钱。"人呢？人呢？人呢？"QQ上接二连三弹出高凯的信息。安宇老老实实回道："我没有钱。""问你爸妈要。""快点把钱打给我！""支付宝账号138********"消息一条接着一条，对方好像很着急的样子，不过安宇确实没钱，他也不可能因为一个只见过一面的人就向父母要钱。"我真的没有钱。"安宇还是回道。"你赶紧把钱打过来！不然老子要你好看！……"安宇愣住了，他没想到高凯是向他要钱，他拿着手机一时不知道该怎么办。突然，对话框里跳出一张图片，安宇吓得"啊"了一声，瞬间把手机丢到了书桌上。图片上一把沾满鲜血的刀，红艳艳、明晃晃，在黑夜里散发着恐怖诡异的光亮，仿佛下一秒就要向安宇刺过来。安宇不敢再看手机，早早地收拾了上床睡觉。他希望明天醒来的时候一切都没有发生。

一整天安宇都魂不守舍，上完自习，安宇和同学张洋一起放学走回家。刚走出校门，安宇就感受到了一股灼灼的目光向他射来。他猛一抬头，看到校门对面的奶茶店门口站着一个人，那个人不是别人，正是一头黄毛的高凯。高凯狠狠地瞪着安宇，没有走近，也没有说话，只是一动不动地瞪着他。空气里弥漫着奶茶的香味，耳边传来小店里炸鸡排的声响，安宇的胃缩成一团搅动起来，他不是觉得饿，他觉得想吐。得赶快离开这个地方。安宇心想着，没有和张洋打招呼，大步向家的方向跑去。

回到家，安宇一头扎进房间，按下了手机的开机键。果不其然，手机发出连续不断的震动声，全部是QQ消息。"回我消息！""不转我钱你别想过一天安稳日子！""信不信老子弄死你！"安宇把手机丢到床上，紧紧抱着头缩在房间的角落里。他原以为不理睬高凯就不会有什么事，可是今天高凯出现在他学校门口了，谁知道他会不会采取进一步的行动，安宇眼前又浮现出那把鲜血淋漓的刀。

安宇想了又想，爸爸的支付宝密码他是知道的，转给他一千块钱应该也不会被爸爸发现，不然高凯肯定会天天盯着我的，没有别的办法了。安宇瞅准爸爸洗澡的时机，迅速用爸爸的手机转了一千块钱给高凯。这样就没事了。转完钱回到房间的安宇长舒了一口气。

大约过了两个星期，正好是个周六，安宇和张洋约好了下午在新丰苑社区的篮球场见面。安宇和张洋一边随意地聊着天，一边轮流练习着投篮。这是安宇最快乐的时光了。安宇摆好投篮的姿势，伸出手稳稳地向上一投，篮球碰到篮板上反弹进了篮筐。"Yes！"安宇兴奋地握着拳头轻轻喊了一声。他转过身，正好看到迎面走来的两个人。安宇的笑容凝固了，他认识带头的那个人，那一头黄毛再明显不过了。高凯又出现了。

"玩得挺开心嘛。"高凯用力甩了一下手里的短棍，短棍伸长成大概半米长的样子，在空中随意挥舞了几下。安宇呆呆地定住了，只听到呼呼的风声划过脸庞。"看不出来你小子挺有钱啊。"高凯似笑非笑地绕着安宇转了一圈，猛地把甩棍向安宇挥去，安宇本能地向旁边躲闪，甩棍没有落在安宇身上，高凯只是甩了一下又收回去了。"凯哥，你……你们要干什么？"张洋吓得紧紧抓住了安宇，他整个人声音都是抖的。安宇被刚刚的甩棍一吓，背上早已出满了冷汗，只是愣愣地站着，什么话都说不出来。"一人一千，现在就给我。"高凯狠狠地说道。"我们没有钱。"张洋快要哭了。"我，我给你转过一千了。"安宇小声说。"那是上次的，这是今天的，快给钱！"高凯把甩棍"咚"的一声敲在篮球架上，安宇和张洋顿时吓得瘫坐在了地上。"我现在没钱，我回去转给你，我回去转给你。"安宇结结巴巴地说道。"你最好说到做到，周一之前把钱转过来，不然我大哥饶不了你！"旁边叫阿龙的男子捏着安宇的肩膀，恶狠狠地说道。"我转给你，我转给你。"安宇后背紧紧靠着篮球架子，缩着身子重复说着。高凯得意地收起甩棍，和阿龙大摇大摆地走了。

"安宇、安宇，我们真的要给他钱吗？我没有钱……"张洋抓着安宇的胳膊，不住地颤抖着双腿。"我也没钱。"安宇小声说道，"要不我们告诉老师吧。""可是高凯又不是我们学校的，老师也管不了吧。"张洋满脸愁容地说道。"那怎么办，我已经用我爸的手机给他转过一千块钱了，我再转的话会被我爸发现的，我爸肯定会揍我的。"安宇转过身来抱住篮球架，脑子里一片空白，完全不知道怎么办。

安宇不再去上学了。

QQ上高凯不再发来恐吓的消息和图片，因为安宇又偷偷拿爸爸的手机给高凯转了两千块钱，连带着同学张洋的那份一起。但是安宇还是不敢去上学了，起先说是肚子疼，后来说是头疼。安宇爸爸发现了安宇偷偷转账的事，质问安宇，安宇才低着头嗫嚅着向爸爸道出了实情。当天晚上，爸爸就带着安宇去青龙派出所报了警。

从重判罚彰显保护　正义之光洒向心间

被告人高凯涉嫌敲诈勒索罪被常州市天宁区人民检察院公诉至常州市天宁区人民法院，天宁法院少年及家事审判庭庭长韩志伟是该案的承办法官。韩庭长仔细看了卷宗，案件并不复杂，金额也不算大，但这起案件涉及两名未成年人，做好未成年人的心理疏导、维护未成年人的心理健康才是本案的重点。明确了审理的思路，审理工作有了方向。

庭审井然有序地进行着，本案涉及未成年人及个人隐私，故不公开开庭进行审理。公诉人宣读了起诉书，法庭调查、法庭辩论等环节依次进行。

"被害人陈安宇很多时候都把我当朋友的，我就是口头吓吓他，没有真的伤害他，就算陈安宇不给我钱，我也不会拿他怎么样的；而且我和学校门口奶茶店的人关系很好，即使没有被害人，我也会经常去奶茶店的。"被告人高凯在法庭上为自己辩解道。

考虑到被害人陈安宇系未成年人，法庭没有要求其出庭作证，公诉机关向法庭提供了陈安宇对整个受害事实的陈述。该证据证实，2019年4月初至4月15日，被告人高凯通过QQ对他使用恐吓、威胁的方法，敲诈勒索人民币1000元；4月19日，高凯伙同阿龙等人，在新丰苑小区篮球场，通过威胁、恐吓的方式，敲诈勒索陈安宇和张洋，陈安宇代张洋一起支付了人民币2000元。陈

花落花开　常州法院保护未成年人案例精选

安宇通过其父的手机支付宝向高凯支付了钱款，后来其就不敢上学，陈父发现后向公安机关报警的事实。被告人高凯辩解其可能自动放弃敲诈勒索的行为是不成立的。

法庭经审理认为，被告人高凯以非法占有为目的，采用威胁、恐吓等手段敲诈勒索他人财物，数额较大，公诉机关指控的罪名成立，其行为已构成敲诈勒索罪，依法判处拘役四个月，并处罚金人民币3000元。一审判决后，被告人高凯未上诉，检察机关未抗诉，该判决已生效。

案件虽然结案了，但是对天宁法院少年及家事审判庭来说，事情还远远没有结束。作为常州地区法院唯一的少年审判庭，天宁法院少年庭屡获殊荣，其在青少年权益维护方面做了许多工作。该案件中，案件判决并非难事，难的是如何帮助安宇走出阴影、重返校园。韩庭长认为，这是一起典型的利用互联网敲诈勒索未成年人的案例，被告人高凯通过QQ聊天软件敲诈勒索被害人陈安宇，第一次得手后利用被害人胆小不敢声张的心理，再次盯上被害人，和其同伙在篮球场堵住被害人并且通过持棍、言语恐吓等手段对被害人进行精神压制，造成其严重的心理恐慌，后又通过QQ聊天软件再次敲诈勒索被害人并得逞。QQ威胁、校门口转悠、持甩棍威胁等行为，虽然没有给被害人造成实质性的身体伤害，但是被害人系缺乏自我保护能力的未成年人，受到敲诈勒索后不敢告诉自己的家长或者老师，更不敢报警，只能屈服于被告人，在被告人高凯逼迫下偷偷用父亲的支付宝转账给被告人，被告人的行为不仅侵害了被害人的财产权益，更严重影响了未成年被害人的心理健康。

法官疏导打开心扉　普法宣讲助力防护

韩庭长仔细考量之后，决定采取"心理疏导＋普法宣讲"双管齐下的方式，以天宁法院少年及家事审判庭为主导，以侵犯青少年权益犯罪为切入点，为全市中小学生进行一次全面的普法宣讲。

天宁法院的宁心驿站是少年及家事审判庭的配套硬件之一，是进行心理疏导和咨询等工作的场所。暖色的沙发和绿色的植物在清晨的阳光下散发着馨香，安宇坐在宁心驿站里，仿佛像在家里一样舒适放松。韩庭长正在隔壁和安宇的爸爸妈妈谈话，安宇此次受害，家庭责任不到位是很大的原因。韩庭长从家庭教育的重要性、父母行为对子女的影响、如何防护未成年子女受到不法侵害等方面与安宇父母进行了沟通，引导家长与孩子共同成长，做好孩子成长道路上的领路人。随后，韩庭长来到宁心驿站，与安宇进行了亲切的交谈。韩庭长告诉安宇，他作为未成年人，自身的力量是弱小的，但是安宇并不是孤单一人，学校、家庭乃至法院，都是他的坚强后盾，遇到不法侵害不要害怕，适当与不法分子周旋，及时将情况告诉老师和家长才是正确的做法。韩庭长还讲了许多相似的案例，这些犯罪分子最终都被法院宣判受到了应有的惩罚。韩庭长鼓励安宇鼓起勇气放下过去，重新回到学校生活学习。墙上的挂钟"嘀"了一声，安宇轻轻地点了点头。

学校和家庭是防范未成年人权益受到侵犯的一道屏障。随着网络技术的发展，许多犯罪分子通过网络偷偷将黑手伸向未成年人。一方面，学校和家长要帮助未成年人树立防范意识，培养未成年人识别犯罪、远离犯罪的能力，教导未成年人不与实施敲诈勒索的人员正面交锋；另一方面，在受到敲诈勒索后，未成年人要及时告诉自己的老师和家长，必要的话，及时报警。学校要多多关注未成年人的身心健康，对未成年人不到校上学的情况要及时与家长进行沟通，弄清楚真实情况，如果发现未成年人有被侵害的可能，要鼓励未成年人说出真相，制止可能的犯罪行为发生。家长一方面要对孩子使用网络、手机、社交软件等行为进行管控，对于自己的手机密码、银行卡密码、支付宝密码等注意保密，尽量不要让孩子知道各种密码，孩子的识别能力和自我保护能力较弱，容易受到欺骗和伤害。另一方面，家长要关注孩子的学习生活动向，及时发现孩子可能受到的侵害，通过与学校沟通、前往公安机关报警等方式，防止孩子受到不法侵害。

天宁法院少年审判庭开展了"护航花季　法润青春""幸福家庭　与法同行"等主题活动，采用校园讲座、法院开放日、法治"云课堂"等方式，通过一个个生动鲜活的案例，结合"儿童自我保护十准则"向同学们讲解了未成年人应当如何保护自己、防范他人侵害等课题。

教室里，安宇坐在座位上专心听着法官的普法讲座，被社会人员敲诈勒索的经历给他带来了伤害，也让他成长了起来。安宇知道，遇到侵害首先应当向老师和家长报告，学校、家庭、公安机关，还有法院，都会保护自己健康成长。

案例评析

《常州晚报》总编　朱佳伟

　　本案例的特点是：新——新的网络时代背景下，存在新的侵害未成年人的违法犯罪行为，保护未成年人面临新的考验和挑战。本案例不仅讲述了法官们如何运用司法武器惩治网络敲诈犯罪分子，保护未成年人的合法权益，更从这类新的未成年人受侵害案例切入，为全市中小学生开展普法宣讲，更提醒学校和家庭等社会各方及时识别防范这类新型侵害未成年人违法犯罪行为，共同担当起新形势下保护未成年人的职责。

常州广播电视台副台长　许建俊

　　案例叙述简洁，法官心理描写、延伸服务更好，突出了预防的意义。

别让任何人偷走你的梦想

——疫情期间未成年人权益保障

◎ 栗 欣

梦想，它常常出现在我们的日记本里、家长的谈话中、老师的课堂上。绿芽的梦想是冲破土地的禁锢，长成参天大树；溪流的梦想是包容所有的一切，汇聚成汪洋大海；流星的梦想是划破那无尽的黑暗，留下瞬间永恒。人们常说，"有梦想的人，永远年少"。可是当你心心念念的一个梦想、一点星光被人无情地打断、掐灭时，你该如何守护自己的梦想呢？

梦的种子

俗话说："每一个孩子生来就是天才。"今天我们故事的主人公小鱼也不例外。小鱼活泼可爱，极具表演天赋，3岁模仿奶奶走路惟妙惟肖，时常逗得家里人捧腹大笑；在幼儿园，经常和老师搭档，出演故事书中的恐龙、小猪、大灰狼等角色，表演起来声音、表情面面俱到、游刃有余，仿佛是天生的明星，因此，小鱼也收获了班里的一众粉丝，大家平时也特别喜欢和小鱼一起玩耍，小鱼也总是给大家带来欢声笑语。在期末的时候，老师和小鱼的妈妈说："您的孩子真的太有表演天赋了，其实您可以帮孩子报个表演培训班，可以让小鱼尽情地发挥，并且通过系统的学习，说不定小鱼以后能成为一名表演家呢！"小鱼的妈妈害羞地点点头，掩饰不住内心的骄傲，可是本来喜悦的脸上又浮现出一丝难为情，小鱼的妈妈说："家里的亲戚也不止一次和我讲了小鱼的表演天赋，可是您也知道，我一个卖菜的，每天起早贪黑，攒点钱也不容易，目前实在是拿不出额外给孩子培训的钱啦，而且家里还有一个小的，他爸爸在外面做很苦的体力活，收入也不稳定，唉，难哪！"见小鱼的妈妈如此进退两难，老师也不好意思再说下去了，安慰了小鱼妈妈几句也就作罢。

梦的发芽

直到小鱼升学升到三年级，在一次全校的才艺表演比赛中，小鱼所在班级表演的《小狐狸卖药》获得了全校最佳集体奖，其中作为主演的小鱼也获得了年度校园最佳小演员的荣誉称号。小鱼开心得一蹦三尺高，迫不及待地拿着奖状像驾起了云头似的，拎着书包就跑回家，由于这天学校搞活动，放学比较早，小鱼冲进家门想立即向妈妈邀功，只见只有奶奶抱着小妹妹却不见妈妈，小鱼问："妈妈呢？"奶奶连忙捂住小鱼的嘴巴："轻点儿，你妹妹还在睡觉呢，妈妈出摊儿还没回来，估计这会儿还在菜场吧？"小鱼一听，箭儿似的一溜烟儿，人影都不见了，原来小鱼来菜场找妈妈来了。妈妈诧异地看着早归的小鱼，一脸疑问，当小鱼喜滋滋地拿着奖状给妈妈看的时候，那表情仿佛比考试考了第一名都开心。妈妈问："你这是啥奖状，平时考试也没见你拿奖状回来呀？"小鱼心知妈妈在打趣他，因为自己平时成绩不好，倒也变得乖巧了起来，竟扭捏地说："是表演得奖啦，妈妈，我确实很喜欢表演，感觉在舞台上的时候自己很开心，放得开。"此时，不知为何，妈妈想起了幼儿园老师曾经夸奖小鱼的话，考虑到这孩子成绩也一般，不论怎么用功，成绩始终提不上来，便想要不趁着这次机会和孩子他爸商量商量，凑点钱让孩子学个傍身的技能……想着想着，一边欣喜地夸着小鱼，一边给孩子他爸发信息商量此事。到了晚上，小鱼的爸爸才回复消息说，只要是为了孩子好，干啥都行。于是，一个给孩子报表演培训班的想法就提上了日程……

梦的枝丫

周末，妈妈带着小鱼来到九州环宇大厦，发现各式各样的培训班数不胜数，小鱼抓抓脑袋，有些犯难；此时，一场舞台中央的汇报表演引发现场掌声雷动，这也引起了母子俩的注意，闻声而去，看到一旁气质卓然的小演员们和老师神气得很，小鱼投去了羡慕的目光。可能是感受到了小鱼的目光，老师过来询问小鱼，是不是对表演感兴趣？小鱼用力地点点头。老师拿出手边的宣传资料和培训班的课程安排，随即开始和小鱼、小鱼的妈妈滔滔不绝地讲了起来，还向小鱼的妈妈介绍了体验课，说小朋友可以通过体验课的形式与老师现场互动，并且根据老师的授课内容让小朋友自己做出选择，小鱼的妈妈一听感觉这样不错，就和老师约了体验课的时间，并带着小鱼如期来到上课的场所。经过一个小时的学习和互动，小鱼仿佛进入了新的世界，内心更是种下了要当小表演家的种子，老师还说如果学员表现好，还可以承接文艺演出、广告拍摄等活动，所得收入由公司和小演员们按照比例分成，小鱼妈妈半开玩笑、半认真地和小鱼说："小鱼要好好学习，说不定能挣大钱，妈妈跟着你享福哦！"就这样，在欢乐轻松的氛围中，小鱼妈妈交了10000元一学期的课程费用，签了艺员协议，满心期待着课程的开始。小鱼一想到要去上课，忍不住兴奋地搓搓小手，但谁也没料到，意想不到的事情发生了……

梦的破灭

因为小鱼是在过年前报名了课程，文化传媒公司的老师说开课时间定为年后，让小鱼安心过个快乐的年，到时候收收心就可以入学啦。不料，新型冠状病毒肺炎疫情突如其来，整个世界仿佛被按下了暂停键……为了更好地保护青少年儿童，做好学生的防护工作，各地只能延迟开学，小鱼的兴趣班也难幸免，老师在微信群里向各位家长下发了停课通知，开课时间待定，小鱼本来期待的表演课程这下泡汤了，小鱼再一次陷入了苦恼之中。为了补救学习课时和学习任务，各地的学校开始积极践行教育部关于疫情防控期间"停课不停学"的通知，小鱼激灵的小脑袋瓜一想——既然文化课可以采取这样的方式，那么兴趣班也可以采取这样的措施呀！于是他兴高采烈地告诉自己的妈妈，让妈妈和文化传媒公司的老师沟通一下，可不可以以这样的方式进行线上授课，老师答复说公司负责人有其他的顾虑，所以拒绝了小鱼妈妈的提议，小鱼听说之后也只能耷拉着脑袋，苦苦地期待着开课的一天……随着时间的推移，全国疫情防控工作做得越来越好，取得了阶段性的胜利，各地陆续开始复课，小鱼的妈妈继续联系老师，老师仍然不能给出具体的复课时间，无奈，小鱼和小鱼的妈妈再次陷入无尽的等待中……

梦的尊严

当防控新冠疫情胜利的号角即将吹响时，大家都沉浸在复工、复产、复学的喜悦中、忙碌中，小鱼也盼望着、盼望着，希望有一天真正去课堂上感受表演的魅力。小鱼妈妈看在眼里，急在心里，再次和文化传媒公司的老师联系，仍没有回复。小鱼的妈妈很生气，上门找到公司的经营场所，却发现人去楼空，本来干净亮堂的场地已经被垃圾和灰尘覆盖，小鱼的妈妈大脑一片空白，心想不会是上当受骗了吧，一面不知所措，一面又心疼自己的血汗钱，同时想起孩子渴望的眼神，小鱼的妈妈忍不住哭了起来……过了几分钟，小鱼妈妈打起精神，再次联系老师，把看到的情况说了一下，老师留下公司负责人的联系方式以后再也没有回复，小鱼的妈妈只能联系到公司负责人，协商上课或者退款的事情。公司负责人回复说和其他几个合伙人一起商量一下，准备两周内答复。谁知两周的时间过去了，对方公司负责人还是没有回复，甚至一直拖着，久拖未决。小鱼的妈妈忍无可忍，一纸诉状将该文化传媒公司告上了法庭。

为梦奔走

法院受理了案件之后，第一次和小鱼妈妈沟通的回法官先通过电话了解了小鱼的情况和培训机构的基本情况，为了安抚小鱼和小鱼妈妈急迫的心情，回法官说自己会实地走访该公司，必要的时候会和该公司老板取得联系，尽量在开庭前通过调解的方式把双方的矛盾化解掉，同时还叮嘱小鱼不要气馁，这只是他逐梦路上的一个小插曲，以后的机会还有很多，不要轻易放弃自己的梦想。小鱼在电话那头"嗯嗯"地点头，说谢谢法官阿姨的鼓励。为了真实地了解该文化传媒公司的情况，回法官拨通了该公司主要负责人的电话，简单说明了来意，也说了小鱼报班的缘由，还没等回法官说完，对方就挂了电话，等到回法官再次回拨，已经是"嘟嘟嘟"的忙音了，这下调解的可能性几乎为零。

第二天，回法官来到这家公司所在的商场，找到商场管理方了解情况，这才知晓原来这家公司是在疫情发生半年前刚成立的培训公司，当时一群具有创业梦想的年轻人合伙投资设立的，刚开始生源还可以，可是疫情的突然到来，房租、水电费、物管费、老师的工资等开销压着几个年轻人喘不过气来，导致公司也运营不下去了，合伙人之间就公司继续经营还是散伙的意见无法统一，有的时候还能听见几个年轻人吵架的声音，再后来就没见这家店开过，老师们可能也被遣散回家了，也不知道现在具体怎么样了，管理方说完以上情况，不胜唏嘘。回法官忍不住感慨："梦想的路上布满了荆棘，都是逐梦的孩子，要长大可能需要一些代价吧。"

梦的守护

实地走访回来后，回法官想了又想，希望能有两全其美的办法，帮助这些追梦的年轻人和小鱼都能圆梦。此时，她忽然想到曾经与区发改委的工作人员小王因进校园宣传法律知识共事过，她想找到小王，咨询一下对涉疫企业的扶持政策，幸运的是她还留着小王的联系方式，拨通了对方的电话。回法官道明来意，也讲了本次案件中原、被告双方的基本情况，小王说因为这次疫情，各类企业的生存和发展经历了前所未有的严峻挑战，为了支持各企业渡过难关，积极响应国家和上级单位的要求，各级政府都相继出台了系列政策措施，在社保、金融、财政税收等方面给予企业一定帮扶，所以针对被告公司这样的情况，他们可以来区政务服务中心详细了解一下，选择符合自己情况的政策进行申报即可。回法官听了以后心里也很高兴，对小王的耐心解答表示了感谢。

回法官想要联系被告，害怕被告一看是法院电话拒接，所以回法官用自己的手机号码拨通了被告负责人的电话，回法官立马说："我是法院的法官，这次承办你们的案件。先不要着急挂电话，听我耐心讲完。我对你们几个年轻合伙人的情况多少也听了一点，知道你们也是因为这次疫情，合伙的企业遇到了困难，也了解到你们年轻人创业不容易，大家是因为共同的梦想相聚一起，而且你们之前的学员之所以报你们的培训班，也同样是为了实现梦想，这个案件的原告小鱼家庭条件也不是很好，但是为了追梦，小鱼的妈妈通过自己的努力才攒够了报培训班的学费，所以你们更不能轻言放弃。遇到挫折就想办法解决，在哪摔倒从哪爬起来。我帮你们向区里打听了一下，现在政府对涉疫企业的生存和发展也很关心，有相关的扶持政策，你和你的其他合伙人商量一下，向政府伸出求援之手，再坚持坚持，一定能够渡过难关的。"电话那头听到回法官如此热心的解释和说明，一时也不知道该说什么，停顿了好一会儿，终于说出了心声："其实我们创办培训班的初心也是像您刚才所说的那样，可是现实给我们上了深刻的一课，一开始生源也挺好的，看到那些孩子们在表演的过程中露出真心的笑容我们也备受鼓舞，但是后来……后来的事情您也知道的，您的建议我们会好好听取的，我这就和其他几个人商量一下。谢谢您了，我也会把后续的进展跟您汇报的。"

随后，回法官也向小鱼和小鱼妈妈转达了自己的想法和被告公司的态度，小鱼妈妈说因为被告之前一直拖着不解决，出了事后也没有安抚家长和孩子，对这家公司失去了信任。回法官和小鱼妈妈讲了几个年轻人创业的故事，发生这样的事情，并非他们自己不努力，一定程度上也是因为客观形势造成的，希望小鱼妈妈多一些理解、多一些包容，把他们当成自己的孩子，给予他们改正错误的机会，给予他们追逐梦想的机会。

梦的坚持

功夫不负有心人。区里批准了被告公司扶持申请，被告公司不仅享受了税收、社保等优惠政策，还获得了银行贷款资金。仿佛一夜春风来，一个濒临倒闭的公司重获新生，被告公司的负责人将这个好消息告诉了回法官。回法官询问被告公司是否愿意继续履行服务合同，被告公司回复说当然愿意，非常欢迎小鱼同学来学习表演。回法官说自己也会联系小鱼和小鱼妈妈，问问他们的意见。

再次联系到小鱼和小鱼妈妈，虽然过了两个星期，但中间经历的事情仿佛过了很久，回法官来到小鱼家，看到小鱼没有因为发生的种种事情不开心，还如往常一样活蹦乱跳，很是欣慰，和小鱼聊天，关心小鱼最近不上课的时候做些什么事情，小鱼说自己写完作业会打开电视机，模仿相声表演，尤其是小岳岳的表演，说着还即兴表演了一段，回法官被小鱼逗得捧腹大笑，不由感慨小鱼的表演天赋。回法官问："如果现在通知你去上表演课，你还愿意去吗？"小鱼激动地说："我愿意的，我都盼了好久了，是不是可以开课啦？"回法官点点头，看到小鱼纯真的面庞，心想：孩子都是天真无邪的，无论外面发生多么大的风雨，孩子始终抱有热忱，他们眼中的光，是最纯粹炽热的希望。

回法官来到小鱼妈妈的菜摊上，小鱼妈妈说已经收到了被告公司的复课通知，她向回法官说自己要撤诉了，准备明天就上课去。小鱼妈妈知道法官为了她和小鱼的事情忙前忙后，心里不知道有多感激，回法官说这是应该的，双方都取得圆满是很难的，即使最后的结果不能如人所愿，尽力做了就不会后悔。然后，和小鱼妈妈聊了很多关于孩子成长的故事，在欢声笑语中，一段追梦的故事暂告一段落。

后记

"故事的小黄花，从出生那年就飘着，童年的荡秋千，随记忆一直晃到现在……"小鱼哼着歌曲，转眼间已经长成了大孩子，少年曾经清澈的眼神变成了坚毅的眼神，少年每成长一步，就会和回法官分享进步的喜悦，长大的小鱼已经成了文化传媒公司的表演名片，经常参加各类演出比赛，他获得了较多的奖项。更为难得的是，小鱼的文化课成绩也没有受影响，反而有较大的提高，而文化传媒公司经过这几年的沉淀和积累，也进入了平稳发展期，在业界小有名气，每年还会和公益组织合作，针对像小鱼一样的学生，提供免费入学、免费培养的名额，几个年轻人在为梦想打拼的同时，也为社会公益事业做出了一定的努力。

这一段关于追逐梦想的案例故事，法官不仅从关心未成年人成长角度出发，而且考虑到另一方当事人的可持续发展，站在发生新冠肺炎疫情的大背景下，充分发挥司法服务保障作用，积极参与诉源治理，坚持把非讼纠纷解决机制挺在前面，坚持调解优先，积极引导当事人协商和解、共担风险、共渡难关，切实把矛盾解决在萌芽状态，化解在庭前。

尤其在该案件处理过程中，法官根据案件实际情况，平衡各方利益，通过实地走访、多向沟通等方式，尊重当事人意思，切实保护双方当事人合法权益，避免被动结案后遗留执行问题，且本案中被告当事人存在因疫情或疫情防控措施得到政府及有关部门的补贴资助、税费减免或他人资助、债务减免等情形，人民法院可以认定该服务合同能够继续履行，既帮助企业渡过难关，又满足了小鱼的愿望，真正实现了法律效果与社会效果的统一。

案例评析

常州作家协会主席　李怀中

一方面是疫情期间企业生存维艰，另一方面是孩子的梦想难圆。法官既充分发挥司法服务保障作用，也积极参与诉源治理，司法与社会、政府合力助企业渡难关，为孩子圆梦想。

常州广播电视台副台长　许建俊

　　少年追梦路上，一场突如其来的疫情，让梦想充满变数。法官不仅想尽办法维护少年的合法权益，还充分发挥司法服务保障作用，为另一方当事人的经营持续牵线搭桥、提供帮助，最终一桩民事官司双方成功化解矛盾，让少年梦因为青年梦的持续而得以延续。

　　这是一起突发疫情之下衍生的民事纠纷案件，法官在追根溯源的案件调查过程中，凸显故事一波三折，法官精神令人感佩，案例以梦想之树为意象，分梦之种子、发芽、枝丫、破灭、尊严以及为梦奔走、守护、坚持和后记叙述，文笔自然老到，结构清晰。

"依法严惩＋从业禁止"
是对被性侵孩子最直接的保护

◎ 蒋园圆

　　人们把许多美丽的光环加在教师头上，称教师是"人类灵魂的工程师"；说教师这份职业是"太阳底下最光辉的职业"；把老师比作红烛"燃烧自己，照亮别人"。的确，教师是孩子成长道路上不可或缺的领路人，他们身上承载着太多的期待，传授知识、塑造人格、强健体魄……从孩子进入幼儿园直到他们完成大学乃至研究生学业进入社会，一路都离不开老师的关爱和帮助，自然，老师也是家长们最为信任的对象。正如《中华人民共和国未成年人保护法》第二十五条所规定的那样，"学校应当全面贯彻国家教育方针，坚持立德树人，实施素质教育，提高教育质量，注重培养未成年学生认知能力、合作能力、创新能力和实践能力，促成未成年学生全面发展。学校应当建立未成年学生保护工作制度，健全学生行为规范，培养未成年学生遵纪守法的良好行为习惯。"

　　诚然，每个教师的教学理念、教学方式、教学水平各不相同，教学成效自然也存在一定差异，我们并不能因为教学能力的高低就去评判一个教师的好与坏，还应考虑教师对教学、对学生是否用心及热心。可是，当极个别教师因为自身品格问题，忘记了进入教师队伍的初心，违背师德甚至触犯法律，对学生实施性侵行为时，不仅是对未成年人身心的直接伤害，更是对教职员工队伍形象的严重败坏。

噩梦开始：神圣的课堂成为她被侵害的"地狱"

2020年9月，婷婷正式成为一年级的学生，开启了她学习生涯的新阶段。婷婷学习优异、活动可爱，是许多家长眼里"别人家的孩子"。那天，又到了大家都喜爱的实践课，婷婷和同学们一起认真观看视频，婷婷还想着把视频中有趣的小故事回去分享给妈妈。忽然，老师张某坐在了她旁边，婷婷并未在意，或许是孩子幼小的心灵完全没想过尊敬的老师会做出任何伤害自己的行为，就在婷婷毫无防备之下张老师隔着裙子抚摸了婷婷的大腿，还拍摄婷婷大腿的照片，侧坐在婷婷身后对其实施了猥亵行为。

小时候，妈妈给婷婷读过绘本《别摸我，这是我的身体》，所以孩子知道老师抚摸自己的行为是不对的。可是，因为从未碰到这种情况，也因为胆小的婷婷生怕老师会责骂，婷婷没有冲出教室求助的勇气。难以想象婷婷是如何度过这节课的，难以想象孩子当时内心有多恐惧和无助，可能回家是婷婷当时心中最大的期盼，因为家里有真正爱护自己的父母，因为家里没有人会做出伤害她的行为。

万幸，这个家庭一直跟孩子有良好的沟通；所幸，父母是孩子心中最值得信任的人；庆幸，孩子回到家第一时间跟父母描述了自己被侵害的过程。婷婷父母极度愤怒，但他们仍然保持了理智，没有对张某实施任何过激行为，而是第一时间选择向公安机关报案，公安机关随即进行了详细调查，讯问了被告人，也询问了被害人，张某的犯罪行为经查属实，检察院以猥亵儿童罪对张某提起公诉。因为孩子的勇敢，张某的行为被发现，也避免了下一个"婷婷"被侵害。

依法严惩　罚当其罪

《中华人民共和国未成年人保护法》第四十条第一款规定："学校、幼儿园应当建立预防性侵害、性骚扰未成年人工作制度。对性侵害、性骚扰未成年人等违法犯罪行为，学校、幼儿园不得隐瞒，应当及时向公安机关、教育行政部门报告，并配合相关部门依法处理。"是啊，作为教职人员理应负起预防未成年人被性侵害、性骚扰的重要职责。张某是被害人婷婷的任课老师，本该知荣明耻、严于律己、教书育人，但其竟然在教学过程中，严重违背教师职业道德，猥亵未成年女性学生，严重损害了婷婷的身心健康，必须对其从重、从严处罚。

事情发生后，张某的家人及时向婷婷及其父母赔礼道歉并作出赔偿。开庭时，张某对检察机关的起诉供认不讳，对自己的犯罪行为懊恼不已。他说："我错了。作为人民教师我辜负了孩子和家长对我的信任，我的行为对婷婷及其家属、对社会都是极大的伤害，伤害了教师队伍和学校的良好形象，我要向婷婷和她的父母道歉……"可是，再多的道歉、再多的赔偿，都无法弥补张某的犯罪行为给婷婷和她的家庭所造成的伤害，也无法改变张某触犯刑法必须接受刑罚的事实。

《中华人民共和国刑法》第二百三十七条规定："以暴力、胁迫或者其他方法强制猥亵他人或者侮辱妇女的，处五年以下有期徒刑或者拘役。聚众或者在公共场所当众犯前款罪的，或者有其他恶劣情节的，处五年以上有期徒刑。猥亵儿童的，处五年以下有期徒刑；有下列情形之一的，处五年以上有期徒刑：（一）猥亵儿童多人或者多次的；（二）聚众猥亵儿童的，或者在公共场所当众猥亵儿童，情节恶劣的；（三）造成儿童伤害或者其他严重后果的；（四）猥亵手段恶劣或者有其他恶劣情节的。"对应前述法条，张某的行为毫无疑问构成猥亵儿童罪，但是否应当加重处罚合议庭成员之间产生了分歧。有意见认为虽然张某在教室实施猥亵行为，但并未被其他同学所看到，所以不属于"当众"，但多数意见还是坚持认为教室作为孩子们学习的地方，无疑应当认定为公共场所，在公共场所对未成年人实施猥亵犯罪，只要有其他多人在场，不论在场人员是否实际看到，均可认定为在公共场所"当众"猥亵儿童。最后，经过合议庭成员的多次评议，一致决定认定张某的行为符合"在公共场所当众猥亵儿童"，按照《刑法》规定从重处罚，即在五年有期徒刑以上进行量刑，最终张某被判处有期徒刑五年八个月。

从业禁止　预防再犯

有调查显示，部分被性侵的未成年人在成年后，依然无法摆脱阴影，甚至出现抑郁、焦虑、自残、自杀等现象。也因为性侵行为的加害者是职业教师，对未成年人的伤害绝不仅限于身体上的痛楚、学习成绩的下滑，更会直接反作用于未成年人的性格，例如社交能力障碍，又或者是对老师信任的弱化。

法院对猥亵学生的教师依法严惩表明了法院保护未成年人权益的决心和态度，可是，对于如此"丧心病狂"的老师，除了判处刑罚还有其他处罚措施吗？待他刑满释放还能够继续从事教师职业吗？当然，我们的立法者早就考虑到了这个问题，所以也就有了《中华人民共和国刑法》第三十七条之一第一款关于从业禁止的规定："因利用职业便利实施犯罪，或者实施违背职业要求的特定义务的犯罪被判处刑罚的，人民法院可以根据犯罪情况和预防再犯的需要，禁止其自刑罚执行完毕之日或者假释之日其从事相关职业，期限为三年至五年。"经济的快速发展和科学技术的日新月异，给当今社会结构带来了深刻变革，同时引发了一系列社会问题。面对纷繁复杂的犯罪类型，考虑到罪行轻重程度、人身危险的差异性，单纯的刑法措施难以实现法律效果与社会效果的统一，从立法的高度增加有关非刑罚措施的规定，能够进一步发挥其在预防犯罪、维护社会秩序方面的积极作用。从业禁止作为一种典型的非刑罚处罚措施，是指行为人利用职业便利或者实施违背职业要求的特定义务实施犯罪行为的，禁止其在一定期限内从事相关职业，目的在于预防再犯。

或许有人会说《教师法》第十四条不是规定了"受到剥夺政治权利或者故意犯罪受到有期徒刑以上刑事处罚的，不能取得教育资格；已经取得教育资格的，丧失教育资格"。那么，依此规定似乎不需要再对被告人单独适用从业禁止。其实不然，从业禁止是有它的必要性的。由于我国现阶段社会环境对教育资源的需求，大量民营教育机构不断涌现，而对于此类教育机构的监管力度相对滞后，教育培训市场准入资格有待规范，使一些不具有教师资格的人在其中鱼目混珠。部分被告人在教育领域有着丰富的教学经验，其在受到刑事处罚后，虽然无法再继续在正式教育体系中执业，但是难免有些民办、私立教育培训机构单纯看中他们的教学成效而忽略了对师德品格的审查，抑或被告人隐瞒了曾犯罪的事实，这都可能成为下一个孩子被侵害的潜在风险。

双管齐下：预防性侵害最有效的举措

在推进保护未成年人合法权益的道路上，保护和预防同样重要。审判活动中坚持从严惩处的原则，是对实施犯罪的行为人最有效的打击，也是对存在犯罪念头的其他人最直接的警醒，能够最大限度减少对未成年性侵案件的发生。当然，"从业禁止"同样意义非凡。禁止行为人从事与未成年人相关的教育工作，旨在最大限度保护未成年人权益的同时，为预防与减少性侵未成年人案件的发生搭建基础的保护网，为保障未成年人的健康成长提供有力的法律保障。

一个都不能少

◎王 炯

  1999 年著名导演张艺谋拍摄了反映贫困乡村代课老师责任心和关爱心的电影，影片中乡村民办小学教师魏敏芝凭着一股强大的精神力量，竭力找回退学的两名学生。2020 年，横林法庭的法官为了帮助一个小学五年级的学生再次回到课堂，也演绎了一场法院版的"一个都不能少"。

  2020 年 7 月初的一天，炎热的太阳烘烤着大地，横林法庭立案窗口来了一位满头大汗的中年男人，手里攥着被汗水浸湿的一叠纸，急切地向立案法官说道："请你们快点帮帮我，救救孩子吧！"立案法官立马起身，让他坐下，说："你先定定心，把事情慢慢说清楚。"中年男子拿出了一份要求变更抚养关系的诉状说道："我跟前妻离婚后孩子随母亲钱某生活，但钱某不让孩子继续上学，钱某经济条件困难，无固定住所，并阻止我与孩子联系、沟通，眼看 9 月开学在即，如不能解决好孩子的抚养关系，将影响孩子 9 月份的开学报名，故要求变更抚养关系。"说着说着，男子泣不成声，声泪俱下。

  立案法官即刻将该案移送至驻庭调解室，调解员获悉此情况后，表示要在第一时间解决本案。调解员通知钱某前来调解，电话联系不上后，当晚主动上门，到钱某租住的出租屋处，仍没能遇到钱某，随即将该情况向庭领导汇报。考虑到新学期即将开学，孩子入学手续办理需要时间，横林法庭立即启动立案程序。

立案后发动全庭力量，查找钱某下落。年轻的法警冒着酷暑多次上门，均未遇到钱某。后通过多方走访了解到，孩子母亲目前于辖区内某工厂打零工，但前往工厂后未能发现其踪迹。法庭干警心中暗下军令状：不尽快找到钱某，誓不罢休！青年法警与工厂负责人进行了沟通，将相关情况告知对方，希望其能够协助法庭做孩子母亲的工作，让孩子重返校园。该厂老板娘听闻此事，激动万分："怎么会有这种事情发生！怎么能不让孩子去上学！钱某虽然在我们厂打零工，不经常来，但我一定想办法联系到她，叫她尽快来处理此事。"

8月10日，孩子母亲钱某终于带着孩子来到了法庭。面对法庭干警责备的目光，钱某委屈地向法庭干警们述说了其中的缘由。原来，钱某并不是因为经济问题才想让孩子辍学。2019年8月9日，她和丈夫钟某办理了离婚手续，对孩子的心理造成了不小的创伤，导致其无法专心上学。钱某也曾带其前往专业心理医疗机构就诊，但是收效甚微，孩子的心结仍未打开。承办法官与法官助理、书记员们分别对母亲和孩子进行交流。

法庭干警特意让孩子在调解室长桌前坐下，询问孩子的想法。孩子怯生生地说："我想上学的，但是爸爸妈妈……"声音越来越低。

女法官和颜悦色地跟她说："爸爸妈妈的事情是他们自己的事

情，不管他们现在怎么样，他们永远都是你的爸爸妈妈。听说原来你的学习成绩还不错的，那今后你在学习上有什么打算？"

小女孩轻声细语地说："我会继续好好学习，继续争取好成绩。"

法官问："你休学了这么长时间，学习跟得上吗？需要辅导吗？"

小女孩开心地回答说："我原来有个很要好的邻居姐姐，已经把课本借给了我，并且在辅导我学习。我能跟得上学习的。"

同时另一些法官郑重提醒钱某，让孩子受教育是每个做家长的责任和义务，不能让家长之间的矛盾影响到孩子未来的人生。

也许是干警眼中的真诚打动了母女俩，也许是干警动情的劝导让母女俩释然，最后钱某同意让孩子重返校园，并向所属学校提交了报名申请。钟某也向法院撤回了起诉。孩子纯真的笑容，流露着对校园生活的向往，也证明了这起案件以圆满的方式得以了结。

少年强，则国家强。每个孩子都是祖国的未来，在接受教育上一个都不能少，愿每一个孩子都沐浴在法治的阳光下，坚定地相信司法的力量会为他们健康成长护航！

案例评析

常州广播电视台副台长　许建俊

本文较好地反映了法官的精神风貌。

为孩子找回"妈妈"

——经开法院涉毒女性子女权益保护纪实

◎ 王丽佳

"快生了，这孩子我养不起"

法庭上的"小草"一头乌黑浓密的短发，皮肤白皙，长达一年的羁押让她一改之前的颓废邋遢之气，让她显得更加精神了。"我愿意认罪的，希望我的孩子以后能够幸福。""放心！孩子现在状况不错。"这段本不该出现在犯罪嫌疑人与法官之间的对话戏剧性地发生了。

28 岁的"小草"看似文静柔弱，但其实已经做了十年"瘾君子"，并且还是三个孩子的母亲。年轻时的"小草"生得标致动人，获得过不少人的追求，也曾奋发图强努力工作，但最终因为好吃懒做，受不了诱惑而误入歧途，成了毒品的奴隶。凭借着姣好的相貌，她的日子过得也不算太差，常常以出卖色相换取毒资供养自己。2012 年至 2014 年，刚满 20 岁的"小草"两次怀孕，接连生下两名男婴，均因没有经济能力而将婴儿送养。2016 年，"小草"再次怀孕，此时的她，随着毒瘾越来越大，日常开销经常入不敷出，混乱的生活状态让她的心态也发生了翻天覆地的变化。经过前两次的送养，她发现想领养小孩的家庭大都愿意"重金感谢"，给几万的"营养费"更是不在话下。她似乎尝到了生小孩的"甜头"，在怀孕七个月的时候，她就对外说，"孩子养不起，要送人。"

无独有偶，此时的孙刚夫妇，正为多年未能生育而愁苦不堪，多方寻思领养孩子。而福利院排队已经排到100号开外，这什么时候才能轮到他们！正当心急如焚之时，好消息传来了，孙刚的朋友打探到，"小草"正好要送养小孩。两方一拍即合，孙刚当即向"小草"支付了怀孕后期三个月的生活费9000元，并表示生产费用由其全部负担，事成之后还会支付一笔数目不小的"感谢费"。三个月后，"小草"以孙刚妻子的名义如期产下一个女婴，孙刚一家便将孩子抱回家抚养。事后，孙刚向"小草"支付了"感谢费"40000元。

"求求你，我们是把她当亲生孩子的"

2019年10月，"小草"因容留吸毒被捕，同时，她"卖孩子"的事情也被揭露。找到孙刚夫妻之时，他们自知当年之事是瞒不住了，孙刚的妻子异常激动："三年多了，一千多个日夜，我就想着哪一天这个事情要是被发现了该怎么办，现在该来的都来了，我们只求能够继续抚养孩子。"孙刚夫妇给小孩取名孙悦悦，希望她开心快乐。由于生母常年吸毒，小孩体质特殊，身体素质远不及其他孩子。但孙刚夫妻却一直没有放弃，多年来一直辗转于各地医院治疗，好在小孩的病情慢慢稳定下来，眼见着日子一天过得比一天好。虽然后期福利院也有机会领养，但夫妇俩再也没有动过领养其他小孩的念头。

"此案情况特殊,是否支持不对领养人孙刚夫妇起诉?""人伦纲常、天理人情,小孩与养父母一起生活三年多,得到了悉心照顾,而且孩子身体状况特殊,需要他们的照顾。我认为可以支持不起诉。""如果我们一定要对孙刚夫妇进行追究,孩子的一生可能就毁了!""但是承办人要对孙刚夫妻的行为进行跟踪考察,看看孙刚夫妇是否是真心对待孩子。"

承办法官通过线下走访、线上跟踪的形式,对孙刚夫妻抚养孙悦悦的行为进行了不定期的回访,孙刚会将悦悦平日的生活点滴用视频或照片的形式记录下来,与承办法官分享。经过一段时间的跟踪考察,从这些点点滴滴中,承办法官真切感受到了孙刚夫妻对孩子的爱和付出,鉴于符合法定条件,合议庭最终一致决定支持检察院对领养人酌定不起诉,还了这一家人平静的生活。而"小草"最终因拐卖儿童罪和容留吸毒罪被判处有期徒刑十年。

"怎么办,我有个吸毒妈妈"

近年来,我院审理的女性毒品犯罪案件中,90%以上的吸毒女性均育有子女,而以接连怀孕生子的形式逃避羁押的不在少数。这类人群长期混迹社会,形成圈子,影响不小。这类女性生育后,子女多缺乏父母直接管教,不是被寄养于亲属家中,就是出生即送人,这群孩子的生存、教育无法得到保障。"我有个吸毒妈妈",短短七字,却道出了孩子心中的苦。都说"没妈的孩子像根草",有个吸毒妈妈,可能还不如草。毒品对家庭、对孩子的危害,不仅体现在生理上,更体现在心理上,缺乏关爱,敏感自卑,有的甚至居无定所，早早辍学，这就是这类孩子的生存现状。一视同仁，为帮孩子找回"妈妈"，多年来，经开法院始终坚持这一工作原则，逐步形成"四线"工作方法，将涉毒女性子女权益保护落到实处：（1）严把"羁押线"。严厉打击毒品犯罪，提高监禁刑的适用率；严格审核前期羁押措施的合理性，防范涉毒女性为逃避羁押而采取非常手段。（2）建设"心理线"。针对涉毒未成年人，特别是针对父母亦有吸毒史的未成年人，充分发挥惩罚与教育相结合的功能，委派专人对未成年人提供心理疏导，提供定制化心理辅导。（3）走好"随访线"。对于被判处监禁刑的涉毒女性，耐心了解其家庭状况，确定子女的教养情况，确保羁押期间孩子的生活、教育无影响，如遇确有困难的家庭，帮助联系帮教机构。（4）拉出"宣传线"。多年来，经开法院一直充分重视禁毒宣传教育，旨在打造无毒社区，净化社会环境。特别针对家长涉毒的未成年人，设立了专门回访制度，旨在宣传禁毒知识，远离毒品犯罪。选取事宜公开的涉毒案件，组织未成年人旁听，切实感受毒品的危害和对家庭的摧毁。

我们为"小草"的女儿撑起希望的伞，希望更多吸毒妈妈的子女能够早日离开"有毒"的成长环境，拥抱自己改过自新的妈妈。

守护漂泊的花朵

——经开法院随迁子女权益保护纪实

◎ 王丽佳

震惊了！"张叔叔"露出真面目

隐姓埋名，潜逃十年。2019 年 6 月，在一个建筑工棚内被公安机关带走的那一刻，张成功终于感受到了前所未有的解脱，这种解脱，源于十年来对孙某家的亏欠。2010 年，孙某一家从老家来到常州打工。孙某夫妇育有两个女儿，大女儿 10 岁、小女儿 8 岁。为了让孩子能够得到更好的教育，虽然生活负担重，但夫妻俩仍然咬紧牙关，将两个孩子带在身边。与许多外来农民工一样，为了节省生活成本，他们选择住在工厂附近的民房，300 块钱一个月，他们能够负担，每个月还能攒些钱寄回老家，供养早已年迈的父母。民房共上下两层，六个房间，住着五户人家。群租房内租住的也均是各地过来打工的，有单身汉、小情侣，也有一家像孙某这样的一大家子。时间长了，邻居之间也就熟悉了，相互之间串个门儿、小孩之间打闹玩耍倒也成了常事。

2010 年 9 月，夏日的热浪还未散去。学校放学后，孩子们便迎来了一天中最闲暇的时光。孙家两姊妹做完作业，便开始在邻居家玩耍。不料此时的孙家姊妹，已经被住在他家楼上的"张叔叔"盯上了。"张叔叔"个子瘦小，留着拉碴胡子，由于常年独自一人在外打工，养成了健谈开朗的性格，平时见着邻居、碰见小孩，总是露出和善的笑容。此时的孙家姊妹，对"张叔叔"是毫无戒心的，反而被他时不时的小恩小惠所诱惑了。孙妈妈对姊妹俩的教育很是严厉，平时很少准许他们看电视。所以"张叔叔"总是邀请他们到他的房间看电视，还会准备一些零食给她们吃。一天下午，趁妈妈还未下班回家，姊妹俩又到"张叔叔"家看电视、吃零食，但就在这一次，"张叔叔"却向他们伸出了魔爪。就在这个平时看起来和蔼可亲的"张叔叔"房间内，姊妹俩被强奸。由于年纪尚小，害怕多于气愤，当她们将此事告知家人时，"张叔叔"早就连夜逃走了。

不气馁！十年追踪面具人

接警后，警察迅速进行了现场勘验，对被害人进行了人身检查，走访了相关证人，摸清了"张叔叔"的身份，固定了此案的相关证据。"张叔叔"名叫张成功，从 16 岁起便离开贵州老家外出打工，与父母已失去联系近 20 年，没有成家，更无子女。追踪"张叔叔"，一时成了天大的难题。多年来，无论是火车站、机场、客运站，还是打工人口聚集的劳务市场，抑或回其老家蹲点，均未能查访到"张叔叔"的踪迹。一个大活人，平白无故就消失了？

功夫不负有心人。2019 年，张成功又来到了江苏，在无锡的一个工地上打工。新冠肺炎疫情的影响尚未过去，工人们都谨小慎微，施工场地、公共场所的安全措施以及人员的健康申报也比往常更为严格细致。张成功还是像往常一样，大方地掏出了自己的身份证，等待包工头为自己作健康登记，登记好之后，一切如常。他觉得，这次，也能安然度过吧？但他想错了，几天之后，警察便把他带走了。原来，十年前作案连夜逃窜之后，他找了一个不需要查验身份证的建筑工地落脚，住在工棚时，他偷走了同住人员的身份证，所以十年来，他一直以"罗大顺"的名字生活、打工，直到这次在排查外来人口身份时被发现人证不符，当年作案的事情才就此败露。

巧探访！双向出击严惩罪犯

证据封存了十年，终于在侦查程序重新启动后再见天日；两个被害女孩也都已长大成人，开始了全新的生活。十年过去了，当年的事情，她们可能已经不愿再提，毕竟揭开伤疤，可能造成二次伤害。这次审查起诉、后期审理，是重提过往，做证据固定、听取被害人意见？还是避而不提，以原有证据最终定案？十年之前，侦查手段存在些许不足之处，万一无法定案……法院面临着抉择。多少个日夜，承办法官因为此事揪心不已，不想打扰她们已经平静的生活，又放不下因此事举家搬迁的孙家姊妹耿耿于怀的眼神。

探一探女孩们的生活现状再定！承办法官深思熟虑之后作出决定。初次联系孙母，承办法官显得尤为谨慎，当孙某得知法官来意，仍显得尤为介怀。十年前的事情发生之后，孙某举家迁至浙江，夫妻俩仍旧以打工为生，孙母至今仍为没能保护好两个女儿深深自责，母女之间总有一种说不出滋味的疏离感。而此事之后的漫长十年间，两个女儿也比之前显得更为懂事敏感。大女儿性格倔强外向，提及当年之事，虽有回避但直言不讳。过了十年，随着心智的成熟，对当年之事也就更加坦然。而小女儿，性格内向敏感，似乎不愿提及过往。承办法官根据两名被害人的实际情况，选择针对大女儿作了被害人陈述，听取了相应意见，也充分尊重了两位被害人不出庭的选择，并对此案进行了不公开审理。庭审过程顺利，张成功最终以强奸罪被判处有期徒刑六年。

再出发！探寻随迁子女权益保护之路

判后回访非常温馨。十年后的女孩看到生效判决的那一刻，也终于对当年的遭遇释怀了，姊妹俩现在都上了大学，姐姐更是不停鼓励妹妹要乐观开朗，更加勇敢地走好未来的路。没有过多的感谢，也没有想象中的热泪盈眶，有的只是母女互相拥抱，平淡中透露着希冀的眼神，一切都是刚刚好的模样。"我手里拿着砖，就无法拥抱你；放下手中的砖，就无法养活你。"这句网络流行语，其实就是随迁子女与父母之间亲子关系的真实写照，也是本次侵害事件的深层次原因。超长的工作时间与高的工作强度，似乎是所有打工人的共同特点，疏于对孩子的管教，安全防范意识不到位，更是随迁子女亲子关系中不可直视之痛。

近年来，江苏常州经济开发区以先进交通装备、功能新材料、绿色家居、智能电机为代表的特色产业集群逐步壮大育强，吸引了众多的外来人口，而随迁子女数量更是逐年攀升，各个中小学外来随迁子女的数量长期超过一半。涉及未成年人的案件中，80%以上为外来随迁子女，为此，经开法院创新工作方式方法，充分关注随迁子女身心健康，不断探索农民工随迁子女权益保护新路。

花落花开 常州法院保护未成年人案例精选

一是柔性裁判，搭起沟通之桥。随迁子女，大多有一个共同特点：小时候是留守儿童，长大后是随迁子女，与父母沟通较少。多年来，经开法院总结出了一套审理经验——用解决案件的机会搭建父母与子女之间的沟通之桥。无论是"千里寻女被刺伤案"，还是本案，承办法官均以未成年人的心理需求为出发点，了解了案件的症结，并以此触动缺席孩子成长的父母，修复疏远的亲子关系。

二是制度保障，规范少年案件审理模式。在审理涉少案件中，经开区法院依法保障未成年被害人及其法定代理人参与权、知情权等各项诉讼权利，落实合适成年人、指定辩护人、心理疏导、审前调查、回访帮教等制度，切实保障案涉青少年合法权益。此外，着重严格落实未成年人犯罪封存制度，最大限度促进涉罪未成年人悔过自新、回归社会；落实不公开审理制度，保护未成年被害人的名誉权、隐私权等合法权利，避免在案件审理过程中对未成年人造成"二次伤害"。

三是职能延伸，创新法治宣传教育新形式。2019 年以来，经开法院以"争做小小新常州人"为主题，针对在经开区生活、学习的随迁子女开展了系列讲座。该系列授课紧扣随迁子女年龄及心理特点，从身边鲜活的典型案例谈起，引导学生了解基本法律常识，防范安全风险，预防不法侵害；聚焦亲职教育，给父母上好法律教育课程，引导父母通过正确的方式构建融洽的亲子关系。

案例评析

常州广播电视台副台长　许建俊

外来工子女的保护四个大课题，经开区做法值得推广。

妈妈，我想跟你走

◎ 黄冬梅

父母离婚，女儿由爸爸抚养

蔡某是无锡人，房某是常州人，十八年前，他们相爱了，经过两年的爱情长跑，于2004年踏入婚姻的殿堂。都喜欢孩子的小两口打算立即要个孩子，可他们左盼右盼，过了好几年才生下宝贝女儿楚轩，所以视女儿为掌上明珠，爷爷奶奶也很疼爱孙女。为了让女儿能够享受到优质的教育资源，楚轩的父母在常州市重点小学附近买了一套房，并把楚轩的户口也迁过去了。楚轩在一家人的关爱中慢慢长大。可不知从何时起，爸爸妈妈之间有了争吵，他们渐渐不再相爱了，在楚轩快六岁的时候，他们协议离婚了。对于宝贝女儿，他们都舍不得，都想争取抚养权，但妈妈出于种种原因，最终决定放手，让女儿跟随爸爸以及爷爷奶奶一起生活。从此，楚轩不再每天一睁眼就能看到亲爱的妈妈，而爸爸也常年在外工作，很少回家，楚轩就跟着爷爷奶奶一起生活在横山桥乡下。

女儿上学，爷爷奶奶力不从心

转眼，楚轩就上学了，她进入常州市某重点小学读书。因为学校离家太远，爷爷奶奶就在学校附近租了一套公寓，每天接送小楚轩上学、放学，照料她的生活并辅导她功课。虽然妈妈不能每天陪在小楚轩身边，但妈妈也会不定期地来看望她，有时也会接她回去住几天，所以小楚轩也并没有觉得自己与其他小朋友有什么不同。

妈妈离婚后开办了外贸公司，收入颇丰，经济情况较好，在女儿读书的小学附近购买了一套房。随着楚轩一天天长大，小小的公寓对楚轩来说真的是太小了，她每天只能与奶奶睡在一起，都没有自己独立的房间。于是，楚轩提出要回爷爷奶奶在乡下的家里，在那里，她有自己独立的房间。爷爷奶奶拗不过她，只好搬回横山桥乡下的家里住。这可苦了楚轩，因为离家太远，爷爷又不会开车，每天早上骑电动自行车送她上学，放学再跟随奶奶乘公交车回家，乘车途中还要换乘一次，来回至少需要 2 个小时。妈妈得知后，很是心疼，曾提出让孩子住到她那里去，上学只要步行 5 分钟，但爷爷奶奶不同意，妈妈只能作罢。

孩子面临小升初，妈妈要求抚养权

光阴似箭，楚轩已经读六年级了，正是面临小升初的关键时期。随着智能手机的普及，老师与家长之间的联系更多，但爷爷奶奶毕竟上了年纪，对新生事物接受较慢，还不能熟练使用智能手机，老师经常在群里布置的作业也不能及时得到反馈，对楚轩的学习多少有些影响，再加上爷爷奶奶也没有能力进行辅导，爸爸后来又染上赌博恶习，自顾不暇。妈妈出于对女儿未来考虑，提出要变更抚养关系，让女儿跟随其生活、学习，并表示为孩子准备了100多万元理财存款，七份商业保险，涵盖了重疾险、教育险、养老险等，已为女儿的将来做好了充足的准备，女儿跟着她，远比跟着爸爸和爷爷奶奶来得幸福。孩子的爸爸不同意，尤其是孩子的爷爷奶奶，认为现在变更孩子的抚养权会导致其生活、学习环境发生重大变化，不利于其成长，故而坚决不同意。说到底，他们都曾是一家人，虽然孩子父母离婚了，但对她来说，与爷爷奶奶、爸爸妈妈的血缘关系却永远不会变。基于此，法官组织双方调解，本以为爷爷奶奶年纪大了，孩子爸爸又基本不管孩子，现在孩子妈妈要求变更抚养关系，不是应该求之不得吗？但在调解中，爷爷奶奶道出了他们的担忧，他们抱怨孩子妈妈经常接孩子回去玩，给孩子玩平板电脑，影响孩子的学习，而孩子妈妈则认为老人对孩子比较溺爱，孩子已经养成了一些不好的行为习惯，再不纠正为时已晚。正是由于这样、那样的矛盾，奶奶经常在妈妈探视孩子时进行阻挠，有时将孩子锁在家里，有时还拦在妈妈汽车前，不让孩子跟她妈妈走，双方还为此报警处理。总之，公婆与前儿媳各有各的理由，谁也说服不了谁。

倾听孩子心声，尊重其选择

调解陷入僵局。但考虑到孩子毕竟已快12岁了，已经完全可以表达自己的意愿。承办法官打算找孩子聊聊，听听她自己的真实想法。孩子每天4点半才放学，为了不影响孩子的学习，承办法官带着书记员特地加班，等着孩子放学回来。她爷爷带着她赶到法庭时，已经是 5 点半了。见到楚轩的时候，她有点紧张，怯怯地站在爷爷身后。承办法官走过去拉着她的手，温柔地对她说，你不要紧张，法官阿姨就是想找你聊聊天，小女孩才慢慢放松下来。在支开她爷爷后，法官跟她拉起了家常。她说，她从记事起就跟爷爷奶奶一起生活，但有时会不定期去妈妈那里住几天，爸爸经常不在家，平时都是奶奶照顾她的生活。从幼儿园开始就是爷爷奶奶接送她上学放学。在疫情期间，妈妈接她回去住，还请老师给她辅导功课，并且在让她认真学习的同时，还让她做些力所能及的事情，以此锻炼她的动手能力和独立能力，所以她是希望能跟妈妈一起生活的。但她也表示，如果真的跟妈妈一起生活，她也会经常去看望爷爷奶奶的。

调解无果，法院果断判决

在倾听孩子的心声后，承办法官再次联系爷爷奶奶，将孩子的想法转达给他们，奉劝他们适时地放手，因为他们的精力已经大不如前，在孩子的教育上已经无能为力，孩子的父亲又不能尽到自己的义务，而作为孩子的母亲，无论是居住条件还是经济能力，以及教育理念，都更有利于孩子的成长。但老人仍然态度坚决，并表示经济条件不能代表一切，仍不同意变更孩子的抚养权给妈妈。法院经审理后认为，父母与子女关系并不因父母离婚而消除。离婚后，一方要求变更抚养关系的，应当具有正当理由。虽然原先的协议约定女儿由爸爸抚养，但实际由其祖父母代为抚养。女儿正处于小升初的关键时期，跟随妈妈生活更有利于孩子的学习，且妈妈的教育理念及方式方法相对来说更能适应孩子的学习成长。综合女儿自身意愿及父母双方的抚养现状和经济条件，为体现未成年人最大利益原则，由妈妈照顾更有利于女儿的健康成长，故在调解不成的情况下，法院判决女儿由妈妈抚养教育。爸爸不服判决，提起上诉，后又撤回上诉，法院作出的一审判决生效，妈妈终于可以名正言顺地与女儿幸福地生活在一起。

"爱"的接力

◎ 袁佳慧

老话常说人生有三大不幸：少年丧父母，中年丧配偶，老年丧独子。而这三大不幸中，老年丧子更让人绝望。宋建国和赵娟夫妻俩就经历了这样老年丧子的不幸。为了缓解对孩子的思念之情，六年前他们收养了被人遗弃在家门口的一个女婴宋安安，本来是件好事，但是一连串的不幸之后，夫妻俩经济状况到了谷底，而这个孩子却成了他们的一个大难题。起因于爱的一个行为，最后也会在爱中得到圆满。在民政局、福利院和法院的共同努力下，将抚养宋安安的这份爱心传递下去，进行了一场"爱"的接力。

痛失爱子，偶得"女儿"燃起家庭希望

事情要从六年前一场突如其来的车祸说起。老宋本来拥有一个十分幸福美满的家庭，在这个五口之家里，妻子贤惠，儿子、儿媳都十分孝顺，孙子乖巧可爱。造化弄人，不幸像一道惊雷，突然落在这个原本平和的家里。一次儿子带着孙子一起外出，本来是十分平常的一次活动，谁知这一别竟成了老人与儿子、孙子

的永别！当老宋夫妻再次看到他们时，他们已是两具冰冷的尸体。突如其来的变故让老两口悲伤欲绝，整天闷在房间里以泪洗面，一度对生活失去了希望。邻居们看在眼里，也都为老两口的遭遇伤心。亲朋好友都曾劝过老宋要不然抱养一个孩子，有个孩子总有些希望，但都被老宋拒绝了。

可能是上天怜悯宋建国夫妻，也可能是周围的邻居、亲朋知道两人的情况故意为之。一天早上，赵娟在家门口发现了一个盖着棉被的纸盒，掀开一看，竟然是一个小婴儿，红扑扑的脸蛋，嘴一撇就哇哇地哭了起来。赵娟一时不知所措，赶忙叫来丈夫。宋建国一看这哭得不停的小娃娃，立马把她抱了起来，孩子的衣服里放着一张纸，纸上写明了孩子的出生年月和性别。"原来是个被人丢弃的孩子啊，真可怜！"赵娟看着小小的婴儿，忍不住摸了摸她的脸。宋建国看着赵娟说："看来是天意啊，可能是给我们的补偿，我们不如就把这个孩子当成自己的孩子来养吧。""好，这样我们也有一个女儿了……"

宋建国夫妇给这个女婴取名宋安安，希望她健康平安地长大。慢慢地，这个家里又恢复了生机，家里也时常传出开心的笑声。这个孩子给这个原本不幸的家庭带来了一丝希望与欢笑。他们将所有的爱都倾注在这个与他们同样不幸的孩子身上，原本沉寂冰冷的家里又充满了爱和温暖。

夫妻再次得子，不幸却再次降临

一次偶然的机会，宋建国在电视新闻中看到一对老年夫妇，五十多岁了却痛失爱子，情况与自己十分相似，最后他们选择了通过试管婴儿技术获得了一个可爱的女儿。这个报道让老宋心里掀起了波澜，虽然已经有了可爱的安安，但是血脉相连的想法始终横亘在他心头。他把想法告诉了赵娟，"我不是觉得只有安安不好，但是既然有这么个机会，我还是想试试。如果成功了，或许真的是我们的儿子又回来了。安安也能有个伴，你看……"赵娟想了会，看了看正在一边玩耍的小安安，说："你如果决定了，我们就试试，安安有个弟弟或者妹妹，还能互相照应着。"也许是夫妻俩的真心感动了上天，虽然赵娟的这一孕期异常艰难，但还是成功产下了一名健康的男婴。看着这一儿一女，老两口觉得付出再多都值了。

正当夫妻俩沉浸在这样的幸福中时，不幸却再次降临。宋建国怎么也没有想到，一次身体不舒服去医院做个检查，却被确诊为肺癌晚期，这无疑是道晴天霹雳。"怎么我们的命就这么苦啊，两个孩子还都这么小，你要是倒下了，这个家怎么办啊……"赵娟紧紧握着丈夫的手，眼泪夺眶而出。"没事，医生不是给出治疗方案了吗，我们就按照医生说的，好好治疗。"老宋轻轻拍着妻子的背，虽是安慰的话语，他的心里却比谁都绝望。

就这样，在夫妻俩的共同坚持下，老宋的身体经过几年的抗癌治疗，病情终于稳定下来，但是高昂的医药费却让这个原本小康的家庭陷入了经济困境，如何抚养两个年幼的孩子成了老两口心中的一块大石头。宋安安也到了该上学的年龄，可是家里已经没法负担安安的学费了。又是无法入眠的一个晚上，宋建国看着赵娟，仿佛下定了决心，"再怎么样也不能让孩子没学上啊，我们把安安送到福利院吧，起码这样她能得到比在我们家更好的照顾。"赵娟背过身小声抽泣，"我知道，我都明白，是我们对不起这个孩子啊。"

"妈妈，别的小朋友和我说，我是捡来的，你们不要我了，是真的吗？"赵娟看着安安小心翼翼地问自己，稚嫩的脸庞上充满了不安。她把安安抱坐在膝头说："安安，你听妈妈说。你虽然不是从妈妈肚子里生出来的，但你是被天使偷偷地放在爸爸妈妈家门口的。因为你是个特别好、特别乖的孩子，所以天使让爸爸妈妈帮忙照顾你，爸爸妈妈有了你特别开心。只是现在，你要换一个地方住，那里有好多和你一样都是天使的孩子。我们一直是你的爸爸和妈妈。""妈妈，我会很乖很乖的。"赵娟摸着安安细软的头发，孩子的话就像许多小针密密麻麻地扎在自己心上。

为了安安能更好地长大，最终夫妻俩还是决定向福利院、镇人民政府递交申请，希望由福利院来抚养宋安安。

民政局与法院联手　将爱传递

在提交申请之后，却又遇到了一个难题。老宋夫妻俩当初收养这个孩子的时候，不懂法律，稀里糊涂地就把宋安安的户口直接上在了自己的户口本上，并没有办理正规的收养手续，现在要把安安送到福利院，程序上福利院没有办法进行收养。安安又到了要上学的年纪，涉及户口迁移等诸多问题，福利院也是束手无策。当地民政局在了解该情况之后，认为还是由法院来确认老宋夫妻俩与宋安安之间的收养关系无效，才能由福利院按照正常的收养流程收养安安。

常州市武进区人民法院受理了这起以宋安安为原告，民政局为监护人，老宋夫妻俩为被告的收养关系纠纷一案，承办法官是少年庭的施法官。施法官阅看了案件材料之后，将老宋夫妻俩请到了法院。

赵娟一看到施法官，眼眶就红了，"法官，我们也是真的没办法了，才想把孩子交给福利院，安安也快上学了，我们没钱供她上学了，真是没办法才……"

"我能理解。你先别激动。我叫你们来也是想问问你们情况的，都是希望事情能解决，希望孩子好。"施法官的话，让夫妻俩忐忑的心慢慢平静下来。在法官的询问下，夫妻俩将当年捡到孩子的情况，以及这些年家中的变故一五一十地讲述了一遍。

夫妻俩走后，施法官陷入了沉思。从夫妻俩的讲述来看，他们是真的把宋安安当成亲生孩子来抚养，他们的善良超越了亲情，让一个被抛弃的可怜而弱小的生命，感受到了家庭的温暖和亲人的爱意。现在也确实是遭遇了巨大的家庭变故，抚养两个孩子成了难题。如何让安安得到最好的照料，让福利院的收养程序合法，需要从法律层面予以确认。

在了解案情、查阅相关案例及法律条款的基础上，施法官发现宋安安是符合被收养的条件的，而老宋夫妻也具有收养资格，但是依据《中华人民共和国收养法》的规定，老宋夫妻并没有办理相关的收养手续，收养关系确实是不成立的。同时施法官也积极与福利院进行沟通，了解福利院收养的手续及相关规定。

最终经过庭审，施法官以判决的形式确认了宋安安与老宋夫妻俩之间的收养关系不成立。

一个月后，施法官接到了赵娟打来的电话，电话里赵娟说孩

花落花开　常州法院保护未成年人案例精选

子已经由福利院顺利收养了，就是家里突然间少了个孩子，有些空落落的，但是想到安安能得到更好的照顾，能正常上学，他们就放心了。

至此，宋安安的收养案也画上了一个圆满的句号。由爱开始，也由爱结束，相信小安安也会好好地成长，成为一个有大爱的人。

寻巢的雏鸟
——撤销监护人资格案

◎ 王东莉

前言

人们经常把孩子比作小鸟，把家庭比作大树，希望他们在温暖的家和父母的呵护下健康成长，丰满羽翼，展翅翱翔……但是，就像有的鸟巢会在暴风雨中倾覆、有的雏鸟会失去父母一样，有的孩子也会面临无家可归的状况，他们该何去何从呢？有谁可以保护他们呢？

案情介绍

江南的三月，树叶已悄然吐绿，花儿也开始绽放色彩，但此时的清晨还有着些许凉意。这一天，天刚蒙蒙亮，天边透露的一抹蓝色预告着这是一个晴朗的春日。几只麻雀蹦蹦跳跳地从一座寺庙门外安静的路上经过，墙内传来刷刷刷的扫地声。

"当当当"。

正在扫地的心静师父听到了急切的敲门声，"谁啊，这么早！"她一边自言自语，一边慢悠悠走过去打开了大门，却看到门外空

花落花开｜常州法院保护未成年人案例精选

无一人。正当她以为自己看错了准备关上门回去的时候，一低头，看到寺庙门外的台阶上放着一个纸箱。

"呀！"她不由发出一声惊叫，"这里怎么有个孩子！"

这是一个装苹果的箱子，箱子上还画着两个红彤彤的苹果，显得纸箱里那个尚在襁褓中的小婴儿的脸更加惨白。心静师父心疼地抱起孩子，再次向四周仔仔细细地张望，却没有看到任何人，只好先把孩子抱进寺里。

寺里的住持心悟师父看了看孩子，检查了纸箱，箱子里只有一条包裹着孩子的小被子，孩子的衣襟上夹着一张纸条，写着孩子的出生日期和自己的无奈，希望好心人能够收留孩子。看着这个出生不到一周的小女孩，心悟师父决定将她收养在寺庙里，并起名"丹丹"，由寺庙里的师父们一起照顾。

丹丹有一双明亮的大眼睛，寺庙里的师父们都很喜欢她，一起轮流照顾着她。过了些日子，小姑娘被养得白白胖胖。这时大家想起来，要给丹丹上个户口。在咨询了上户口的相关手续后，心悟师父决定收养丹丹，但是心悟师父已经八十多岁了，不符合法律规定的收养条件。正在苦恼的时候，寺庙里有一位三十多岁的心明师父，俗家名字叫丁明丽，主动找到住持，希望由她来收养丹丹。心明师父说她很喜欢丹丹，自己既然已经出家就不会结婚生子了，但她也希望老了有个孩子陪伴，愿意抚养丹丹长大做伴。于是，在丹丹刚满一岁的时候，丁明丽在民政局办理了收养手续，给丹丹起了大名"丁晓丹"，并将丹丹以养女的身份落户在自己的户口上。

丹丹继续随着养母在寺庙生活，大家仍然轮流照顾着她，可是，寺庙里的众人渐渐发现，丹丹快两岁了还不会说话，走路也磕磕绊绊走的不稳。丁明丽急得不行，带着丹丹到医院里检查，结果丹丹被确诊患有"脑穿通畸形"疾病，治疗和看护都需要一大笔费用。丁明丽的心顿时凉了，她没有能力支付费用，只好把丹丹带回寺庙继续抚养着，看病的事情也一拖再拖。

虽然丁明丽很喜欢丹丹，相处两年多也有了比较深的感情，但是她觉得自己没有能力照顾丹丹、更没有钱给丹丹治病，在这种矛盾的心情下，丁明丽照顾丹丹的心也就越来越懈怠了。

就这样又拖了两年多，丁明丽要去别的寺庙了，但是她并没有带走丹丹。心悟师父的年纪越来越大，也无法再照顾丹丹，寺庙里的人轮流照顾了丹丹几个月后，只好将她送到当地的儿童福利院代养，寺庙给丹丹支付了一年的代养费用。

在儿童福利院的一年，丹丹的生活得到了很好的照顾，但脑部疾病却越来越重，已经五岁的她生活完全不能自理，同龄小朋友可以做到的吃饭、喝水、穿衣服她都不会，必须有人照顾。儿童福利院的李院长通过多方联系，到处打听，终于找到了最好的儿童医院帮丹丹治疗，医生说丹丹的病必须要做手术，做手术是需要监护人也就是丹丹的养母签字的，但丁明丽担心脑部手术可能会出意外，自己会担上责任，而且自己也没有能力支付手术费，无论李院长怎么做她的工作，她都一直不肯签字。

无奈之下，儿童福利院只好向当地法院提出申请，请求撤销丁明丽的监护人资格。法院受理了案件以后，丹丹的特殊情况引起了法官的注意。法官先到寺庙进行走访，在寺庙里见到了年近耄耋的心悟师父，心悟师父拉住法官的手说："救救丹丹吧，福利院能照顾她，还要给她看病的。心明从寺里自己走了，把她扔在这里不管啦！你们要帮帮丹丹呀！"寺庙里的其他师父也七嘴八舌地向法官讲述着丹丹在寺庙里生活的情况，特别提到了丁明丽离开寺庙以后，再也没回来看望过丹丹。离开了寺庙，法官又到儿童福利院去看望丹丹，并向儿童福利院的工作人员了解了丹丹的情况。丹丹在儿童福利院被照顾得很好，衣着整洁，面色红润，只是说不清楚话，也不太能听懂别人讲话，目光也总是定定地看着一个地方，丹丹的样子很令人心疼。儿童福利院的工作人员告诉法官，丹丹来了一年多，第一年的代养费用是寺庙出的，后面的费用还没有交，其间丹丹的养母丁明丽也没来看望过孩子，并且向法官介绍了丹丹的病情和联系医院的情况。医生说越早治疗对丹丹的病越有好处，但是如果需要手术，一定要有监护人签字，丁明丽作为监护人，因为经济条件不允许，又担心丹丹手术会出意外，她有很多顾虑和很重的心理负担，所以一直不肯配合签字，导致丹丹没有办法进行下一步治疗。经过走访，法官了解了丹丹被寺庙捡拾、被丁明丽收养、再由儿童福利院代养的曲折经过。许多孩子被父母视如珍宝，拥有快乐的童年，丹丹却先被生母抛弃，又被养母弃养，童年生活充满了悲伤和不幸。

开庭这一天，儿童福利院的李院长代表儿童福利院作为申请人出庭，丁明丽也来到了法庭上。法官询问丹丹被寺庙里的师父抱回去、再被丁明丽收养期间丹丹的生活情况，丁明丽的陈述与法官在开庭前走访了解到的情况是一致的，丁明丽还向法庭陈述了她离开寺庙时因为没有能力抚养丹丹，所以没有带走孩子，离开寺庙的原因是与其他师父发生了矛盾，离开后就没有再回去过，也就没有去看望过丹丹。关于丹丹的抚养和监护问题，丁明丽沉默了一会儿，说："我还是喜欢孩子的，但是我也没办法，抚养孩子的时候都是心悟师父答应出钱的，我在寺庙里不赚钱，也没有能力抚养孩子。孩子就放在福利院吧，同意监护权给福利院，户口迁走，我一个人没办法养。但是希望福利院让我去看孩子。"李院长对丁明丽说："看孩子没问题，你想来看随时都可以。我们以后把她送到儿童医院做手术，去治疗的时候会通知你，你可以去看。"

法院经过审理认为：丁明丽已经长期不履行监护职责，既没有照顾丁晓丹的日常生活起居，也没有承担丁晓丹的抚养费用，在丁晓丹由儿童福利院代养时没有去探望，也不能配合医院为丁晓丹治疗疾病。庭审中，丁明丽明确表示其不具备抚养、监护丁晓丹的能力。申请人儿童福利院抚养、照顾了丁晓丹达一年之久，已经实际履行了监护职责，并且愿意担任丁晓丹的监护人，故依法判决撤销丁明丽的监护人资格，并指定儿童福利院作为丁晓丹的监护人。

判决以后，儿童福利院成了丹丹的监护人，继续在儿童福利院生活，由儿童福利院的工作人员照顾她的生活起居，教她自理，也按照她的年龄和智力发育情况为她安排课程，并且及时为她进行治疗，她的病情得到了极大的缓解和控制。

两年后，在春节来临前，法院的叔叔阿姨对丹丹的案件进行回访，到儿童福利院去看望丹丹。法官们看见，丹丹穿着一身粉色的新衣服，牵着老师的手走过来，像小鸟一样欢快地笑着。当法官叔叔阿姨把装着慰问金的信封交给丹丹，对她说"丹丹，这是给你的压岁钱"的时候，丹丹并没有接，而是乖巧地看着老师，得到老师的允许后才接过去，甜甜地笑着说"谢谢"。照顾丹丹的老师告诉法官们，丹丹的智力发育虽然仍比同龄的孩子要迟缓，但已经有了很大的进步，生活基本能够自理，也能够与人简单地交流；最重要的是，在儿童福利院的环境中，她敢开口说话，尝试表达自己的想法，不再是初到儿童福利院时的怯懦和怕生。看到丹丹得到了很好的照顾和治疗，法官们也欣慰地笑了。

普法课堂

《中华人民共和国民法总则》第三十六条第一款规定："监护人有下列情形之一的，人民法院根据有关个人或者组织的申请，撤销其监护人资格，安排必要的临时监护措施，并按照最有利于被监护人的原则依法指定监护人：（一）实施严重损害被监护人身心健康行为的；（二）怠于履行监护职责，或者无法履行监护职责并且拒绝将监护职责部分或者全部委托给他人，导致被监护人处于危困状态的；（三）实施严重侵害被监护人合法权益的其他行为的。

本条规定的有关个人和组织包括：其他依法具有监护资格的人，居民委员会、村民委员会、学校、医疗机构、妇女联合会、残疾人联合会、未成年人保护组织、依法设立的老年人组织、民政部门等。

前款规定的个人和民政部门以外的组织未及时向人民法院申请撤销监护人资格的，民政部门应当向人民法院申请。"

《最高人民法院、最高人民检察院、公安部、民政部关于依法处理监护人侵害未成年人权益行为若干问题的意见》第一条规定：

"本意见所称监护侵害行为，是指父母或者其他监护人（以下简称监护人）性侵害、出卖、遗弃、虐待、暴力伤害未成年人，教唆、利用未成年人实施违法犯罪行为，胁迫、诱骗、利用未成年人乞讨，以及不履行监护职责严重危害未成年人身心健康等行为。"

法官说法

监护既是父母的权利，更是父母应当承担的义务。《中华人民共和国民法典》虽然规定了监护人不履行监护职责或者侵害被监护人合法权益的，应当承担责任，人民法院可以根据有关人员或者有关单位的申请，撤销监护人的资格。但长期以来，实践中，监护人不履行监护义务或者侵害被监护人的合法权益的事情时有发生，但有关人员或者单位向人民法院提出撤销监护人监护资格的申请却很少出现。首先，对"有关人员"和"有关单位"的界定不明确；其次，受传统文化思想影响，人们普遍认为监护这样"管孩子"的事情是私事，不应介入；最后，权益遭到损害的未成年人由于年龄小、认识和能力有限等原因，很难主动提出申请。因此，造成一些处境困难的未成年人得不到国家公权力及时、有效的保护。本着未成年人利益最大化原则，《最高人民法院、最高人民检察院、公安部、民政部关于依法处理监护人侵害未成年人权益行为若干问题的意见》明确了监护侵害行为的具体表现、提起撤销监护人资格申请的主体等实践标准，规定有关个人和民政部门以外的组织未及时向人民法院申请撤销监护人资格的，应当由民政部门履行带有国家义务性质的监护责任，从而完善了监护权撤销制度，体现了国家监护制度对于未成年人监护权益的补充和保障。

　　本案是一起撤销因收养关系形成的监护权案件，并且明确不仅是积极的、主动的行为会构成监护侵害行为，不履行监护职责，导致未成年人身心健康受到侵害的消极不作为行为，也应当认定为监护侵害行为。本案中，丁明丽通过收养丁晓丹成为其监护人，但实际上未履行对丁晓丹的抚养义务，在丁晓丹被送至儿童福利院后，丁明丽未探望过丁晓丹，亦未支付过丁晓丹的相关费用。丁明丽在庭审中也陈述其作为出家人，没有收入来源，不具备抚养丁晓丹的能力。丁晓丹患有脑裂畸形疾病，因丁明丽怠于行使监护职责，无法进行手术医治，已严重影响了丁晓丹的健康成长，故法院认定其不履行监护职责的行为构成对丁晓丹的侵害，应当依法撤销其监护权。

　　丁晓丹当时年仅五岁，又患有脑裂畸形疾病，完全无法主动提出申请，其是一名弃婴，无法查明其亲生父母及近亲属的情况，就无法寻找到她的其他亲属担任监护人，在寺庙将其送至儿童福利院后，儿童福利院实际上承担了监护职责。作为民政部门设立的未成年人救助保护机构，由其作为申请人提出撤销监护权申请符合法律规定，同时，也是未成年人监护权公益诉讼的应有趋势。丁晓丹亲生父母不详，儿童福利院作为民政部门设立的未成年人救助保护机构，符合担任监护人的资格，同时也对丁晓丹进行了抚养、照顾，实际承担了监护职责，指定其作为丁晓丹的监护人，符合未成年人利益最大化原则和本案的实际情况。

　　俗话说"可怜天下父母心"，大多数孩子都是父母的掌中宝、心头肉，但是，也有一些为人父母者，不能尽到做父母的责任，甚至会实施遗弃、虐待、暴力伤害自己的子女等严重危害未成年人身心健康的行为。当父母的羽翼不能呵护孩子，反而给孩子带来暴风雨般的伤害时，谁能够保护他们呢——国家和社会。未成年人是民族进步、国家发展的未来和希望，关爱和保护未成年人，既是社会文明进步的重要标志，也是中华民族五千年生生不息得以传承的重要基础。所以，当未成年人的权益受到侵害时，国家作为儿童利益的最高保护者和最后防线，通过一定的组织机构对未成年人提供保护，加强国家公权干预，建立起符合我国国情的未成年人国家监护制度，对于保护未成年人权益有着极为重要的意义。

辅导机构教师性侵儿童值得警惕

◎ 张艳飞

一、受害的学生

"不要、不要……"李小然又做噩梦了，王妈妈把李小然从梦中叫醒。

"妈妈，我今天还要上画画课吗？"李小然揉了揉眼睛，脸上充满了不安地向妈妈问道。

"怎么不要？每个周日下午3点都要上林老师的画画课啊，上了这么久，怎么还不记得，还要问？"王妈妈立即不高兴起来。

"我不想去上了。"李小然嘟着小嘴说道。

"你这孩子，怎么做什么事情都是三天打鱼两天晒网啊。说喜欢画画，给你报了培训班，花了妈妈多少钱呀，这才上了几节课就不想上了？钱都交了，我找谁退去？再说了，林老师教画画非常有名气，学好了将来上初中考试可以加分，你怎么就这么不争气，学习学习成绩不行，画画没坚持两天又不想上了，你看隔壁嫣然姐姐成绩每次都是班里第一，钢琴画画样样都好，你怎么不向她学习学习？"王妈妈越说越生气。

妈妈啰嗦的话李小然已经听不进去了，李小然想到了林老师那张笑脸，总有种说不出的意味。林老师平时待人非常和蔼，脸上常挂着笑容。李小然特别爱吃巧克力，但王妈妈不常给李小然买。在李小然生日那天，林老师私下特意送了李小然一盒看上去特别精美的贝壳巧克力，每一块形状都不一样，非常漂亮，李小然非常开心，激动地在林老师脸上吻了一下。但在此之后，林老师的一些动作让李小然心里惴惴不安起来。

二、案发

"听说天使培训馆的老师因为猥亵学生被抓了！"

"做老师的干出这种事情，真缺德！"

"真看不出来，长得一表人才，还教书法和画画，竟然干出这种事情，真是衣冠禽兽……"

王妈妈在工厂工作的间歇瞄了眼手机，突然看到画画班的群里发了惊天新闻，立马继续看下去。

"就是林老师，天使培训馆就是他和他老婆开的，他老婆教舞蹈，他教画画和书法。"王妈妈看完立马焦虑起来，联想到前几天女儿的表现，王妈妈恨不得立马请假去女儿学校问个清楚。此时，王妈妈接到了一个电话，电话那头说："我是常州市天宁区公安局的李警官。天使培训馆的林老师因为涉嫌猥亵儿童罪被批准逮捕，请问你是不是李小然的妈妈，李小然是不是报了林老师的画画辅导班，你们是否有类似情况需要向公安机关反映？"王妈妈听着电话，头都要炸了。

好不容易捱到了下班，王妈妈去托班接女儿，想着在托班不方便问，电动车骑回家，一进家门，关上门王妈妈就立即问起来：

花落花开 常州法院保护未成年人案例精选

"小然，教你画画的林老师有没有欺负你？"

"什么意思？"

"就是有没有那方面，摸你，不该摸的地方。"

李小然的脸立马红了起来。

"你这孩子，倒是说话呀，林老师有没有欺负你啊？"

王妈妈看着女儿这个情形，立马把李小然拉到怀里，说道："老师欺负你，你怎么不说，都学傻了啊，姓林的怎么欺负你的，动你哪里了？快告诉妈妈。"

李小然把几次不愉快的经历跟妈妈一五一十地说了，王妈妈拨通了李警官的电话。

三、庭审狡辩

被告人林某某在公安机关对其采用抚摸乳房、阴部、臀部等手段多次对多名被害儿童实施猥亵的事实供认不讳，检察院指控被告人林某某在教室当众猥亵李某某等5名未满14岁儿童并移交起诉至天宁区人民法院。但庭审中，被告人林某某拒不认罪，并且辩称检察院指控的实施猥亵行为的场合虽在培训机构内，但处于放学后，而非在课堂上当众公然进行，即使构成猥亵犯罪也不属于聚众或在公众场所当众犯罪。

四、法网恢恢，疏而不漏

常州市天宁区人民法院经审理认为：被告人林某某虽然在法庭上矢口否认实施猥亵行为，但其辩解的各种理由牵强，不符合常理，无法正常解释林某某对数名被害儿童隐私部位的不正常接触。被告人林某某多次对被害人李某某、汪某、刘某某等实施猥亵的事实，有其在公安机关所作供述予以佐证，并有被害人李某某、汪某、刘某某等所作陈述予以印证。且猥亵行为多次发生在教室，其他同学亦在场，故被告人林某某的行为构成在公共场所当众猥亵儿童，公诉机关的指控成立，其行为已构成猥亵儿童罪，依法应处五年以上有期徒刑，应从重处罚。被告人林某某虽未采取强制或诱惑、威胁等手段，亦未与女学生有肌肤接触，但因儿童的生理和心理发育尚未成熟，受到国家的特殊保护，我国法律并不要求行为人实施暴力、胁迫或者其他方法，不论儿童是否同意，也不论儿童是否进行反抗，只要对儿童实施了猥亵行为，即构成猥亵儿童罪，被告人林某某猥亵儿童的行为，必然会摧残儿童的身心健康，影响儿童的正常发育和健康成长。依照《中华人民共和国刑法》第二百三十七条第一款、第二款、第三款之规定，判决被告人林某某犯猥亵儿童罪，依法判处有期徒刑六年。

判决后，林某某未提出上诉。

五、普法课堂

根据《中华人民共和国刑法》第二百三十七条的规定，猥亵妇女的处以五年以下有期徒刑或者拘役；聚众或者在公共场所当众犯前款罪的，处五年以上有期徒刑；猥亵儿童的，处五年以下有期徒刑；有下列情形之一的，处五年以上有期徒刑：（1）猥亵儿童多人或者多次的；（2）聚众猥亵儿童的，或者在公共场所当众猥亵儿童，情节恶劣的；（3）造成儿童伤害或者其他严重后果的；（4）猥亵手段恶劣或者有其他恶劣情节的。

六、法官说法

　　猥亵儿童在客观方面表现为以性刺激或满足性欲为目的，用性交以外的方法对儿童实施的淫秽行为。行为人如出于玩笑或者其他善良动机实施抚摸、搂抱、亲吻等较为普遍的行为，其本身不具有违法性而无法律介入的必要。本罪侵犯的客体是儿童的人格、名誉和身心健康。犯罪对象是儿童，包括男童和女童。儿童，是指不满 14 周岁的人，其生理和心理发育不成熟，受到国家的特殊保护。猥亵不满 14 周岁的儿童必然会摧残其身心健康，影响儿童的正常发育和健康成长。未满 14 周岁的儿童，法律规定只要对儿童实施了猥亵行为，即构成猥亵儿童罪，不要求行为人实施暴力、胁迫或者其他方法，也不论儿童是否同意，儿童是否进行反抗，体现了法律对儿童的特殊保护。目前猥亵儿童罪是比照猥亵妇女罪进行从重处罚，而罪重罪轻的关键在于"聚众"或者"公众场所"的认定。本案林某某在培训教室，在其他同学在场的情况下公然实施猥亵行为，培训机构的教室符合公共场所的界定，构成在公共场所实施猥亵行为，依法应判处 5 年以上有期徒刑。

　　本案恶劣的地方表现为教师性侵儿童。教师是人类文化科学知识的继承者和传播者，又是学生智力的开发者和个性的塑造者，被人们称作"人类灵魂的工程师"，又被当作孩子的第二任父母。一旦教师师德沦丧，对儿童的身心影响深远。同时，性侵行为一般发生在教室等公共场所，不仅受侵害的儿童受到伤害，旁观的学生身心亦遭受伤害。但根据统计数据，教师，包括培训机构的教师性侵儿童的案件已经成为熟人性侵案件中最常见的类型。对于教师性侵未满 14 周岁的儿童，司法机关保持零容忍态度。为打击教师性侵犯罪，保护未成年人合法权益，一方面，公、检、法机关加强对未成年人性侵犯罪的打击力度，发现一起、查处一起，依法从重处罚，绝不姑息。通过树立和宣传典型案例，震慑违法犯罪分子，重树师德师风。另一方面，我国立法也在加大对性侵儿童犯罪的惩处力度。2020 年公布的《刑法修正案（十一）》对《刑法》第二百三十七条第三款猥亵儿童罪作了修改完善，对猥亵儿童的"恶劣情节"作了列举式规定，进一步细化猥亵儿童罪从重处罚的规定，从而加大了对猥亵儿童行为的惩处力度。

同时，作为未成年人的父母，应及早对孩子进行性教育。中国传统教育羞于谈性，但这只会让孩子对性产生一个模糊的概念，没有自我防范和保护意识，容易给坏人留下机会。就像网上流传很广的一句话："你嫌性教育太早，强奸犯不会嫌你的孩子太小。"父母应该是孩子性教育的启蒙老师，教会他们最基本的自我保护，告诉孩子说被小背心和小短裤遮挡的地方，不许他人碰触。一旦有人看你的隐私部位，或者让你看他的隐私部位，或者有人和你谈论你的隐私部位，或者有人想触摸你的隐私部位，或者要你触摸他的隐私部位，都要学会拒绝，并尽快告诉爸爸妈妈。本案中，因为性教育的缺失，以及家长和孩子缺乏有效沟通，有些儿童没有在受到伤害的第一时间告诉父母，导致持续受到性侵害，做家长的应引以为戒。当下父母为了子女投入巨大的财力和精力报各种辅导班，但辅导老师的素质良莠不齐，家长不应放松警惕，除了关注孩子成绩外，更应当关注孩子在辅导机构的行为，关注孩子的身心健康，经常和孩子沟通交流，防微杜渐。

回家的星星
——变更抚养关系纠纷中抚养权归属认定

◎ 张为可

李星星略带忐忑地坐在法庭门外，旁边是和他一样心神不宁的妈妈。这还是他记事以来第一次来到这个叫作法院的地方。他低下头，不自觉地握紧拳头，在心里默念着："李星星，你已经10岁了，是个男子汉了，你可以选择自己的生活！"

事实上，这已经不是星星第一次面临抉择。5年前，爸爸和妈妈协议离婚，他也是协议的一部分，却没人征求他的意见。爸爸和妈妈早就分开房间住了，星星和妈妈住一起，爸爸经常喝酒，很晚回家，还会动手打他。然而，还在上幼儿园的他并不知道，他的抚养权已经给了爸爸。妈妈走的那天，爸爸把他送到幼儿园，放学的时候，爷爷奶奶来接他，他们告诉星星爸爸妈妈出差了。从这以后，星星就和爷爷奶奶一起住了。

星星的爸爸比妈妈大了十几岁，星星在幼儿园的时候，爸爸已经快50岁了。爷爷奶奶的年纪更大，但星星还是愿意跟爷爷奶奶住在一起，他也不太常见到爸爸，爸爸住在另外的房子里。爷爷奶奶照顾着星星，说星星是他们唯一的孙子，但是星星想不明白的是，他也是爸爸唯一的孩子，为什么爸爸要打他呢？

　　星星还是想妈妈，妈妈回山东了，那里是妈妈长大的地方。妈妈也舍不得星星，她每个月都会从山东过来看星星，给他买玩具、买衣服。星星上小学了。日子一天天过去，直到有一天爷爷奶奶说，爸爸被判刑，要坐牢了。小学二年级的星星还不是太明白"敲诈勒索"是什么意思，只知道爸爸就是因为这个坐牢的，要坐三年呢。三年有多长，星星也不清楚，他也没经历过几个三年。大人们告诉星星，坏人做了坏事，会被抓去坐牢，那爸爸是坏人吗？坏人的小孩是坏人吗？

　　那年的暑假，妈妈就把星星接走了。星星在山东有了一个新的家，家里有新爸爸、妈妈和小弟弟，星星管新爸爸叫老爸。老爸对星星很好，星星犯错误的时候，老爸不骂他，也不打他，而是跟他讲道理；有一次，老爸生气了把星星的玩具摔了，然后又偷偷地买了一个新的。妈妈告诉星星，她跟常州的法官说好了，爸爸在监狱里的时候，星星可以跟着妈妈。"那以后呢？"星星问妈妈。"以后再说吧，你放心。"妈妈答道。

　　从这以后，星星就在山东安家了。除了老爸妈妈和弟弟，家族里还有好多亲人，星星喜欢和表弟、表妹一起玩，在学校里也慢慢有了新朋友。

　　星星上四年级的时候，爸爸出狱了。暑假的时候，外公带着星星去常州看爷爷、奶奶和爸爸。星星依然是和爷爷奶奶住在一起，爸爸隔几天来看星星一次，吃了饭就走，也和星星说过话，但是星星不太记得说了什么。一个月后，外公把星星接回了山东。

　　妈妈把爸爸给告了。妈妈说，她要把星星留在身边，一直照

顾他。妈妈还说,你要告诉常州的法官你想跟谁生活在一起,你是大孩子了,可以有自己的选择。星星想了想,在作业纸上写:

"叔叔阿姨你们好,我叫李星星,今年 10 岁了,在山东读小学四年级。我知道最近妈妈和爸爸在争取我的抚养权,我想说,我现在生活得特别好,我的家里有弟弟、妈妈和老爸(养父),我们一家人在一起很开心。学校里有我的好朋友,我也不想和他们分开。我不想离开山东,更不想离开我的妈妈,请你们让我留在妈妈身边吧!谢谢你们!"

星星怕把两个爸爸搞混了,还特意备注了"养父",他还不知道,其实养父是他的继父。

星星在四年级写的书面声明早就交到法院了,可到他五年级的时候,爸爸和妈妈的官司还没结束。妈妈说,爸爸不愿意调解。年底的时候,法官让星星和妈妈一起到常州来,要开最后一次庭了。

"李星星,进来一下,家长在外面等一会儿,我们要跟小朋友谈一下话。"李星星抬起头,一个面带微笑、身穿制服的阿姨在跟他说话。这应该就是法官吧,李星星想。坐在圆桌边,法官阿姨跟星星一边聊天,一边问问题,还有一个年轻的姐姐坐在旁边的电脑前面不停地打字。法官阿姨问了好多问题,"和谁生活在一起?""这张纸上的内容是你自己写的吗?""现在成绩怎么样?""爸爸对你怎么样?"问得很详细。星星都一五一十地跟她讲了。

星星从法庭里出来,他的眼睛对上了妈妈焦急询问的眼神,他没说话,冲着妈妈咧嘴微微一笑,那笑容的意思是,放心吧,妈妈。

星星在外面等得不耐烦的时候，庭审结束了。法官当庭宣判，李星星由妈妈直接抚养，随妈妈共同生活，爸爸可以每月探望星星两次。

一切都结束了，星星可以跟妈妈回山东一直生活下去了。愿所有在外漂泊不定的星星们都能找到安定的家。

星星爸爸于判决后上诉，经常州市中级人民法院调解后撤诉，一审判决已生效。

案例评析

常州广播电视台副台长　许建俊

一起未成年抚养关系变更的案例，原本话题沉重，却因为讲述人以孩子视角和口吻讲述而悬念迭出——本文叙事清晰，语言简洁，符合身份的小说笔调，更让案例生动耐读。

14 岁的大儿子想和父亲一起生活

◎ 龚伟康

一、"讲好"的离婚

2020 年 4 月 9 日，清明刚过，一对夫妻匆匆来到法庭就离婚纠纷进行诉前调解。

"金来，我们早就没感情了，我这次回来就是为了离婚，等会儿法官来了你好好配合，离婚对大家都好。"女方倨傲地对男方说着。男人低着头，枯坐在椅子上一言不发。

"我是负责你们案件的调解员，这是梅法官。你们这个离婚的事情能调解吗？"

"能！能！调解员你好，他来之前答应我离婚的。"

"调解方案有没有商量好？有没有共同财产、共同债务要分配？"

"没有没有。我们分居五年了，一直各过各的。"

"男方说说吧。"

男人摇摇头，表示没有。

"有没有未成年子女要抚养？"

"有两个儿子。"

"两个儿子？你诉状里怎么没写孩子的事情？抚养的事怎么解

决？解决不好不能随随便便离婚的你知道吗？"

"我不知道啊，我只想把婚离掉就好了。"

女人于是急忙跟男人商量："我一个女人在杭州打工，儿子跟着我日子不好过，都你抚养吧。"

这时男人低垂的眼睛抬了起来，愤怒着盯着女人："你日子不好过，难道我的日子就好过？你离家出走五年，有回来看过儿子一次吗？不都是我又当爹又当妈把老大带大的，老二在老家，不都是我每个月往家里打钱，我就这么点工资，你离了婚倒是潇洒，你考虑过儿子吗？"

"我离家出走不都是你逼的，你那些年哪天不在外面喝酒，家里都是我照顾，就这样你妈说过我一句好吗？"女人回道。

二、消失的五年

经验丰富的承办法官适时制止了双方的争执，将夫妻俩分开，安置在不同的调解室分别做工作。承办法官询问了双方对于离婚的想法、有无和好可能。这对河南来常多年的夫妻本已在郑陆镇定居，但五年前女方放下在郑陆务工的丈夫和正在郑陆读小学的大儿子，只身去了浙江杭州打工，五年来不闻不问，小家的温馨也随着她的离去而渐行渐远。对于这段婚姻，已经习惯了各自分居的男女双方都不愿再复合。调解员最终明确双方的争议焦点就在于两个儿子的抚养问题。大儿子已经十四岁了，在读初三，来到常州八年的他已经与常州有着难以斩断的感情，除了含辛茹苦的父亲，这里还有他的学校、老师、同学和长久以来形成的习惯、兴趣、友谊。小儿子才八岁，由爷爷奶奶养在河南老家，是一名

花落花开｜常州法院保护未成年人案例精选

更缺少父母疼爱的留守儿童。离婚既已达成共识，这两兄弟也将不可避免地成为单亲家庭的孩子。虽然此时此刻，父亲和母亲仍是夫妻，家的名义仍在，那一份安心，还未被打破。兄弟俩将来是否能在一个屋檐下相互扶持，接续手足之情，还在双方的磋商之中。

三、艰难的抉择

不一会儿，女方首先给出了方案：一人抚养一个，大儿子由女方抚养，小儿子由男方抚养。双方互不支付抚养费，两相便利。母亲坦言，自己在杭州打工，每个月虽说有六千多块工资，但生活压力并不小，而且居无定所，带长子在身边抚养到他成人自立，已经非常捉襟见肘了。父亲犹豫了，虽然按照这个方案，他的经济负担会小一些，但大儿子就要被迫中止在常州的学业，去杭州另外找学校就读。在新的城市，即便是和睦的双亲家庭，外来工子女的入学和就业都成问题，更何况是父母离异的孩子呢。由于分属不同的省份，大儿子的课程设置、内容和知识结构都存在显著差异，对于一个不久即将中考的孩子来说，这样的变化可谓天壤之别。除却学校及课业上的差别，陌生的学习和生活环境对孩子的身心也将带来巨大的压力和挑战。更何况这个孩子正处于青春期，身心都处于急速发展的状态，此时若缺少父爱，孩子可能焦虑、懦弱、不坚强甚至自暴自弃。想到这些年打拼虽然清贫，但一直陪在身边的长子突然要离开自己辗转他乡，心理上还要承受舞勺之年不该承受的疏离与冷漠，父亲的眼眶控制不住地有点湿润。他想起长子就在法庭门口等候，他想把这个两难的抉择告诉儿子。

四、选择的权利

承办法官跟着父亲来到门口，见到了这个已经初现男子汉气质的少年。父亲把女方的方案告诉儿子，不舍地对儿子说："诚诚，以后你跟你妈生活吧。"儿子沉默了几秒，抬头望向承办法官："我已经十四岁了，我不是有自主选择权吗？"承办法官没有想到，原本以为只会默默接受父母安排的儿子竟早已在心底有了打算。承办法官问少年："你不想跟着你母亲生活吗？"少年沉郁的眼神变得坚定："我好久没见过我妈了，感觉有点陌生，我还是想跟爸爸一起生活。"听到儿子坚定的选择，想了想自己差点作出的决定，父亲再次红了眼眶。难题又回到了他这里。听到这个消息，调解员也犯了难，一边是十四岁的儿子有理有据地为自己争取监护人和抚养人，一边是外来务工的父亲将面临同时抚养两个儿子的艰辛。显然，随爸爸生活才是这个孩子的真实想法。在仔细考虑了孩子的性别和年龄因素、孩子的意愿、父母的监护能力、子女受养育环境的适应性等等因素后，最终，调解员和承办法官一致认为，与一时艰难的生活处境相比，为孩子营造适合他健康成长、学习生活的环境更现实，更能够让孩子的利益最大化地实现。

五、最终的方案

于是调解员开始做父亲的思想工作，既然儿子已经做出了自己的选择，甚至可以说向父亲发出了哀求，他在为自己今后的生活争取最大化的受尊重的权利、受教育的权利、受保护的权利！无论是法理还是情理上父亲都应该尊重儿子的意愿。就孩子的抚养费问题,《最高人民法院关于人民法院审理离婚案件处理子女抚养问题的若干具体意见》第七条规定:"子女抚育费的数额,可根据子女的实际需要、父母双方的负担能力和当地的实际生活水平确定。有固定收入的,抚育费一般可按其月总收入的百分之二十至三十的比例给付。负担两个以上子女抚育费的,比例可适当提高,但一般不得超过月总收入的百分之五十。"孩子的母亲也就此作出承诺,她将拿出工资的一半作为两个孩子的抚养费,每月支付给孩子的父亲,作为对他抚养孩子的补偿。父亲明白儿子的意愿之后,渐渐也从低落的情绪转向清醒,不再为自己寻找退路,在把儿子留在身边的同时争取合理的抚养费。不久,双方便在调解员的指导下拟好了调解方案。承办法官随后制作了调解书送达给双方,其中明确:两个孩子由双方共同抚养,随被告生活,原告于每月 25 日前支付 3000 元至两个孩子独立生活为止。父亲拿到调解书带着长子离开法庭的那一刻,父亲的脚步轻松了许多、笃定了许多。

六、最佳利益原则:郑陆法庭的关工方案

这个案例只是天宁法院众多离婚纠纷诉前调解案件中的一例。从比例上看,郑陆法庭离婚纠纷在全年受案数量中常年占据较大比重,而另一方面,外来务工人员离婚纠纷又在全部离婚纠纷中占据相当比重,这首先由于郑陆镇民营经济发达,工业企业较多,用工需求大,因此外来人口众多;其次郑陆镇外来人口流动性较强,人口再次迁徙导致的夫妻分居情况较多,成为婚姻的不稳定因素;最后外来务工人员素质有待提高,一些人员易沾染恶习,

家庭观念淡漠，对配偶缺乏尊重和忠诚，对子女缺乏关心等，极易损害夫妻感情，导致产生离婚纠纷。

离婚纠纷中调和夫妻间的矛盾关系着家庭的和睦及社会的稳定，而在离婚纠纷的处理过程中，未成年子女权利的保护一直是其中的焦点，但作为弱势第三人，他们的权利往往不被成人的纷争所重视，而成为家事矛盾激化的最大牺牲者。在一些极端案例中，缺乏亲人疼爱和管教的外来务工人员子女生活环境着实令人担忧，单亲家庭的缺陷很容易导致在这种环境中成长的子女性格残缺、学业难以为继。郑陆法庭在调处家庭矛盾纠纷、进行居中裁判、维护社会稳定的过程中，对未成年人权利予以特别重视，以最佳利益原则作为处理离婚纠纷时子女抚养和监护问题的指导原则，并从以下三方面入手，在实践中关注未成年人的健康发展，注重维护好他们的人身财产权利：

一是加人诉前调解，减少矛盾激化，让家事案件双方当事人理性对待未成年人的健康成长。诉前调解是修复家庭关系，减少矛盾冲突的稳定剂，有利于矛盾纠纷从源头得以化解。法庭通过完善多元解纷协作机制，加强各部门共同努力，引导矛盾双方互谅互让，消除敌视情绪，将家事矛盾消灭在萌芽之中，防止矛盾激化，保障双方当事人及未成年人的利益，维护社会稳定。

二是保障未成年人的参与权，准确倾听他们的真实意愿。父母的离异和生活环境的改变，往往会严重影响未成年人的健康成长，尤其是处于叛逆期和可塑性极强阶段的未成年人，父母的每一个选择都可能会对他们一生的成长产生决定性的作用。在处理婚姻家事案件中，办案法官每每俯下身子，耐心细致地倾听未成年子女的想法，尊重他们独立陈述事实和发表意见的权利，认真了解他们的真实意愿，最大限度保障他们的合法权利。

三是建立妥善处理未成年子女抚养问题，不得判决双方离婚的衡平机制。未成年人心智尚未发展健全，在生活、情感等诸多方面需要父母的教育引导和认真呵护，要鼓励当事人双方勇于承担家庭责任和社会义务，在双方因婚姻危机无法继续共同生活时，要基于未成年子女利益最大化原则，对未考虑周全孩子的抚养问题，或双方都逃避抚养责任的离婚案件应强化法律规制，有条件地限制离婚自由，判决双方暂时不准离婚，通过法律规则强制其认真思考未成年孩子的健康成长问题。

家和万事兴。几千年流传下来的儒家文化，使家庭成为国人情感依托的屏障，每个中国人都有着浓厚的家国情怀，家事纠纷也因此而成为对各方影响深远的社会矛盾。在法庭司法实践中，坚持做好家事矛盾化解及矛盾处理过程中弱势群体利益的保障，为他们创造健康成长必备的物质生活条件，同时及时疏导情绪、倾听意愿，保障其身心健康发展意义重大、影响深远。

后记

2020 年 5 月 12 日，《常州日报》社会版报道了本次调解的离婚案件，题目为:《14 岁的大儿子也想和父亲一起生活》。热心市民吴女士在《常州日报》上看见该篇报道后，给郑陆法庭打来电话，作为有一个与报道中大儿子同龄的孩子母亲，她表示深深地为报道中孝顺懂事的大儿子所触动，并希望能从物质上给这个孩子一点帮助，愿意向他捐款一万元。经联系，孩子的父亲代为接受这笔爱心捐款。5月27日下午，吴女士来到郑陆法庭将善款交到承办法官手中。吴女士寄语孩子，希望他一如既往地孝顺父亲，懂事明理，用功学习，快乐成长，保持一颗赤子之心，感受到周围人对他的关爱。承办法官将该笔捐款转交给受赠人，并转达了吴女士的寄语。孩子的父亲表示感谢爱心人士，感谢法庭。他说，无论生活多么艰难，他会好好地陪伴儿子，将儿子培养成才。

案例评析

常州关工委副主任　朱力工

　　文章叙述调解一桩离婚案件，保护了未成年人的利益。文章的可贵之处是提出了"以最佳利益原则作为处理离婚纠纷时子女抚养和监护问题时指导原则"。从三方面入手：一是加大诉前调节，减少矛盾激化，让家事案件双方当事人理性对待未成年人的健康成长。二是保障未成年人的参与权，准确倾听他们的真实意愿。三是建立未妥善处理未成年人子女抚养问题，不得判决双方离婚的衡平机制。这些指导原则在法庭司法实践中，对做好家事矛盾化解和矛盾处理过程中保障弱势群体利益，是非常有用的。

"零口供"定罪，
让"黑暗里的手"无处遁形

◎ 朱　慧

十岁，是一个孩子成长的界碑。这一年，他们告别了懵懂，走向成熟；他们开始播种自己的梦想，也有了属于自己的秘密和烦恼。可是，有这样一个十岁的孩子，本是活泼开朗的她，为何突然沉默不语，她是否遭遇了什么不幸？她的身上究竟有着怎样的故事？让我们一起看看常州市天宁区人民法院少年及家事审判庭的法官如何手持正义之剑，斩断伸向未成年人的"罪恶之手"，保护未成年人的合法权益，给未成年人营造自由、健康的成长环境。

一次哭闹，十岁女童遭遇猥亵浮出水面

四月的常州，微风徐徐。大地早早褪去了银装素裹，换上了五颜六色的新装。周日的下午，是小区里最热闹的时候。三五孩童聚在一起，或谈论着学校里的开心事，或在树下踢着球。他们开怀地笑着，尽情地奔跑嬉闹。走在路上，还能听到楼上的住户喊着孩子早点回家写作业。李潇潇换好了衣服，看到女儿亭亭还穿着睡衣，杵在客厅，一脸的心不在焉。

"亭亭，你不是最喜欢去干爹家里的吗？再去晚了，干爹可就不喜欢你喽。""这孩子平常去干爹家，不是最积极嘛，还催着我们赶紧出门。今天怎么这么磨叽？"李潇潇虽然心有疑惑，却仍轻笑着对亭亭讲。

"我不要去，不要他喜欢，不要，不要……"亭亭突然表情狰狞，大吼大叫了起来。

"你这孩子，今天怎么回事？"李潇潇看了看表，离约定的时间还有一个小时。她想了想，走到亭亭身边。

"和妈妈讲讲怎么了？是你上课不积极，被干爹批评了？还是作业不会做呀？"李潇潇蹲下身，关切地看着亭亭。

"他不许说，我不能说。"被妈妈这么温柔地看着，本就在亭亭眼眶里含着的眼泪像断了线一般，一颗一颗地往下掉。

"谁不许说？是干爹吗？到底怎么了？"李潇潇隐隐觉得事情有点严重，一脸焦急且严肃地看着亭亭。

回想着前几天缠绕着自己的噩梦，亭亭终于忍不住扑到妈妈怀里大哭了起来。她死命地抓住李潇潇的衣服，指甲深深地嵌入掌心。亭亭感觉不到疼，只是本能地觉得如果松开了，她就会坠入万丈深渊。"妈妈，干爹……干爹欺负我。"亭亭慢慢地开口。

"干爹他摸我，我害怕。"李潇潇听到女儿的话，脑袋"嗡"地一下炸开，她支撑不住跌坐在沙发上。李潇潇知道，女儿被猥亵了。

李潇潇不住地颤抖，认识十多年的蒋一竟然是只披着人皮的狼。"绝不能放过这个人渣。"李潇潇拿起手机，拨打了"110"。

多方核查，承办法官查明真相维护正义

本案由常州市天宁区人民法院少年及家事审判庭的庭长韩志伟承办。韩庭长拿到卷宗后，第一时间阅看了卷宗全部内容，全面梳理了证据材料，并发现了被告人的供述前后不一，反复翻供；案件没有犯罪行为的监控录像，没有目击犯罪行为的证人，也没有医学上的损害后果，所有的证据，都是各方的陈述。短短几天，被告人的供述发生了翻天覆地的变化，从有罪供述到无罪辩护，他的供述真实吗？公安机关的侦查合法吗？这样的疑问久久悬在韩庭长心头。为了充分保障被告人的合法权益，也为了庭审活动的有序开展，韩庭长当即决定组织公诉人和被告人召开庭前会议，就案件的管辖、回避、审理方式、证据展示和质证，听取公诉人和被告人的意见。2020 年 8 月 26 日，在常州市天宁区人民法院第七法庭，庭前会议准时召开。

在公诉人——展示了支持公诉的证据材料后，韩庭长问："对上述证据，被告人有无异议？"

蒋一听见自己可以回答了，赶紧把自己想出来的说辞搬出来："有。我在公安机关录制的口供都是在我失去自由、极度困乏、口渴饥饿的情况下产生的。警察一直威逼诱导我，他们不给我水喝，也没有饭吃，他们还在审讯室里抽烟，我头昏脑涨，才承认的。我不可能犯罪，我的签字都是被逼的。而且亭亭也在说谎，我是她的干爹，平常她就爱坐我腿上，她哭实际是她爸爸打她，她不敢讲实话。"同时，蒋一的辩护人当庭提出非法证据排除，要求排除蒋一在公安机关作出的三次有罪供述。

韩庭长知道，蒋一是准备否认到底了。如果亭亭真的遭到了蒋一的猥亵，单凭蒋一的无罪供述而让他逃脱法律的制裁，不仅对幼小的亭亭产生伤害，也让法律的震慑和指引作用发挥不出效果。法官必须担负起时代赋予的职责和使命，坚持未成年人利益最大化原则，排除合理怀疑，严厉打击侵害未成年人犯罪。

　　"绝不冤枉一个好人，决不放过一个坏人。"保护未成年人，法官决不退缩。韩庭长根据案件实际情况，制定了办案方案。针对蒋一及其辩护人提出的公安机关威逼利诱从而应当按照非法证据排除，韩庭长查阅了公安机关的办案录像，他细致认真地核查了每一份录像，意图查明是否存在刑讯逼供。录像中并未看出公安机关存在刑讯逼供，反而让韩庭长发现了蒋一的供述与录像的差别。录像中，可以看到公安民警在进行讯问前倒好了水放在蒋一手边，并提示蒋一可以喝，蒋一却充耳不闻。录像上显示的审讯时间也与蒋一的供述不一致。韩庭长的心里有了底。当前，能认定被告人有罪的证据就是受害人亭亭的陈述。这份证据能否成为本案定罪的主要证据，则需查明证据的真实性、合理性，结合亭亭与蒋一日常的相处关系、蒋一的行为等综合考量。还要围绕蒋一辩称亭亭在事发后两个星期才报案与常理不符展开调查。韩庭长首先走访了亭亭的班主任王老师。那时正是课间，别的孩子都在愉快地玩耍，亭亭却一人趴在教室里，闷闷不乐。王老师讲："亭亭是一个品学兼优的孩子，还活泼爱笑。但是从三月下旬开始，我能感觉到她性格有了变化，上课有时也走神。我还私下里问过她，她什么都没有讲。我也去过亭亭家里家访，也没有听说她和家里闹了矛盾。"在韩庭长问到亭亭平常是否诚实时，王老师坚定地回答："诚实。"韩庭长又将亭亭喊出了教室，语重心长地对她讲："亭亭，法官叔叔听说你是个很棒的孩子。这件事只是你人生中的一个小插曲，它帮助你成长，让你学会如何保护自己。当然，法官叔叔也会保护你。"结束了与亭亭的谈话，韩庭长又走访了蒋一涉嫌犯罪时与其妻子一起打麻将的赵乐一家，三人再次陈述了他们去蒋一家打麻将的时间和情形，也表述了亭亭一家与蒋一关系很好，从没闹过别扭，亭亭也很乖巧，很喜欢蒋一。对蒋一犯罪当日的情景表述与他们在公安机关所作陈述一致，也与亭亭的父母在公安机关的陈述一致。韩庭长最后核对了亭亭的陈述和蒋一的供述，最终确认表述一致。

四个月后，本案开庭审理。庭审中，蒋一依然否认自己有罪。审理后，法院判决：被告人蒋一犯猥亵儿童罪，依法判处了刑罚。蒋一不服，提起上诉。最终，该判决被维持。

几天后，韩庭长将亭亭一家请到了法院，当场告知了他们蒋一最终的判决结果。听到侵犯自己的罪犯被法院严惩，亭亭终于露出了笑容，"法官叔叔，谢谢您。"韩庭长也欣慰地笑了。

法官说法

据最高人民检察院发布的《未成年人检察工作白皮书（2014-2019）》，自2019年，猥亵儿童罪已跃然成为侵害未成年人的六大犯罪之一，是未成年人成长道路上的痛点问题。让未成年人在法治的庇护下茁壮成长是人民法院维护社会公平正义、弘扬社会主义核心价值观的不懈追求。猥亵儿童必然会严重侵害未成年人的身心健康，因此如何维护未成年人合法权益、爱护未成年人身心健康、打击侵害未成年人犯罪是法院少年审判工作的重点问题。实践中，猥亵儿童罪的认定存在一定的困难。首先，被告人实施猥亵儿童的手段多样。猥亵儿童犯罪往往发生于被告人与被害人的直接接触，现在，已发展为通过信息网络的犯罪，如要求未成年人发送裸体照片并观看，即使是非直接接触，也可能被认定为猥亵儿童罪。二是猥亵儿童犯罪证据少，零口供现象多。猥亵儿童犯罪往往缺少目击证人，且被害人不敢当场报案，没有直接的客观证据加以证明，主要依赖被害人的陈述和被告人的供述。若被告人拒不认罪，将会给案件审理带来难题。要做到既维护未成年人合法权益，又保障被告人的合法权利，需要人民法院做出更多的努力，承担更多的责任。

本案是一起典型的"零口供"认定被告人犯罪的案件。《中华人民共和国刑事诉讼法》第五十五条第一款规定，对一切案件的判处都要重证据，重调查研究，不轻信口供。只有被告人供述，没有其他证据的，不能认定被告人有罪和处以刑罚；没有被告人供述，证据确实、充分的，可以认定被告人有罪和处以刑罚。针对"零口供"认定犯罪事实，人民法院要本着审慎、充分的原则，在其他证据能够形成完整证据链的情形下，依法认定被告人的犯罪事实。本案中，亭亭随父母两次至蒋一家中玩耍，亭亭的父母、蒋一妻子和朋友都在房间打麻将，客厅只有亭亭和蒋一，蒋一有充足的时间和空间对亭亭实施加害行为。亭亭是一名十岁的儿童，她的身心发育尚未成熟，辨别和反抗能力也不强，在蒋一实施犯罪行为时，不敢反抗，对蒋一说"不"；在蒋一实施犯罪行为后，羞于向父母告知。等到再次要去蒋一家里，亭亭害怕蒋一又对她做出加害行为，才终于坦白，亭亭的行为，是符合未成年人的年龄和心理的，且亭亭的陈述与蒋一前三次在公安机关的陈述、其他证人的陈述相印证，可以认定亭亭的陈述的证明力。因此，本案已经形成了确实充分的证据链，依法可以认定蒋一犯猥亵儿童罪。

"天网恢恢，疏而不漏。"让每一个罪犯都得到公正的惩治是人民法院法官的职责。"重证据，轻口供"也是法官办案的主要依据。任何一个罪犯，不要妄想着不供述、翻供述就能逃脱法律的制裁，法官一定会多方查实、综合评判，将犯罪之人绳之以法。

未成年人是祖国的未来、民族的希望。祖国会用心呵护未成年人的成长，在未成年人受到不法侵害时，用法治为未成年人撑起澄澈的蓝天。因此，未成年人如遭遇不法侵害，请不要羞于启齿，要敢于对侵犯自身权益的不法行为说"不"。在发生不法行为后，为了更好地维护自身权益，未成年人应当第一时间告诉家长，家长也应当第一时间报警，寻求法律的保护和帮助。司法通过严厉打击涉未成年人犯罪，为未成年人构筑健康成长的安全屏障。

案例评析

《常州日报》评论副刊融媒中心副主任　谢雪梅

自 2019 年以来，猥亵儿童罪已跃升为侵害未成年人的六大犯罪之一。"证据少，零口供"现象非常普遍，如何斩断罪恶之手？本案例依法作出了大快人心的判决，是有担当、有智慧的典型。

妈妈请再爱我一次

——未成年人抚养费纠纷案

◎ 于　娜

在未成年人的成长过程中，母亲的陪伴和爱护是最为珍贵的，也是守护未成年人健康成长最坚实的力量，建立融洽的亲子关系，胜过许多其他的教育。母爱往往是无私的。但是，有的母亲不懂得表达情感，与孩子缺乏沟通与交流，渐渐产生了很深的隔阂，让本该亲密无间的母女关系，变成了伤害彼此的利刃，甚至闹到法庭引发连环诉讼，导致整个家庭都陷入了痛苦之中……

一场车祸　幸福家庭支离破碎

甜甜出生于一个普通但温馨的家庭，爸爸丁威是家中的顶梁柱，在甜甜的记忆中，爸爸是个无所不能的超人，工作再忙也不喊累，每天下班后都会来接自己放学，回到家还会做可口的饭菜，包揽许多家务。爸爸就像一座大山一样坚定地守护着甜甜和妈妈，那时候的妈妈脸上总是洋溢着暖暖的幸福，那时候的甜甜也总是在父母的保护下任性淘气，一家人把琐碎的日子过得温馨和美，家庭也成了他们栖息的港湾。然而，一场车祸，打碎了这一切。

那是七月下旬的一个傍晚，天阴沉得可怕，仿佛随时都会崩塌一样，气温格外闷热，在室外待一会儿就感觉透不过气来。甜甜像往常一样，在校门口等着爸爸来接她放学，往常爸爸5点就会准时出现在校门口，可是今天到了5点半，依然不见爸爸的身影，甜甜等得非常焦急，嘟着嘴生气地咕哝道："爸爸不会是忘记来接我了吧。"

离校门不远处的一个路口，车辆堵得水泄不通，路口处的一辆红色大卡车正打着双闪，卡车前轮下压着一辆电瓶车，旁边一名中年男性一动不动地躺在血泊之中，路过的市民纷纷驻足围观，不一会儿，围观群众便将事故现场里三层、外三层地包围了起来，其中一些群众赶紧拨打了"110"报警和"120"求救。很快，民警赶到现场驱散了围观群众，急救人员也将男子抬上救护车送往医院抢救。

一道道闪电将远处的天空劈开，瓢泼大雨从天空倾泻下来，轰隆隆……一阵阵巨大的雷鸣如同山崩地裂，好像大地都被震得颤动起来。狂风卷着豆大的雨珠，像无数条鞭子，狠命地抽打在甜甜的脸上。五分钟之前，甜甜的爷爷急匆匆赶到学校门口，对甜甜说："甜甜，不好了，你爸出事了，赶紧跟我去医院。"说罢，爷爷就带着甜甜冒雨往医院赶去。

恍如隔世　花季少女负重前行

多年前的那场车祸，带走了爸爸的生命。爸爸不仅是家中的顶梁柱，更是家里的主要经济来源，爸爸一走，甜甜的小家就如大厦一样轰然倒塌。为了维持家中的生计，妈妈只能外出工作。

妈妈的学历不高，又没有工作经验，好不容易才找到了一个面馆收银的工作，每天早晨7点出门，晚上10点才能回来，全年无休，也正好错过了甜甜上学和放学的时间。一段时间内，甜甜每天的早餐和晚餐都是在家门口的小铺子草草解决的。由于没有家长的照顾和监督，甜甜的学业也一落千丈，甜甜的老师找到甜甜的妈妈了解情况，妈妈委屈地向老师说道："不能好好照顾甜甜，我很惭愧，但也有说不尽的无奈，甜甜的爸爸突然就这么走了，抛下我们母女俩，现在我是拿起工作就照顾不了甜甜，放下工作就养不起甜甜，我每天早出晚归，全年无休，有的时候我自己都坚持不下去了。"说着妈妈就抽泣了起来。

老师到家里家访之后，妈妈也意识到自己照顾甜甜的时间太少，这对于甜甜今后的学习和成长会产生很不好的影响。迫于无奈，妈妈把甜甜送到了甜甜的爷爷奶奶家，由爷爷奶奶承担起了甜甜的日常生活起居。爷爷奶奶原本失去了自己唯一的儿了，心里像被掏了一个窟窿一样，甜甜的到来，刚好为爷爷奶奶填补了这个窟窿，爷爷奶奶如获至宝，对甜甜的爱几乎到了宠溺的程度，甜甜无论想买什么、做什么，二老都会满足她。

一开始，妈妈和爷爷奶奶约定好，甜甜周一到周五在爷爷奶奶家生活，由爷爷奶奶负责接送甜甜上下学、照顾甜甜，周末妈妈会来把甜甜接回自己家中，由自己照顾。但是渐渐地，妈妈就会以自己太忙、没时间为由，经常周末也把甜甜放在爷爷奶奶家。随着时间的推移，甜甜往往整整一个学期都在爷爷奶奶家生活，看不见妈妈，只有寒暑假期间，妈妈会难得地抽出一天的时间来接甜甜出去逛街，买一些生活日用品。时间一晃，甜甜在爷爷奶奶家已生活了三年，度过了自己的初中生涯。

中考失利　平静生活再掀波澜

虽然没有了爸爸，可是爷爷奶奶对甜甜的爱也是毫无保留的。妈妈平时虽然没时间来看甜甜，但是上个暑假，妈妈给甜甜买了一部手机，妈妈得空就会发信息关心甜甜的学习和生活。甜甜本来以为，自己的生活会这样平静地过下去，但是中考的失利，打破了这勉力维持的平静。

甜甜没有考上高中，只能去一所职业学校，妈妈将这一切归咎于爷爷奶奶太过于放纵甜甜，没有好好抓甜甜的学习，坚持要把甜甜带回去自己照顾。

一天晚上，妈妈来到爷爷奶奶家，坚持要带走甜甜，双方发生了激烈的争执，妈妈吼道："我花了那么多钱给甜甜报了辅导班，我还以为你们会送她去上课，我现在才知道孩子根本没去上课，你们作为爷爷奶奶是怎么管她的？现在好了，一个女孩子连高中都没得上，只能去职业学校，现在我必须把她带回去，不能让你们毁了她的一生。"

爷爷回嚷道："甜甜是我们老两口的命根子。你要带走她，你让我们两个怎么活下去？再说你一天天在外面忙，哪有时间好好照顾孩子？孩子每天放学回来，作业都来不及做，再去上什么辅导班，孩子还要不要休息了？你说我们没有照顾好孩子，我们老两口每天从早到晚都围着她转，每天接送她上下学、给她做喜欢吃的菜、夏天晚上她做作业时陪在身边给她扇风，这些时候你又在哪里？"

此时的甜甜躲在房间里，听着爷爷奶奶和妈妈在外面争吵得不可开交，心中十分焦急。站在甜甜的角度，自己和爷爷奶奶一起生活了三年多，这三年里，爷爷奶奶精心照顾自己，虽然自己学习成绩跟不上，但是画画很好，未来也想往画画的方向发展。爷爷奶奶遵从了甜甜的爱好，给甜甜报了画画的兴趣班，这才没有去上妈妈报的培训班。相比之下，妈妈只会强制她去学自己根本不感兴趣，也学不会的语、数、外，平时对自己的关心，也仅仅是微信里的几句对话，对自己实际的照顾少之又少，甜甜不想离开爱护自己的爷爷奶奶。想到这里，甜甜鼓起勇气，冲出房门对妈妈喊："我只会跟爷爷奶奶住在一起，我绝对不会跟你回去的！"

妈妈看到甜甜第一次对自己这么大声说话，当场怔住了，眼前最亲密的女儿仿佛变得格外陌生，妈妈的眼中浮起了一层水雾。眼看自己落了下风，妈妈努力深呼吸，把泪水逼回去，抛出一句狠话："不管怎样，我都是甜甜的妈妈，甜甜的爸爸不在了，我就是甜甜唯一的法定监护人，就是告到法院，你们也不可能跟我争！"说罢，妈妈就走了。留下爷爷奶奶和甜甜抱头痛哭。爷爷对甜甜说："孩子，你放心，我们绝对不会放弃你的。"

监护之战　甜甜去留尘埃落定

不久之后，甜甜的爷爷奶奶作为申请人，向当地法院提出申请，要求将甜甜的监护人从甜甜的母亲变更为爷爷奶奶。甜甜的妈妈辩称，其并未同意甜甜跟随爷爷奶奶共同生活，她想将甜甜带回去自己照顾，现在是甜甜的爷爷奶奶强迫甜甜与自己分开。

当地法院经审理认为，监护人应当履行监护职责，保护被监

花落花开　常州法院保护未成年人案例精选

护人的人身、财产及其他合法权益。甜甜与爷爷奶奶一起单独生活了三年多，爷爷奶奶已经实际负担起了甜甜的监护职责。被申请人作为甜甜的母亲，三年来很少探望甜甜，并没有承担起对甜甜抚养与照顾的责任。法院综合考虑甜甜的实际生活情况、申请人及被申请人对甜甜的义务履行情况及甜甜本人的意愿，认为甜甜应当继续跟随爷爷奶奶生活为宜，故对申请人要求变更监护人的请求依法予以支持。

庭审结束后，针对甜甜母亲的愤怒和不解，承办法官向她解释道："监护权的意义在于监护人要给予未成年人物质上的照顾、生活中的陪伴、精神上的成长，无论基于何种原因，三年多来，是甜甜的爷爷奶奶陪伴甜甜成长，实际担负起了监护人的职责。所以甜甜的监护人变更为其爷爷奶奶，不仅是符合法律规定的，更是尊重孩子内心意愿的。"

令人痛心　实现梦想恐成奢望

那起变更监护权的官司结束后，甜甜的妈妈非但没有认识到自身的问题，反而在心中积蓄了许多的怨气，不但再也不去爷爷奶奶家看甜甜，更是连甜甜的生活费也都不再出一分。爷爷奶奶年纪大了，甜甜的学习、生活费用二老渐渐支撑不起，爷爷尝试与甜甜的妈妈沟通，让甜甜的妈妈承担部分费用，却都被甜甜妈妈拒绝了，双方的关系也降至冰点。

两年来，爷爷奶奶一直守着自己的小摊，供甜甜读书。甜甜虽然读了职业学校，可是她没有放弃绘画的梦想，老师也非常认可甜甜在绘画方面的天赋，建议甜甜深入学习下去。可是，绘画班的培训费、学习绘画的材料费都非常的昂贵，爷爷奶奶只有很低的农保，摆摊赚的钱刚够自己的学费和生活开支，再让爷爷奶奶出钱供自己学画画，实在是太不懂事了。因此，甜甜没有向爷爷奶奶开口，更是不愿意向那个两年来对自己不管不问的妈妈开口。

以前甜甜只要一到周末，就会兴冲冲地赶到绘画老师那里学画画。可是最近一段时间，甜甜学画画的积极性不高了，到了交培训费的时间，甜甜更是没再向爷爷要过钱。爷爷心生疑惑，问了甜甜，甜甜说："爷爷，我同学说学画画没出路，我不想再费这个钱去学了。"

照顾了甜甜这么久的爷爷，从甜甜的一举一动、一言一行中就能看出孙女心里到底在想什么，甜甜的那点小心思根本瞒不过爷爷。这天晚上，爷爷在床上辗转反侧，孩子的前途不能耽搁，但自己和老伴的能力毕竟有限，实在没法包揽孩子的开销。看来，这事还是得拉下老脸去找甜甜的妈妈。

第二天，爷爷就去找了甜甜的妈妈，没想到，甜甜妈妈竟然说："我现在又不是甜甜的监护人，我有什么义务给她生活费？我现在一个月工资只有2000元，自己还不够花呢，我管不了她，你们以后也不要再来找我了。"

爷爷碰了一鼻子灰后，决心起诉甜甜的妈妈，让法院来解决这件事。

再上法庭 "母亲义务" 不得缺位

很快，法院受理了甜甜与妈妈的抚养费纠纷案件，并安排了开庭。开庭这天，天下着大雨，爷爷奶奶一早就带着甜甜往法院

花落花开 常州法院保护未成年人案例精选

赶去。甜甜坐在爷爷的电瓶车后面，路上雨越下越大，冰冷的雨水打在甜甜的脸上，像极了爸爸出事那天的场景。在一个路口等红灯时，甜甜看到一个妈妈带着孩子过马路，妈妈手中的伞小心翼翼地护着孩子，生怕孩子被雨淋着，而她自己早就被雨水淋透了。看到这里，甜甜的鼻子一酸，心想：难道，我就不值得拥有爸爸和妈妈的爱吗？

少年及家事审判庭的王法官负责审理该案件，王法官先组织双方进行了调解。甜甜的爷爷奶奶作为甜甜的法定监护人，要求甜甜的妈妈以每月2500元的标准支付甜甜过去五年以及今后的抚养费。甜甜的妈妈辩称："两年前的变更监护人案件中，甜甜的爷爷奶奶在法院庭审中明确，如果监护权归他们，就不要我出任何抚养费，因此我没有出抚养费的义务。此外，甜甜的爸爸去世后，我没有分得任何遗产，净身出户，现在我生活非常困难，节衣缩食，也确实没有能力承担甜甜的抚养费。而且，甜甜的爷爷奶奶并没有好好照顾甜甜，孩子不好好读书，不懂是非，他们的溺爱已经害了甜甜。并且，我对于孩子也不是完全没有付出的，我每年都会给孩子购买保险，保险合同我今天也带来了。"

甜甜的爷爷奶奶和妈妈各执一词，争执不下，无助的甜甜坐在一边，一言不发。王法官组织双方调解无果，只能依法开庭审理此案。

法院经审理后认为，父母对未成年子女有抚养教育的义务，应为未成年子女生活提供基本的物质保障。甜甜的爸爸去世后，甜甜的妈妈本应承担对甜甜的抚养义务，但因其长期不履行监护职责，甜甜的监护人被法院依法判决变更为其爷爷奶奶。根据法律规定，依法负担被监护人抚养费、赡养费、扶养费的父母、子女、配偶等，被人民法院撤销监护人资格后，应当继续履行负担的义务。甜甜的妈妈作为孩子的母亲，虽不再担任甜甜的监护人，但仍应继续履行相应的抚养义务。

法院也考虑到，甜甜的爸爸车祸去世后，肇事方赔偿款中包含一部分为甜甜的被扶养人生活费，这部分费用由甜甜的爷爷奶奶领取。而且甜甜妈妈的负担能力确实有限，也曾有为甜甜购买保险等支出，因此，法院最终依据《中华人民共和国民法典》第三十七条，判决甜甜的妈妈承担了适当的抚养费用。

庭后疏导　妈妈请再爱我一次

庭审结束后，甜甜的妈妈立马抛出一句话："对这个判决结果我不服，我肯定会上诉的。"王法官让甜甜和爷爷奶奶先离开法庭，留下甜甜的妈妈，单独与其进行了沟通。

王法官对甜甜的妈妈说："甜甜是你唯一的孩子，你们血浓于水。甜甜的爸爸去世后，你们本应更加相依相守，可你们为什么会闹到现在这样？你不愿意承担甜甜的抚养费，一方面是经济能力有限，这个问题我们也为你考虑到了，另一方面肯定是因为女儿不理解你，不愿意理你，你们互相赌气。但是作为孩子的母亲，孩子的健康成长应当是放在第一位的，你们一家这样不断地打官司、闹矛盾，对孩子的成长会有好处吗？甜甜正处于青春期，处理问题比较稚嫩。现在需要你主动与她沟通，做出一个母亲应该有的行动来，只有这样才能让孩子接受你啊。而且，判决书中也已经写明了，虽然孩子的监护人是爷爷奶奶，可是你作为母亲，无论什么原因都不能不履行支付孩子抚养费的义务。"

甜甜的妈妈走后，王法官也把甜甜的爷爷叫到法庭，单独进行了沟通。王法官以甜甜今后的生活、学习、成长为切入点，做了老人的思想工作。王法官对甜甜的爷爷说："孩子的母亲固然有错，但她与孩子的血缘关系是割不断的，甜甜的妈妈终究是孩子的母亲，每一个孩子的内心都是非常渴望母爱的。你们大人之间的恩恩怨怨，不要影响到孩子。作为甜甜的爷爷奶奶，希望你们也能给甜甜做思想工作，排解她们母女之间的矛盾，不要让甜甜继续怨恨母亲。"

最后，王法官与甜甜也进行了单独的沟通。王法官对甜甜说："甜甜，我们法院肯定会帮助你，让你的妈妈承担她作为母亲的义务。但是，阿姨希望你也可以站在妈妈的角度，理解妈妈的艰难与不易。爸爸已经走了，妈妈这么多年也没有再婚。你渐渐地长大了，是个小大人了，你跟妈妈之间应当是相互理解、相互扶持，而不是一味地怨恨妈妈没有为你付出。大人有大人的责任，孩子也有孩子的义务。你的义务，就是鼓励自己，好好学习，将来做一个独立且强大的女性，也不辜负爷爷奶奶对你的爱啊。"

家事纠纷背后往往隐藏着长年累积的情感纠葛，调解难度大，服判息诉率低，判后执行更是容易陷入执行不能的尴尬境地。良好的家庭关系是保障未成年人健康成长的关键因素，法院如何充分发挥家事审判的职能作用，融入家事调解、家事调查、心理疏导、跟踪回访等工作，从根本上解决当事人之间的家事纠纷，让未成年人在充满爱的家庭环境中成长，也成了当下人民法院少年家事审判改革的前进方向。

撑起离婚纠纷中未成年人财产权益保护的制度之"伞"

◎ 龚伟康

案例主旨

随着社会的飞速发展，未成年人拥有财产权益的方式和形式越来越多种多样。天宁法院家事审判庭在审理离婚案件中发现，有些当事人忽视未成年子女独立的财产权益，双方将未成年子女的财产视为夫妻共同财产要求予以分割；有些当事人表面上主张的是未成年子女的财产权益，实际上更加激烈地争夺子女的抚养权以获得掌控子女财产的权利；有些当事人双方均能够认识到未成年子女有独立的财产权益，但对于直接抚养子女一方监管子女财产存在一定的顾虑和不信任。因此，在离婚诉讼和调解过程中，关于未成年子女名下的财产往往成为双方争执不下的焦点。

案情介绍

方靓和季明是一对 70 后夫妻，二人育有一个女儿季潇，已经 16 岁了。婚初，夫妻二人感情尚可，共同经营一家小企业，家境殷实。虽然生活条件越来越好，但两人的矛盾摩擦却越来越多，又缺乏及时有效的沟通，感情渐渐出现了问题。尤其是近几年，夫妻二人矛盾升级，甚至到了不可调和的地步，双方都心照不宣地维持着表面的和平，只是不想影响女儿的学习。为了女儿的身心健康，为了女儿能在一个完整的家庭中成长，夫妻双方虽认为夫妻感情早已破裂，但都一直没有提出离婚。直到 2018 年 10 月 5 日，季明认为方靓出轨背叛自己，理由是方靓电话里说去杭州出差，但季明却发现车出现在附近一家酒店。季明在酒店附近等候，当方靓出现后，便在酒店门口对她拳打脚踢。二人关系终于难以为继，方靓终于不愿再忍受粗暴无理的丈夫，于是向法院起诉离婚。

第一次庭审中，季明坚称不同意离婚。承办法官询问双方有什么共同财产时，除了房屋、车辆和一笔拆迁款外，季明还提出，女儿季潇有一张存压岁钱的银行卡。这张银行卡里的钱都是自己爸妈也就是季潇的爷爷奶奶给的，尤其是去年，季潇刚刚考上重点高中，爷爷很开心就往卡里打了 2 万元，这样卡里共有 20 万元。由于离婚后孩子将随方靓生活，若压岁钱不分而全部给孩子，则相当于给了方靓，对自己不公平。还说道："我当然不贪女儿的钱，只不过女儿归她妈妈抚养，这笔钱到时候被她吞了怎么办？如果用不到女儿身上，那还不如当作夫妻共同财产先处理掉，也不是没道理。"方靓则认为，季明既然已经同意由自己抚养季潇，属于季潇的压岁钱就应由自己保管，而不应作为夫妻共同财产分割。

由于双方对婚姻存续期间的共同财产尤其是拆迁款部分举证、质证不充分，承办人决定先休庭，待传唤季明的父亲到庭后再继续调查拆迁款问题。同时，对于这笔 20 万元的存款，承办法官深知压岁钱是季爷爷对季潇的赠与，方靓和季明作为季潇的父母无权将此作为夫妻共同财产予以分割，但在孩子具有完全民事行为能力之前，监护人可以代为保管上述款项，这是否真的对季潇有利呢？一旦方靓和季明真的离婚了，没有了婚姻的约束，这一对平日里一个爱打牌、一个爱喝酒，在庭上相互指责、相互拆台、拒不认账，给法庭调查造成了极大障碍的父母，是否能在离婚后挑起家庭的重担、养育子女的责任呢？法官决定在第二次开庭前通过圆桌会议，让季潇也到场，询问一下孩子对监护权和压岁钱保管的意见。

这天，方靓和季明来到法院参加圆桌会议，季潇和爷爷也来了。

承办法官看到方靓和季明对立情绪已经减轻了许多，问道："我本来听季潇说现在你们的关系已经缓和了很多，前几天怎么又吵起来了？"

"王法官，你问她吧。上次官司结束以后一直在偷偷摸摸想转移财产，我们家季潇那张卡，就是从她出生以后，她爷爷每年给她存压岁钱的，一共 20 万，可她上个月居然拿了卡去偷偷取了 3 万块出来。"

方靓急了，连忙在法官面前解释："钱我又没有拿去花掉，一时周转不开挪出来用一下怎么了？再说我这不是又存进去了嘛，又没花你的钱你凭什么指手画脚的。"

"法官，你看她这样子，她这样能管好钱，能对女儿好吗？别把我女儿的压岁钱都花光了。我看啊这个钱要么还给我爸，要么一人一半，各自管！反正啊我不放心这个钱放在她那。"

"你凭什么说钱放在我这你不放心，我还不放心你呢！我看你也想要这笔钱吧，脸皮也真够厚的。"

"你什么意思啊你！"

"你们有什么话好好说，有什么事一起商量，不要一来我这就吵架。"

"你们别吵了，这钱我不要了总行了吧。"一直在门外默默听父母谈判的季潇这时也忍不住了，说完就掉下了眼泪。

这时一直在一旁照看季潇的季爷爷看到双方吵得不可开交，赶忙发声喝止："你们干什么，你们吵什么？我还在呢，你们就想把我宝贝孙女的钱分掉？"看到季潇，季明和方靓顿时安静下来，各自把头撇向一边。季爷爷对王法官说道："王法官，我是季潇的爷爷，关于这20万啊，我能说几句吗？"

"行，您坐下来慢慢说。"

"好、好，唉，这儿子大了，我也管不了了，这离不离婚他自己有主意，可潇潇是我孙女啊。自从她出生以后，我是每年都给她存钱的。我家潇潇啊从小就聪明，将来还得读大学念研究生的，所以这个钱必须由潇潇来保管，谁也不能动。"季爷爷转头敲着桌子对季潇爸妈说："你们俩必须给我写保证书！谁都不能动用潇潇的压岁钱，一分一厘都不能动用。"

王法官听见季爷爷苦口婆心，充满了对孙女的关爱，亲切地问道："老爷子您心意是好的，但是潇潇现在才16岁，还在住校，这20万的卡放在她身上，你能放心吗？"

季爷爷也面露难色："不放心也没办法，她有爹有妈，我也管不了。唉，我就是心疼潇潇。潇潇一知道爸妈要离婚了，甚至为了离婚闹上法庭，潇潇就非常难过，甚至夜里把眼睛都哭肿了，学习成绩也不稳定了。后来我把她接到我那，不然家里要么只有她妈，要么只有她爸，这、这哪还像个家啊，真是苦了潇潇。"说罢季爷爷隐隐有泪水在眼眶里打转。

承办法官让季潇坐到身旁，和蔼地询问季潇："潇潇啊，按法律规定，这20万元确实是你的财产，你自己有什么想法呢？"

潇潇思考着："这么一大笔钱我自己肯定管不了。但是我也不想让我爸爸妈妈管。"

"如果你爷爷能帮你管好呢？"

"那最好了，爷爷对我可好了，我最放心爷爷了。"

听到这个答案，王法官非常感慨季潇的乖巧懂事，于是抬头问季明："孩子他爸呢，你爸帮潇潇管这个钱，你有什么想法？"

"我没什么想法。"

方靓也说道："老爷子管着我也放心，公公虽然不是我亲爸，但这些年对我、对潇潇确实很好。"

"老人家，你看他们一家三口都对你特别放心，你看你愿意帮潇潇管好这笔钱吗？"

"愿意，愿意！只要法院同意，我一定帮潇潇把这个钱管好！"

"那行，我就提个建议。为了保护未成年人的财产权益，我们法院在全国首创了未成年人财产登记报告制度，也就是离婚案件当中涉及未成年人财产，我们要求离婚双方对未成年人财产进行申报，法院核实之后登记造册，交给带小孩的一方来代管，但代管的人必须向另一方申报管理的情况，像你们家这种情况都是互不信任，那么你们就可以协商由第三方来管理孩子的财产。那么潇潇已经超过 10 岁了，我们也听过她的意见，刚刚呢方靓跟季明都同意爷爷来管这笔钱，那这样的话，不管你们离不离婚，先把潇潇的事情解决了，也是帮助你们消除一下矛盾。"

"行，先把这个事情给解决了吧。"

"好，就让老爷子做监管人。"

经过法官的说明和劝解，方靓、季明不再针锋相对，均同意由季潇的爷爷管理该 20 万元存款至季潇十八周岁，季爷爷也愿意为季潇管理该笔存款，并承诺非为季潇所需不能动用，而且要求法庭要向方靓、季明说明，他们夫妻双方不能用孩子的钱。三方还协商季爷爷在管理季潇存款的过程中，以每半年交付银行存款明细复印件的形式向方靓、季明报告季潇的存款情况。三方协商一致后，共同签署了未成年子女财产登记表一式四份，方靓、季明、季爷爷各一份，法院附卷一份。

随后，因子女财产的妥善处理，弱化了夫妻双方之间的矛盾，经过承办法官的释法与调解，季明与方靓就子女抚养与夫妻共同财产分割也达成一致，季明与方靓的离婚案件顺利调解结案。

法官说法

每到传统节日春节，长辈往往会给晚辈"压岁钱"，希望晚辈们在新的一年里大吉大利、健康平安，孩子接受压岁钱是一种纯粹的获得利益的行为，根据《最高人民法院关于贯彻执行〈中华人民共和国民法通则〉若干问题的意见（试行）》① 第 129 条规

---

① 已废止。

定："赠与人明确表示将赠与物赠给未成年人个人的，应当认定该赠与物为未成年人的个人财产。"因此，孩子接受此类赠与属于有效的民事行为，应当受到法律保护。本案中，季潇名下的银行存款，也就是爷爷赠与她的压岁钱20万元，应属于季潇的个人财产，理应归季潇所有，父母无权分割。同时，《中华人民共和国民法典》第三十五条第一款规定："监护人应当按照最有利于被监护人的原则履行监护职责。监护人除为维护被监护人利益外，不得处分被监护人的财产。"因此无论是婚姻存续期间或离婚后，监护人非为被监护人利益，都不得处分被监护人财产。从我国现有未成年人法律保护体系来看，关于未成年人财产权方面的立法仍然较为薄弱，尤其是对于未成年人通过继承、接受赠与而获得的个人财产如何进行保护，父母或监护人对其有哪些权利义务，侵害未成年人财产权益的行为应如何规制等问题较为粗疏。由于未成年人尚不具备完全民事行为能力，对其财产权的维护需要国家、社会和家庭的特别关注。针对以上离婚案件中存在的未成年子女财产问题，为保护未成年人独立的财产权益，妥善解决离婚案件中的相关矛盾，天宁法院首创离婚案件未成年子女财产登记报告制度，制作未成年人财产登记表，登记表包括填写说明、未成年人财产登记明细表、关于未成年子女财产的监管协议、未成年人财产管理人承诺四个部分。未成年人财产登记报告制度要求双方对子女的财产进行申报，使法院能及时获知未成年子女的财产状况，法院在核实后进行备案登记。在夫妻离婚时，就未成年子女的财产开具清单，登记造册，交由直接抚养子女的一方代管，与未成年子女共同生活的一方定期向另一方报告未成年子女财产的管理、

花落花开 | 常州法院保护未成年人案例精选

使用情况。对于夫妻双方均不信任对方的情况，双方也可以另外协商选定未成年子女财产监管人，由双方均信任的第三人监管未成年子女财产，定期向双方报告未成年子女财产的管理情况，如为未成年人利益需使用其财产，必须经父母双方同意。对于十周岁以上的未成年人，选定管理人时应征询其本人意见。

案例评析

常州广播电视台副台长　许建俊

　　天宁法官首创离婚案件未成年子女财产登记制度有典型意义。

凋谢的花朵
——故意伤害案

◎ 黄逸文

妈妈，总是让我们觉得非常的温暖，因为妈妈就是我们幸福的港湾，还有着处处为我们遮风挡雨的羽翼。在无数妈妈心中，无论我们是稚嫩无知还是学识颇丰仍然觉得我们是个孩子，无论我们是贫穷还是富有做妈妈的也总是放心不下，她们想的和做的就是尽力呵护自己的孩子。但是，不久前竟然有一个五岁的小女孩，在叫声"妈妈"都能将妈妈甜得融化掉的花儿一样的年纪，被她的妈妈由于多种原因的伤害而失去了生命。

盼望跟随父母　幼女愿望实现

"明天爸爸就要接你去常州啦！"爷爷对刚刚五岁的玉玉笑眯眯地说道。

"真的吗？是真的吗？"玉玉一脸兴奋地问爷爷。

"是的，但是到爸爸妈妈身边要乖哦！"爷爷回应道。身旁的奶奶一边爱怜地看着玉玉一边忙着给她整理衣服。

"我会乖的……"玉玉支支吾吾地答应着。因为此时她想起了过年时向妈妈要穿裙子的小洋娃娃时遭到瞪眼的情景，心头产生了一丝丝的畏惧。然而，也许是玉玉年龄尚小，也许是玉玉想到爸爸每次打工回来都把她举高高而且买一样的零食给哥哥和她吃，总之，从小跟着爷爷奶奶一起生活的玉玉想着想着就甜甜地睡着了。

"玉玉，玉玉，醒醒，爸爸来接你了！"半夜才赶到家的许海在第二天早上轻轻地摇着熟睡的玉玉并且喊道。玉玉微微睁开眼睛，看到是爸爸，立即张开手臂勾住了爸爸的脖子。

"爸爸，爸爸，你来接我啦！妈妈呢？妈妈回来了吗？我也要妈妈！"玉玉一边察看四周一边问爸爸。许海连忙把玉玉抱起来，有点无奈地说道："玉玉，妈妈身体不好，没有和我一起来接你。"玉玉听后懂事地点了点头。

看到玉玉的模样，许海心里有些酸楚，他想到前几天为了带玉玉回常州和徐丽发生争吵的情景。"什么？把玉玉带到常州来？这怎么能行？虽然我没有上班，但是现在的家务事已经够我烦的了，我没有精力照顾她！"徐丽听到许海要带玉玉回常州后，挥舞着手并且大声地说道。

许海听到妻子徐丽的话后非常生气，但是他很快将怒气按捺了下来。他知道岳母在妻子年幼时就自杀去世，也不知道是何原因妻子徐丽的娘家人对其多有指责，而且她的父亲对她从小就异常严格，还经常骂她，导致她经常失眠，每天都闷闷不乐，无法排解心中的郁闷。再加上他们还有一个八岁的儿子，一直由徐丽照顾。就这样，婚后的经济压力和生活压力使得徐丽的心情非常压抑，她的病情也加重了。因此，许海低声说道："玉玉从生下来到现在一直是由我爸妈抚养，现在她五岁了，应该回到我们身边了，而且也应该让她在常州上幼儿园了，将来小棉袄有出息了还指望儿子和她一起为我们养老呢！"

"好吧！但是希望她听话……"也许是徐丽听进了丈夫和风细雨般的话语，也许是对未来的玉玉有成才的指望，总之，徐丽算是勉强同意了丈夫将玉玉接到身边来抚养。

亲生母亲不亲　女孩遭受痛苦

就这样，许海总算把玉玉接到了在常州租住的家中一起生活。不久后，许海又省吃俭用凑齐了费用将玉玉送进了幼儿园。

"来！玉玉！把这首诗背诵一下！"徐丽叫住正在跟小朋友玩得起劲的玉玉，让她背诵昨天自己教她的古诗。

"不嘛！不嘛！我要和小朋友玩老鹰捉小鸡。"儿童爱玩的天性导致玉玉无意中顶撞了妈妈。

"捉！捉！捉！你捉吧！今天晚上不要吃饭了！"说完还不解气的徐丽又狠狠地打了玉玉一个耳光。

被打得刚"哇"地哭了一声的玉玉在见到妈妈铁青着的脸时竟硬生生地收了声，怔怔地站在家门外，直到爸爸下班回来才将她抱回了家。

"还是把她送回爷爷奶奶家吧！在这儿说啥啥不听，教啥啥不会！再说了，我和她也没有什么感情！"徐丽对丈夫愤愤地说道。"唉！你是她的妈妈呀！长久不在一起生活没有感情可以慢慢培养，再说小孩子贪玩也是正常的，她不懂的问题可以慢慢教嘛！还有，你看看你这脾气，以后不要再打玉玉了，孩子还小，还不懂事呢！"许海低声劝着妻子徐丽。"看我这一天天头昏脑涨的，你有能耐，你教育她吧！"徐丽大声说完后，转身就去买菜了。

可以说，小孩子都是喜欢玩具的，玉玉也不例外。这天，玉玉抚摸着幼儿园小朋友的玩具小白兔久久不愿放手。玩具小白兔太可爱了，尤其是小女孩更是抵挡不住对拥有玩具小白兔的渴望。"妈妈，我也想要一个玩具小白兔！"玉玉怯生生地对妈妈说道。"你懂事点，好吗？我们家哪有钱给你买这买那呀！"徐丽听到玉玉要买玩具小白兔后不耐烦地说道。玉玉愣了愣，委屈地说："我想要嘛！妈妈从来没有给我买过礼物呢！"徐丽听到后，认为玉玉顶撞了自己，吼道："什么？你再说一遍！你这么不听话，还想要玩具小白兔？我看你是在找打！"接着，徐丽冲到厨房拿起擀面杖就朝玉玉的身上打去。"啊！疼！"玉玉的哭叫声也没能让徐丽停止殴打，反而打得更重了。玉玉一边尽力躲闪，一边哭叫："妈妈，我不要礼物了！好疼！"此时，听到哭声的隔壁阿姨赶紧过来制止了徐丽对玉玉的殴打。玉玉的爸爸许海回家后撩开孩子的衣服，看到玉玉的后背上竟然有三条血杠，于是，与妻子徐丽大吵了一架。至此，玉玉对妈妈徐丽产生了极大的恐惧。

妈妈情绪失控　女儿受伤致死

几天后的清晨，徐丽被许海出门上班的声音吵醒了。于是，她莫名地烦躁起来，一会儿自言自语，一会儿又摔东西又骂人。此时，徐丽听到一阵"呜呜"的声音，她循着声音发现原来是玉玉尿床了害怕妈妈责罚而在小声地哭泣着。徐丽几步走到玉玉床前将床单用力地扯了下来，她看到床单已经被玉玉尿湿了一大片。

"你这个笨蛋！害人精！又尿床了，你是不是故意的？"徐丽歇斯底里地吼道。

玉玉吓得浑身发抖，不敢出声，只是惶恐地摇了摇头。

徐丽想到自己刚刚洗好的床单又要重新洗，再加上徐丽感到玉玉是自己无论如何也无法教导和改变得了的，所有的这些劳累和焦虑使她感到一阵头晕目眩。再看看蜷缩在床角瑟瑟发抖的小玉玉，徐丽不仅没有平息怒气，心中压抑了许久的怒气反而在这一刻彻底爆发。于是，她一脚踢在玉玉的胸口上。由于用力太大，玉玉的头猛地磕在了床沿上，接着整个人又摔到了地上。严重的撞击使得玉玉头晕眼花，额头也撞破了，流出血来。玉玉一边向妈妈求饶一边慢慢地爬起来。可是，徐丽仍然不解恨，又一脚踢在了玉玉的胸口上，玉玉的头"砰"的一声重重地撞到了地板上。这次踢踹使得玉玉再也不能求饶和哭泣，身体也不能动弹，只是急促地用嘴巴呼吸。徐丽看到眼前的一幕，愣了一会儿后清醒了，慌忙用手机打电话给丈夫许海，告诉他玉玉的情况并催丈夫赶快回家。

在回家的路上，许海遇到了妻子徐丽六神无主地抱着玉玉在丽华北路等着他。于是，他俩赶紧将玉玉送到了常州市儿童医院，后来由于伤情严重又进行了转院。在医院，许海焦急地问护士："现在玉玉怎么样了？有没有生命危险？""现在小朋友处于深度昏迷状态，双瞳已经有散大的症状了。这个孩子伤得太重，我要报警！"护士说完便拨打了"110"报警电话。听到护士这样说，许海一下子瘫坐在医院的长凳上，一旁的徐丽也哭成了泪人。不一会儿，派出所的民警赶来了，在初步了解情况后，对徐丽采取了强制措施。三天后，玉玉在医院经抢救无效死亡。

深入走访调查　查清案件事实

"玉玉，不要恨妈妈呀！你回来吧！我知道你是听话的乖孩子，我再也不打你了！……"徐丽带着深深的悔恨自言自语着。在接受公安机关讯问时，徐丽对故意伤害他人身体并致人死亡的事实供认不讳，而且对检察机关指控的犯罪事实和证据也没有异议，自愿认罪和接受处罚。不久，徐丽被起诉至常州市天宁区人民法院，案件由具有丰富审判经验的韩法官承办。

夜幕已经降临，早已过了下班时间。然而，韩法官的办公室里仍然亮着灯。"韩法官，您还在加班哪！注意休息哦！"一位路过韩法官办公室的值班人员朝他说道。韩法官从堆成一座小山似的卷宗材料中抬起了头，心情沉重地说："今天受理了一件比较特殊的亲生母亲伤害未成年子女的案件，我得仔细看呀！"说完，韩法官又埋下头来仔细地翻看卷宗材料。同时，韩法官也不停地将一些对查清案件事实有帮助的重点内容记录在笔记本上。就这样过了很长时间，韩法官才基本了解了案件情况，整理好了相关的证据材料。韩法官在下班前，还不忘将一张便笺纸贴在了醒目的位置以提醒自己，上面写着"为了更好地查清徐丽故意伤害案，需要到其租住地司法所走访调查"。

第二天，韩法官和一位年轻干警来到了徐丽租住地的司法所，在向司法所工作人员出示了证件和法律文书后，又向他们说明了是来调查徐丽的有关情况。司法所工作人员对韩法官说："现在，徐丽因涉嫌故意伤害罪被羁押于看守所，她的丈夫许海携儿子已经搬离了原租住地，并且已经离开常州到外地打工了。另外，据群众反映，有人看到徐丽的女儿身上有伤痕，徐丽说是她自己不小心摔的；还有人看到徐丽打女儿，她总说自己打女儿时知道轻重的，会有分寸的；徐丽也说过对女儿的期望值很高，但是女儿不听她的话，她对此很生气，等等。"韩法官一边仔细地听着，一边用笔认真地作记录。通过此次调查，韩法官对被告人徐丽以及整个案件的情况又有了更加深入的了解。

开庭审理案件　裁判彰显正义

在查清了案件事实后，为了保证司法公正，韩法官又事无巨细地做了很多开庭前的准备工作。韩法官在与合议庭另外两位人民陪审员商量后，依照《中华人民共和国刑事诉讼法》的有关规定，立即发函通知法律援助中心为没有委托辩护人的徐丽指定辩护人为其提供法律援助。同时，韩法官考虑到玉玉是未成年人，决定不公开开庭审理本案。

经过开庭前的充分准备，作为审判长的韩法官敲响了法槌，庄严地宣布开庭。

在法庭调查的过程中，被告人徐丽供述："我的女儿玉玉出生以后就在老家由公公婆婆抚养，和我在一起的时间比较少，因此，我对女儿没什么感情。许海把玉玉接到常州以后，虽然我不太喜欢她，但是我不希望她的将来和我现在一样生活压力大。我希望她听我的话，能够达到我对她的要求，长大能够成才。然而，也不知道是她贪玩还是智商不高，导致她接受能力差，反正是教啥啥不会，我着急得不得了。因此，我曾经用擀面杖打过她。这次是因为玉玉的生活自理能力太差了，而且想到以前玉玉不听我的话，就一时没控制住自己的脾气朝她胸口踢了两脚，导致自己犯下了如此严重的罪行。"

公诉人讯问被告人徐丽："你从什么时候发现自己有时不能够完全控制自己的行为？"

被告人徐丽回答道："我记不清具体是什么时候了，因为我没有工作，只有丈夫一个人出去打工，所以经济压力和生活压力都很大。就这样，我的脾气慢慢变得特别大，精神状态也变得很不好，我丈夫总是说我有时候脾气很暴躁。"

在法庭辩论的过程中，被告人徐丽的指定辩护人提出：被告人徐丽年幼时母亲自杀去世，在成长过程中经常遭到父亲的责骂，这使得她性格较为内向，不知如何与人相处。婚后的经济压力和生活压力也使得被告人徐丽的情绪很不稳定，导致她走到了今天这一步。常州市德安医院司法鉴定所出具的司法鉴定意见书证明在案发时，被告人徐丽患有应激相关障碍，并且在发病期，系限定刑事责任能力人。在案发后被告人徐丽积极抢救被害人，主动投案自首，如实供述犯罪事实，自愿认罪和接受处罚。希望法庭能够充分考虑上述情况，依照相关法律规定对被告人徐丽在量刑上从轻从宽处理。

在对徐丽故意伤害案充分地进行了法庭调查和法庭辩论后，韩法官宣布休庭，并且组织合议庭评议。

作为审判长的韩法官与合议庭另外两位人民陪审员对徐丽故意伤害案进行了仔细分析和研究后，形成了一致的评议意见：被告人徐丽故意伤害他人身体，致人死亡，公诉机关指控的罪名成立，其行为已构成故意伤害罪，依法应处十年以上有期徒刑、无期徒刑或者死刑。经鉴定被告人徐丽在案发时患有应激相关障碍，并且在发病期，系限定刑事责任能力人。鉴于被告人徐丽实施故意伤害行为时尚未完全丧失辨认或者控制自己行为的能力，应当负刑事责任，但是可以减轻处罚。被告人徐丽明知他人报警仍在原地等待，在民警对其实施抓捕时无抗拒行为，并且如实供述其故意伤害他人的事实，系自首，依法可以从轻处罚。被告人徐丽已经取得丈夫许海的谅解，可酌情从轻处罚。被告人徐丽年幼时母亲自杀去世及其成长环境虽然对其性格有一定的影响，但并不是其实施故意伤害犯罪并且致被害人死亡的理由，故不应采纳指定辩护人就此请求对被告人徐丽从宽处理的辩护意见。为严肃国家法制，惩治犯罪，保护未成年人的人身权利及生命权不受侵犯，依照《中华人民共和国刑法》和《中华人民共和国刑事诉讼法》的有关规定，判处被告人徐丽有期徒刑六年。

合议庭评议后，韩法官在法庭上向被告人徐丽进行了宣判，并且告知她具有依法提起上诉的权利。徐丽当庭表示：我对自己故意伤害女儿致死的行为感到很后悔。我认罪，接受法律对我的处罚，不会提起上诉。

法院保驾护航　助力孩子成长

家庭应该是温馨的，更应该是保护未成年人的港湾。然而，有的家庭却充斥着暴力，徐丽故意伤害案就是一件典型的家庭暴力导致未成年人权益遭受严重侵害的案件。为了防止像玉玉这样的小花在被故意伤害后不幸凋谢的悲剧再次发生，更好地保护未成年人的合法权益，常州市天宁区人民法院不仅在司法裁判中保持公平公正，还采取了一系列的措施从源头上减少侵害未成年人案件的发生。

学校是教书育人的地方。其中，中小学对未成年人的教育和保护又处于十分重要的地位。对此，常州市天宁区人民法院的韩法官到中小学进行了走访，并且与学校的教职员工进行了座谈。在座谈过程中，韩法官介绍了常州市天宁区人民法院有关未成年人权益保护的"法治进校园"活动、中央电视台《今日说法》的"少年普法官"视频展播活动以及"与法同行成长路"系列之青少年法治教育活动等，并且希望学校积极参加各项法治教育活动，从而达到合作共建法治校园和平安校园的目的。

同时，常州市天宁区人民法院还组织了法官进社区普法。他们向社区居民分发了有关如何预防和制止故意伤害未成年人犯罪的资料，并且向他们详细地讲解了《中华人民共和国未成年人保护法》的立法宗旨和内容。通过加强法治宣传，使家长更好地掌握了教育未成年子女的方式方法，也了解了家庭暴力不仅会对未成年人的成长产生不利影响，还会触犯法律而受到制裁。还有，法官呼吁大家共同关心患有应激相关障碍的人，避免他们对自己或者他人造成伤害。

现在，常州市天宁区人民法院还在继续与其他地区的人民法院就少年家事审判工作进行交流。相信通过坚持不懈的努力，法院一定能够更好地保护未成年人的合法权益，从而使未成年人得到应有的关怀、温暖和幸福，他们的明天也将变得更加光明和灿烂！

诱人的手机

◎ 潘德进

一起因为手机而发生的未成年人盗窃案，一位因为手机带来的娱乐和虚荣而迷失自己的 16 岁少年。今天，让我们一起走近常州市天宁区人民法院少年与家事审判庭审理的一起案件，回顾一下他的犯罪历程，看一看对他的挽救和再造。

一、缘起

张扬是一名初中生，正如他的名字一样，在学校里很有个性，他喜欢装成大人的模样，抽烟耍酷、上网约架，小小年纪就有了"大王张"的绰号。

2020 年 4 月的一天，和张扬之前的校园生活并没有什么不一样。"上学真没意思啊"，张扬伸了伸懒腰，看了看班级里认真听课的同学，"还是'吃鸡'好玩儿。"张扬低下头，在课桌下聚精会神地玩着手机。

"张扬，这道题怎么做？"今天上的是数学课，王老师冷不丁地叫起了他。

"我……不会。"没有听课的张扬一脸无措地看着黑板上的题目。

"不好好听课当然不会了啊，在那边低着头干吗？"王老师走到张扬旁边，在抽屉里发现了手机。

"张扬，你怎么又玩手机，这是第几个手机了啊？游戏就这么好玩？比上课还重要？手机没收，我交给班主任保管，再通知你爸爸。"王老师对张扬生气至极，摇着头继续上课。

张扬知道，老师那边已经有他两个手机了，这是第三个，这些手机都是他从爸爸给的生活费、零花钱、过年给的压岁钱里省出来的，手机配置不高，但为了打游戏，他偷偷买的都是智能机。

张扬并不担心老师告诉爸爸，因为那是被打一顿的事情，他也习惯了，让他发愁的是，他的钱花完了，没办法再买一部手机，而这个赛季快结束了，他还没上王者，连续十个赛季的王者就要中断了。

"真愁人啊，没手机怎么办呢？"张扬漫不经心地听着课，脑子里却想着这个问题。

二、行窃

华灯初上，没有手机的陪伴、游戏的刺激，张扬的晚自习上得也有点无聊。走在回家的路上，他不自觉地关注着移动、电信营业厅，看着里面的手机，想着买回去玩的快乐。

"没有钱啊！"张扬摇着头走过去了，然而路上硕大的"Huawei"字标吸引着他，这家华为店里黑灯瞎火，里面没有人，但侧门却又开了一条缝，周边很黑暗的样子。

"我就去摸一摸"，张扬心里想着，紧张地慢慢走了过去，他看了看周围，很安静，没有人，又没有监控，顿时胆子大了起来，加快了速度，闪进了侧门的缝里。

店里面漆黑一片，只有墙上的挂钟在滴答滴答地走着，张扬借着街道昏暗的灯光，看着展柜里的手机，他连续把玩了几台样机，"这才是手机，手感、清晰度、反应速度都比我之前的好太多了！""哇，这边还有华为最新款的 WATCH GT2pro 手表，我戴上得多酷炫！"。在手机屏幕的亮光下，张扬渐渐兴奋起来。他又看了看周围，一个大胆的想法出现了："我要把手机拿走，必须完成我王者十一连的事业，反正也没人看见。"主意已定，张扬拔掉了一部华为 P40pro 手机与柜台的连接带，又去旁边柜台拿了一部未拆封的手机和一只 WATCH GT2pro 手表，他把手机和手表放进了书包里，立马跑了出去。

回到家后的张扬也有点紧张，但怀着没人看见的侥幸心理，他还是把手机拿出来玩了起来，在手机和游戏的刺激下，他暂时放下了做贼后的心虚，短暂享受着难得的快乐。

张扬是外地人，他十岁时才和爸爸来到常州，爸爸忙于工作，对于他也只是保证吃好、穿好，平常交流得并不多，晚上回来常常已是深夜，虽然很想和他聊聊学习的事、身边的故事，但一般看到的是睡着的张扬，对此他的爸爸是有些愧疚的。

这一天，爸爸为了早些见到儿子，和工友调了班，早点回来了。像往常一样，爸爸要去房间看看张扬，在打开房门的那一刹那，他发现张扬并没有睡，房间里有手机游戏的声音，爸爸知道他又玩手机了，怒气冲冲地冲进去准备教育一番，但打开门，他惊呆了。

只见张扬床上放着两部新手机和刚拆封的手机、手表包装盒。

爸爸立马问道："你怎么还在玩手机？这手机这么贵，你是从哪儿来的？"

面对突然回来的爸爸，张扬顿时紧张了起来，他满脸通红，又不敢承认，只能一个字也不说。爸爸越看越急，看看张扬那个样子，果断地问道："是不是你偷的？"张扬无奈地点了点头。

爸爸顿时气急攻心，给了张扬一巴掌，恨铁不成钢的爸爸立刻把张扬从被子里拖了出来，让他穿好衣服，跟他说："走，去派出所，这事情你敢做，就要敢当。"

来到派出所，民警了解事情经过后，经初步鉴定及计算，张扬偷盗物品价值高达 15574 元，已经超过盗窃罪的起刑点，达到定罪条件。

2020 年 4 月 16 日，张扬因涉嫌盗窃被常州市公安局天宁分局翠竹派出所刑事拘留，同年 5 月 12 日，被常州市天宁区检察院批准逮捕。被捕后，张扬对于自己的盗窃行为供认不讳，同日，公安机关调取失窃店铺的监控录像，印证了张扬的盗窃行为以及被窃物品数量。

三、审判

常州市天宁区人民检察院向常州市天宁区人民法院移送了指控被告人张扬犯盗窃罪的相关证据，认为被告人张扬的行为均已触犯《中华人民共和国刑法》第二百六十四条、第二十五条第一款之规定，应当以盗窃罪追究其刑事责任，并结合案情及认罪认罚情况提出相应量刑建议。

常州市天宁区人民法院经审理查明，2020 年 4 月 16 日，被告人张扬在江苏省常州市天宁区翠竹新村 HUAWEI 手机店内，趁无人经营，店铺侧门未锁时实施盗窃，窃得被害人常州市某通讯器材有限公司放置在店内的华为 P40pro 手机两部、华为 WATCH GT2pro 手表一只，总计价值人民币 15574 元。案发后，被窃的华为 P40pro 手机两部、华为 WATCH GT2pro 手表一只已由公安机关追回并发还。

案发后，张扬所在的社区矫正工作领导小组办公室对被告人进行了调查评估，查明被告人张扬社会关系简单，家庭经济状况良好，身心健康，邻里关系和睦，有明显悔罪态度，无犯罪前科，在居住地表现良好且具备社区矫正条件，据此同意对被告人判处非监禁刑罚，适合社区矫正。

审理中，被告人张扬对被害人常州市某通讯器材有限公司进行了相应退赔，被害人常州市某通讯器材有限公司出具谅解书，对被告人张扬表示谅解。在本案审理过程中，被告人张扬已预交罚金。

常州市天宁区人民法院认为，被告人张扬以非法占有为目的，采用秘密手段窃取公私财物，数额较大，公诉机关的指控成立，被告人的行为已构成盗窃罪，依法应处三年以下有期徒刑、拘役或者管制，并处或者单处罚金。被告人张扬犯罪时已满十六周岁不满十八周岁，属未成年人犯罪，依法应予以从轻处罚。被告人张扬因涉嫌犯盗窃罪被公安机关抓获后，如实供述其罪行，自愿认罪认罚，接受法院判决，依法可以从轻处罚。被告人张扬积极退赔并退出违法所得，取得被害人谅解，积极缴纳罚金，可酌情予以从轻处罚。被告人张扬的辩护人提出张扬系初犯、偶犯，请求从轻处罚的辩护意见予以采纳。公诉机关所提量刑建议，予以采纳。为严肃国家法制，惩治犯罪，保护公民财产权利不受侵犯，常州市天宁区人民法院依照《中华人民共和国刑法》第二百六十四条，第十七条第一款、第三款，第二十五条第一款，第六十七条第三款，第七十二条第一款、第三款，第七十三条第二款、第三款，第五十二条，第六十四条，第六十一条，《最高人民法院、最高人民检察院关于办理盗窃刑事案件适用法律若干问题的解释》第一条、第三条第一款、第十四条之规定，判决被告人张扬犯盗窃罪，判处缓刑。

四、关怀

法官了解到张扬系外来人员、单亲家庭，其父母疏于管教，其本身不学法、不懂法，是实施盗窃犯罪的重要原因。

张扬正处于心智发展极为重要的青春期，为了避免张扬在看守所与其他社会人员"交叉感染"，法院引入"未成年人羁押必要性审查"机制，考虑到张扬系初犯，平时无违法乱纪表现，主动自首、如实供述自己罪行，又认罪认罚，法院经审核认为其符合暂缓羁押条件，变更其羁押强制措施。

在法庭上，张扬表示能够吸取教训，端正自己的价值观、人生观，积极学法、懂法、守法，自尊自爱，承诺会做一个遵纪守法的人。为了给张扬一个改过自新的机会，避免因为本案一时的贪心影响他一辈子的人生轨迹，法院及时引入"未成年人犯罪记录封存制度"，进一步明确了张扬犯罪档案查询的主体范围和批准程序，以及查询人的保密义务，为张扬彻底摆脱前科阴影，重新走上正常的人生轨道奠定了基础。

张扬由于涉及刑事犯罪，多次玩手机屡教不改，学校对于张扬在缓刑期间仍然就读有一定抵触心理，为此，法院启动"复学安置"流程，积极与张扬所在学校联系，告知学校有保障张扬受教育权的法定义务，是防止其再次走上违法犯罪道路的关键一环。张扬由于涉及刑事案件，错过了6月份的中考，导致初三再次复读，他表示在新的学期里，会努力学习，改变自己的命运。

张扬在庭审时说，以为自己拿了两部手机，再还回去或者让爸爸赔钱就行了，不会构成犯罪。针对张扬反映的此类法律意识淡薄问题，法院应及时开展多项宣传教育活动。一是在庭审时将法庭教育贯穿始终，注重把握法庭教育时机、重点和方法，让张扬在本案审理中感受到他给社会带来的危害，认识到需要对法律心存敬畏；二是在学校中开展"无讼学校"创建活动，开展专门法治讲座，将以张扬为代表的未成年人存在的法律误区整理出来，有针对性地进行宣讲，同时和学校加强联系，到学校开设专门法制课，进行法律和安全教育，甚至委派年轻法官深入校园，担任校外辅导员；三是在线上开展拓展宣传平台，打造"全方位"宣教网络，与电台合作举办相应活动，组织学生旁听线上开庭、"开学第一课"等，丰富教育宣传内容，让学生对此感兴趣。

五、悔恨

在这件案件中，张扬看到父亲为自己忙碌操劳，担惊受怕，心里充满悔恨；在派出所，看到自己身陷囹圄，丧失自由，竟然沦落成小偷，张扬无比愧疚。在那时，他突然发现手机游戏也没

花落花开 常州法院保护未成年人案例精选

那么好玩。

这时候，他知道自己的人生留下了不光彩的一页，这一页需要后面无数的努力才能洗刷干净；这时候，他也知道自己处于一个人生的十字路口，是继续这样浑浑噩噩地沦落下去，还是趁着青春努力奋斗一把，改变自己在父亲、老师、同学甚至自己心中的评价。

毫无疑问，张扬选择了第二条路，虽然开始很艰难，但是他说端正自己的态度，控制自己的欲望是改变的第一步。第一步虽然最艰难，但慢慢坚持下去，走下去，会越走越快，越走越好！

法官的坚持换来别样的人生

◎ 王　明

　　每个孩子都是独一无二的星星，每段青春都是最美的芳华。每个孩子都希望得到父母的关爱、老师的鼓励、社会的关心。然而，总有些孩子由于家庭环境、成长经历、受教育情况、脾气性格等情况所致，其人生会经历更多的故事。

一、家庭教育的缺失

　　小刘自幼生活在农村，由于家庭经济不太宽裕，在小刘七岁以前，父母基本上都是外出打工，很少回家，甚至春节有时也因忙不过来回不了家。因此，小刘从小就跟随爷爷奶奶在老家生活，跟爷爷奶奶很是亲密。虽然爷爷奶奶过于溺爱孙子，但小刘也没能像同龄人一样，得到更多父母的关爱。

　　很不幸是，在小刘七岁那年，一直疼爱他的爷爷奶奶因病先后去世。对于从小由爷爷奶奶抚养的小刘来说，犹如晴天霹雳，像失去了灵魂，小刘也变得不怎么和人说话了。

二、成长经历的偏航

爷爷奶奶的先后离世，对小刘的打击太大，小刘变得很内向。小刘的父母带着他一起来到打工所在的城市，小刘也在这个城市开启了他的小学生活。由于父母忙于工作，疏于管教，小刘的学习成绩一般。步入初中后，随着年龄的逐渐增长，独立意识逐渐增强，父母也没有意识到孩子成长过程中的变化，也没有更多的精力陪伴、教育孩子，小刘与初中同学、邻居交往多了起来，性格也比小学时外向了。由于学习成绩的不如意，小刘没能考上高中，因此，父母为其选择了一所技术院校，希望其能学得一技之长。但是小刘没能体会父母的一片苦心，多与其初中同学交往，而交往的初中同学基本都不上学，进而严重影响了小刘在技术院校的学习。

三、误入歧途

2017年5月13日凌晨3时16分，南大街派出所接110指令称西瀛里芭比酒吧对面，有人打了报警人并抢走了报警人的手机。经初步侦查，民警发现五名嫌疑人抢劫后共骑一辆电动车行驶至新冶路199号，遂至该处伏击，抓获其中四名嫌疑人，另一名嫌疑人在常州某技校被抓获，而在某技校抓获的嫌疑人正是小刘。

四、刚性法律的柔情

法律面前人人平等，只要违法，必将受到惩罚。毫无疑问，小刘的行为无疑已经触犯了刑事法律，必将受到法律的惩罚。小刘及其同伙以非法占有为目的，采用拳打脚踢等暴力手段，强行劫取他人财物，其行为均已构成抢劫罪，属共同犯罪，应受刑事处罚。

但是罪刑相适应是刑法的一项重要原则，小刘等人所受刑罚也应与其行为的社会危害性相适应。法院在审理过程中，认为小刘在犯罪时已满十四周岁不满十八周岁，应当减轻处罚；归案后如实供述自己的罪行，也可以从轻处罚；案发后，小刘能积极赔偿被害人损失，获得被害人谅解，可以酌情从轻处罚。

然而检察机关根据相关规定，向法庭提交了司法局出具的对小刘等人的调查评估意见书，该意见书认为小刘等人不符合监管条件，不愿意接收其在本辖区社区矫正。如此一来，判决缓刑后，小刘将处于无人监管状态，不符合法律关于适用缓刑的规定。

法官通过调查，了解到小刘的上述家庭环境、教育经历、成长经历等情况，其此次犯罪是由于交友不慎，加上法治意识淡薄，才导致其走上了违法犯罪的道路。经过教育及心理咨询师的心理辅导，小刘表示认识到自己的行为是错误的，愿意悔过自新，不再触犯法律，希望法庭能给他一次改过自新的机会。

法官召集公诉人、司法局、小刘及其法定代理人、指定辩护人就小刘是否适用非监禁刑进行听证，司法局在听取各方意见后表示，鉴于小刘已实际居住在常州多年，如果无社会危害性，并且能遵守社区矫正规定，可以考虑接收小刘在该辖区进行社区矫正。

据此，法院根据小刘的犯罪情节、悔罪态度、取得被害人谅解等综合因素，对小刘适用缓刑确实不致再危害社会，最终判决认定小刘犯抢劫罪，判处相应有期徒刑，并适用缓刑。

五、教育改过自新

　　小刘为自己的行为深深感到后悔，法庭宣判后，他当庭写下了悔过书，"取保候审出来后，我把那些人的联系方式都删掉。告别过去的自己，给自己一个新的开始"，并且还意识到"这次是我人生道路上意义非凡的一次经历，我想它会成为让我永远都忘不了的经历，在以后的生活中警示我，对自己所犯下的错、给他人和社会造成的不良影响，表示真诚的悔过和歉意"。

　　法官也劝导并希望小刘吸取教训，改过自新，努力学习文化知识，努力工作，以劳动创造价值，回馈社会，回报父母的养育恩情，做一个遵纪守法的人，对自己、家人、社会负责任的人。

不再懦弱，她替孩子向前夫要回多年所欠抚养费

◎赵　超

　　这几天，钱燕一直闷闷不乐，她 11 岁的女儿小丽马上要上初中了，她每天晚上独自陪女儿做功课，看着女儿认真学习的样子，却在为女儿的学费揪心。想着这些年来所受的苦与累，她决定不再自己一个人隐忍下去了，为了女儿她也要站出来。而这一切，都源于九年前她那一桩痛苦的婚姻。2010 年年仅 22 岁的她初入社会，经人介绍与大她 6 岁的张雨相识。没多久二人便坠入爱河，不久后钱燕发现自己有了身孕，一晃钱燕怀孕五个月了，而张雨却每日游手好闲，丝毫没有要负责的意思。在钱燕多次与张雨争吵后，二人勉强领了结婚证。几个月后孩子降生，二人却有了隔阂，三天两头争吵。两年后钱燕与张雨和平分手，协议离婚，孩子由钱燕抚养，张雨每月支付女儿生活费 1000 元，直至女儿年满 18 周岁。

　　到了第一个月该付女儿生活费了，钱燕打电话给张雨催问。张雨冷冷地回答她："不会少你这几百元，有钱就会给你送过去！"然而他并没有如约付款。后来孩子要上幼儿园，需要凑齐女儿的学费，她又多次找张雨催讨抚养费。对钱燕的催讨，张雨每次都

显得极不耐烦，即使钱燕好话说尽，他也只是象征性地付几百。"要抚养费跟讨债一样！"钱燕哽咽着说。再后来张雨便失踪了，钱燕多次上门去找张雨，得到的答案是没人知道他去了哪里，但现在女儿面临上学，学费成了大难题，无奈之下，钱燕只好再次拨通张雨的电话，却发现原来的号码已经成了空号。张雨的家人告诉她，张雨离婚后不久，就外出打工去了，至今没往家里打过电话，因此新换的号码他们也不知道。

从此钱燕独自一人承担起照顾女儿成长的义务，一个人负责女儿吃穿上学，还要四处打零工维持生计，生活得十分艰辛。十年来张雨从未露面，也未给过女儿一分钱。最近钱燕偶然听人说起，张雨好像与家里有联系了，钱燕赶紧找到张雨的母亲了解情况，张母说张雨确实联系了自己，现在儿子在浙江打工，过得也不好，每月工资也不多，自己年纪也大了，实在没有能力拿钱出来。

律师建议："到法院起诉。"

走投无路的钱燕想到了打官司。可从未打过官司的她有点犯怵，在几次"路过"法院后她终于鼓起勇气跨进常州市钟楼区人民法院的大门。"你好，请问有什么需要帮助？"面对热情的法院导诉人员，钱燕再也忍不住眼泪，导诉人员引导钱燕来到法院设立的律师值班处，这里有免费的律师可以提供咨询。在了解到钱燕的困难后，律师给出了她替女儿向法院起诉追讨抚养费的建议，工作人员建议钱燕可以申请法律援助。"我自己可以，这点小事不麻烦国家了。"倔强的钱燕在工作人员的帮助下写好起诉状，递交给法院立案。

钟楼区人民法院立案受理后，承办人经几次邮寄送达开庭应诉材料后，均以无人签收为由退回。法官助理赵超、书记员王童立即开展上门送达工作，上门走访后发现被告户籍地址白天无人，经向邻居了解家里只有张雨母亲一个人居住，张雨已经多年不归家了，张雨母亲一个人也是艰难度日。工作人员在门上留下了法院的联系方式及应诉材料。隔天，张雨的母亲向法院打来电话，说儿子在浙江打工，孩子的抚养费不是不愿意付，是儿子在外打工收入微薄。儿子婚姻失败后，自觉没有脸面，便离家出走打工了。工作人员向其要到了张雨的联系方式，几经周折终于联系上了张雨。张雨表示自己不是不愿意付钱，只是自己无颜回家，再加上自己收入微薄实在没能力付钱。法官助理赵超耐心地向张雨告知法律规定，告知其父母对子女具有抚养义务，如不履行义务，子女有权利起诉追要抚养费，如果还是拒不配合可能面临执行惩戒，在外打工也会受影响，而且这也是修复父女关系的契机，希望张雨能够抓住机会，承担起一个父亲的责任，不要为以后留下遗憾。在听了工作人员苦口婆心的劝导后，张雨答应配合法院开庭，并如期提交了答辩状。因工作原因，不方便请假，张雨还委托了老母亲到庭应诉。开庭当日，在法官的一番调解之下，张雨母亲也深刻认识到对孩子的亏欠，当场与儿子沟通后答应补足九年所欠抚养费80000元，并承诺年前支付40000元，之后的抚养费会每月定期支付。

后经承办人了解，年前钱燕母女已经拿到了部分抚养费，解决了燃眉之急，张雨也按承诺每月支付抚养费。虽然有时候张雨没能足额支付，但钱燕也很知足了。孩子与爸爸、奶奶的关系也好了很多，孩子还会定期与他们视频聊天。一桩索要抚养费的案件，就此得到了圆满解决。

爸爸再爱我一次

◎李　倩

"我从记事起就没怎么感受过他爱我，一直以来都是我妈管我，但我还在幻想着，也许有一天等我爸老了，他们两个都想通了，不计较过去，还是会一起生活，那时我也会陪着他们。"林陌陌小心翼翼地在日记本上写下这段话，她也不记得自己是多少次这样憧憬着一家三口幸福生活着的场景。但残酷的现实如一盆冷水瞬间将她浇醒。

外出打工追寻幸福生活

李某与林某两人是初中同学，在老家毕业后两人结婚走到了一起，怀揣着对未来美好生活的向往，两人来到了陌生的南方城市一起奋斗，希望创造更好的生活条件。虽然刚开始的日子很苦很累，但是小夫妻携手并肩、相依相伴，在辛苦之中也是一种幸福和欣慰。由于李、林二人勤劳踏实，慢慢地收入增长了很多，生活也越来越好。1997年的8月，夫妻二人迎来了爱情的结晶——女儿林陌陌。林陌陌的到来给夫妻二人带来了为人父母的幸福，也带来了更多生活的动力，夫妻二人兢兢业业，小日子慢慢红火起来，二人在所在城市按揭贷款买了一套属于自己的房子，有了自己的家。

夫妻离异割裂父女之情

但是随着生活的继续，柴米油盐的日常琐碎消磨了二人的感情，夫妻二人经常因为一些小事闹矛盾，夫妻感情日益淡漠。从陌陌记事起，父母不是在吵架就是在冷战，凌乱狭小的家里她感受不到一丝温暖。八岁那年，父母终于离婚了，陌陌由母亲李某抚养。父母的分开对他们来说似乎是一种解脱，但对林陌陌来说，她失去的不仅是一个完整的家，更是失去了父亲的关心和爱。

林陌陌和妈妈从原来的大房子里搬了出来，所有的家具家电连同美好的回忆全都留在了那里。她和妈妈搬到一个狭小的出租屋里，那是一片待拆迁的小区，房子破旧不堪，一到晚上，野猫野狗到处乱窜。母亲为了生计，起早贪黑地在火车站做保洁员，而林陌陌只能蜷缩在自己的小床上，盼着妈妈早点回来。原本一个热情开朗的女孩在最需要爱的年纪因为父母的离异而被家人遗忘和忽视。林陌陌开始变得沉默寡言，用冷酷的外表将自己与外界隔离开来，但在她内心深处是多么渴望被家人关心和宠爱，尤其是来自父亲的爱。

十岁那年，林陌陌得知父亲再婚了，不久后还给自己生下一个小弟弟，林陌陌希望父母复婚的愿望彻底破灭了。她感觉自己被父亲无情地抛弃了，父亲每次来看她她都躲起来不见。在父亲重新组建了家庭后，林陌陌和父亲更是疏于往来，她知道，以前自己是父亲的全部，可现在父亲的爱全都给了那个自己从没见过面的弟弟。

2017 年，林陌陌考上了初中，学业压力一下子变大了，她选择住校，这样她可以有更多的时间学习，更重要的是她不用下了晚自习再一个人走过黑洞洞的小区。但随之而来的是高额的学费、补习费和住宿费，妈妈辛辛苦苦挣的钱只够应付她们日常的开销。看着妈妈日益消瘦的脸庞和不断增多的白发，林陌陌还是鼓励妈妈向法院提起诉讼，要求父亲增加抚养费，最终在法院的调解下，林陌陌每月 500 元的生活费和相关教育费、医疗费由父亲来承担。在法庭上，林陌陌又一次见到了自己的父亲，看到那个曾经对自己呵护备至而现在为了区区几百块钱争得面红耳赤的父亲，林陌陌都不愿相信这一切是真实的，"妈妈一个人带着我这么辛苦，爸爸现在有了自己的家庭要负担也可能是真的没钱，我觉得我是个没用的人，只会增加妈妈和爸爸的负担。"林陌陌心里默默地想着流下了眼泪。

柔情执行唤醒沉睡父爱

三年的初中生活很快结束了。中考后林陌陌收到了某五年制大专院校寄来的录取通知书，能够继续读书让她很开心，可上万元的学费却让她犯了难。没日没夜的操劳让妈妈的身体大不如前，辛辛苦苦的收入只能维持一家人的生活，面对高额的学杂费，东拼西凑之后还缺一部分，林陌陌没办法，她只好拿着录取通知书找到了自己的父亲。没想到的是，父亲竟然百般推脱，林陌陌失望极了，她不相信这是曾经对自己宠爱有加的父亲。离开学的日期越来越近了，多次沟通无果后，林陌陌和母亲只好拿着之前的调解书来到法院申请强制执行。

执行法官明白，对于家庭纠纷类的执行案件，只有找准症结，才能解开心结。执行法官在了解了案情之后，来到林某的新家，向其讲明利害关系，动之以情、晓之以理，林某一直低头不语。但是其现任妻子刘某某却极不配合，对着承办法官大吵大闹，声称林某的钱要养家养自己的孩子，没有闲钱给林陌陌，林某已经离了婚，和林陌陌已经没有关系了，让林陌陌以后不要再来烦他们家，他们一分钱也不会给。执行法官试图与其沟通，但是其不断撒泼要赖，甚至推搡执行法官，在劝解无效的情况下，对于妨碍公务的刘某某采取了强制措施并对其进行了教育，让其从一个母亲的角度去考虑问题。刘某某幡然悔悟，表示不再制止老公抚养女儿。做好了刘某某的思想工作后，执行法官找来了林陌陌和她的父亲，分别询问了他们各自的想法，同时执行法官还细心地让林陌陌带上了自己的相册，让陌陌和父亲一起翻看她成长的照片，回忆父女俩曾经的幸福点滴。通过共同翻看相册，父女二人彻底向执行法官敞开了心扉。对于自己的父亲，林陌陌在心底仍是爱着他，同时她又多么渴望自己的父亲也能多爱自己，但父亲新建成家庭以后很少来看自己，让她感觉被抛弃了，于是她开始和父亲赌气，也不愿再见他！当执行法官把林陌陌心里的想法告诉她父亲后，这个固执的男人流下了眼泪，他知道，他错怪了自己的女儿，也亏欠了自己的女儿，他太自私了，只想着自己的感受，而忽略了他们父女之间的亲情，原来这么多年女儿仍是爱着自己的。

最终，在亲情感召下，林陌陌的父亲表示愿意支付女儿的学费，并支持女儿不断深造，但是限于经济能力，只能拿出 6000 元现金，剩余的钱要过一段时间才能支付。可是开学在即，6000 元离陌陌的学费还差一截。同样为人父母的执行法官看在眼里，急在心里，将案件情况上报局领导。执行局领导了解到情况以后，决定由承办法官和执行局领导共同垫付林陌陌剩余的学费，以解陌陌燃眉之急，让其安心入学。

9 月 1 日，林陌陌像所有的孩子一样带着微笑走进了校园，开始自己的校园生活，陌陌觉得现在的自己无比幸福，父亲的爱又回来了，她的人生缺憾少了。而后，林某也主动到法院交齐了剩余学费。林某说："法官帮助我们消除了父女之间的隔阂，填补了父女之间感情的裂缝，让我重新找回了女儿，这一次我一定尽到一个父亲的责任，不会再把女儿弄丢。"

变更，为了更好地监护

◎居 正

"世上只有妈妈好，有妈的孩子像块宝"，正如熟悉的歌谣所唱的，儿时的我们就像一块宝一样被爸爸妈妈呵护在臂弯之间。但总有这样或那样的不幸，有人从小就失去了这样的臂弯，我们的故事便源自这样一个孩童。

四岁男孩　痛失双亲

2007 年劳动节，当大家都沉浸在放假的愉悦之中时，住在常州市武进区的钱文其一家，却没有一丝欢乐的氛围，空气好像凝固，隐约传来断断续续的抽泣声和焦急的呼救声，"喂，是第一人民医院吗？我的儿子快不行了，求你们救救他吧！"

第二天，年仅 28 岁的钱伟斌就静静地离开了人世。

钱伟斌是一家之主钱文其的大儿子，在 2002 年与其妻子陈紫云结婚，并育有一子名钱鑫。原本将要迎来幸福生活的一家三口，在婚后第四年也就是 2006 年一次例常的体检后，迎来了噩耗。钱伟斌被查出患有胃癌，并且肿瘤已经开始扩散，这属于胃癌晚期的症状，如果不立即接受治疗，最多坚持三到四个月。一张胃癌诊断书，如同一道晴天霹雳，击打在这一家三口的心上。得知儿子病情的钱文其与妻子施朵真，立马通知小儿子钱惠民一起把钱伟斌送到医院接受治疗。

"你儿子已经属于胃癌晚期了，我个人不建议动手术，现在只能通过化疗等综合治疗来延缓肿瘤扩散，这样坚持一年应该是没问题的。"

"医生，他是我儿子，我不能眼睁睁看着他走在我前面啊，求你把我的胃移植过去吧！"老两口声泪俱下。

最终由于癌细胞已经转移，钱伟斌的病情无法得到遏制，在2007年劳动节的第二天，离开了人世。由于给儿子治病，老两口在外面还欠了一笔款，生活十分拮据。

然而，就在同年10月，钱鑫的母亲陈紫云离家出走。年幼的钱鑫此时还不明白，一年之间，接连失去了父母意味着什么。就这样，家里靠着爷爷奶奶卖菜的收入和叔叔的接济维持生活，小钱鑫一天天长大。十年过去了，钱鑫已经上了初中，家里也慢慢从过去的阴影中走出来，但是监护人的缺失仍然导致钱鑫的生活产生了很多不便。在一次家庭聚会中，他的婶婶提出，可以申请变更孩子的监护人。

诉诸于法　喜迎希望

为了更好地将钱鑫抚养长大，老两口在得知可以变更监护人后，立马通过各种方式打听变更方式。经过一段时间的准备，2016年5月，钱文其、施朵真和钱惠民共同作为申请人，向当地村委提出申请，要求指定三人为被监护人钱鑫的共同监护人。同年 5 月 15 日，村委会答复称：因考虑钱鑫的第一顺序监护人陈紫云仍然在世，故村委会不宜指定你们担任钱鑫的共同监护人，建议去法院解决监护人问题。于是，案子来到了武进法院少年审判庭法官手上。

"法官，我们向您申请将我孙子的监护人变更为我们俩。"老两口在谈话室里请求道。

"孩子的母亲呢？"法官问。

"在我儿子去世几个月后，她就离家出走了，之后再也没回来过，也没跟我们联系过，我们也去过她老家，她父母也不清楚她的去向。"钱文其如是答道。

经过与钱文其夫妇还有钱鑫的多次谈话，法官了解到孩子的妈妈陈紫云自从离开后，确实没有再回来过，钱鑫对她妈妈甚至没有一点印象。如此情况下，考虑到孩子今后的学业和生活，为他确立合适的监护人十分必要且紧迫。为了切实维护好未成年人的合法权益，法官连夜加班加点在审判文书系统中搜寻相关监护权变更案例，与钱鑫的案件比较分析，寻找最合适的裁判思路。根据当时的《民法通则》，变更监护人有三种方式：撤销监护人、指定监护人以及变更监护人。而结合该案的实际情况，前两种方式是缺乏事实依据的，因此，只能进行变更监护人的诉讼。在告知钱文其夫妇权利义务后，通过公告送达的方式通知了陈紫云，法官又亲自实地走访村委邻里了解情况。

最终，2016 年 10 月 27 日，武进法院支持了钱文其夫妇的诉讼请求，判决变更钱鑫的监护人为钱文其、施朵真。

法外有情　益童成长

有了法院判决的支持，爷爷奶奶如愿以偿地获得了孙子的监护权。但压在他们身上的担子依然很大，自己年事已高，靠卖菜为生，加上小儿子的帮助，家里的收入刚好够开销，如果没有义务教育，钱鑫甚至面临读不起书的风险。判决过后，法官也经常和老两口联系，也去亲自探望过，几次下来，钱鑫对法官都很熟悉了，每次见她来都很热情地叫"阿姨，阿姨"。也许这里面有钱鑫对母亲、母爱的幻想，才会对法官如此亲近。

"其实钱鑫这种情况，我们区里面是有相关公益活动的，法院最近正好也在做益童成长的活动，我已经把钱鑫的情况汇报给领导了，也算是我力所能及的一点帮助吧。"法官又一次来到钱鑫家中，向钱文其夫妇告知。

"真是太感谢党和政府了，感谢法官！是您给了钱鑫和我们希望。"钱文其夫妇激动地拉着法官的手。

"维护孩子的权益是我们的职责，他们是祖国的未来，我也为钱鑫感到高兴。"

监护权　是权利更是义务

长期以来，年轻的夫妻男方去世女方改嫁他乡的情况在广大农村较为常见，而所生的未成年子女往往留给男方的父母。个中原因多种多样，有想安定下来，但孤儿寡母生活异常艰难的；有想带走孩子，但家族阻力太大无法带走的；也有嫌孩子是负担，担心不好重新嫁人的……无论如何，在这种情况下，未成年人是最大的受害者。除去传统家庭关爱的缺失，在日常生活、求学中，没有明确的监护人，对于其合法权益也会有较大影响。比如，没有监护人无法办理相关的人身保险、无法办理出国学习手续等，使得该类未成年人的合法权益无法得到保障。所以，对此类问题根据案件情况，果断变更监护人，既更好地保护了未成年人的合法权益，也让未成年人的父母更加珍视其作为父母享有的法定监护权，也让他们清楚地认识到，法定监护权不是不能变动的，它既是一种权利，同时也意味着义务与担当。

今年，19 岁的钱鑫没有辜负爷爷奶奶的期望，顺利地考上了大学，专业是法学。他说他的梦想是成为一名法官，因为他也想把希望带给更多人……

朝阳余晖

◎ 杨梦茹

啪啪啪，熟悉的脚步声从破旧的木质楼梯上传来，朝阳一个机灵，爹回来了，他把刚买的 500 元智能手机塞进裤袋，起身想去开门。

"嘭"一声，门被生硬地踹开，门栓掉落在地，不足十平方米的出租屋被父亲浑身散发的酒气充满。

"爹，你又喝酒了。"

"小兔崽子，你死哪去了，这都一个月没见着你了。"说话间父亲将手上提的工地安全帽丢在一边，随手抄起门旁的扫把就往朝阳身上打。朝阳左右躲闪，跑到了门外。

"爹，饭店的工作我不干了，换了一份工作，回来跟你说一声。"

"随你便，有多远滚多远。"父亲的吼声回荡在破旧的出租屋内，说罢，就倒在床上呼呼睡去。

朝阳跑到大街上，此时手机震动了一下，是好友严良发来的短信："老时间，蓝冰网吧见，商量一下今晚的行动方案。"

朝阳飞奔在老街的小巷，迎面而来的是各家的饭菜香，此时他也感受到了一丝饥饿，但一想到晚上的行动，他就紧张兴奋得顾不上这些了。

　　从上个月开始，朝阳和严良就开始了他们的疯狂行动，似有老天眷顾，每次下手都能得逞。上个月初，朝阳实在没钱花了，他和严良听阿龙哥说偷东西换钱花，不会有人发现。阿龙哥是他们的头头，在顺达联想电脑店工作，比他们早出来混一年。第一次偷的是小卖部的香烟，阿龙带着朝阳假装在买餐巾纸，严良要买烟，严良趁老板不注意，就拿着烟跑掉了，起初有些不安，但是并没有人找到他们，偷来的烟换了 206 元，他们在网吧疯狂玩了几个通宵；第二次他们的胆子大了一些，半夜里叫上了在网吧认识的小腾和大虎，几个人一起将停在老房子门口的摩托车推走卖掉了，卖了 200 元；接下来，每隔几天他们一伙就会开始行动，一共推走了……朝阳仔细盘算了一下，八辆车子，除了有一次他们被路人发现推了一半跑走了，其余七次都成功了。想到这里，朝阳不禁感叹，来钱真容易。不过每次销赃后分得的钱并不多，二三百元，去网吧挥霍两天买两包烟抽抽就用完了。因此他们决定今晚去干票大的，想到这里朝阳不禁加快了脚步。

　　蓝冰网吧门口的霓虹灯已经亮起，拉开大门的遮光帘，浓重的烟味混杂着泡面味扑面而来，他一眼就看到了在玩游戏的严良和阿龙哥，两人头都没抬，道了句："你来啦。这局刚开始呢，你也来玩会儿。"朝阳的瘾上来了，也坐下来玩了几局。

　　不知不觉晚上 9 点过了，小腾和大虎也到了，他们一起商量了一下今晚的分工，小腾和大虎负责望风，朝阳、阿龙和严良进入兴旺烟酒店偷香烟。前两天他们已经去摸过底了，店主是个六十多岁的老奶奶，晚上关门早，店在老街的背面，人流少，安

花落花开　常州法院保护未成年人案例精选

保措施差。他们决定去烧烤店撮一顿后再行动，今晚轮到朝阳请客，一顿饭下来花了 150 元，此时朝阳的钱包已经见了底，他红着脸把最后的 50 元交到了烧烤店老板手中，心想：今晚一定要多顺点。

夜宵过后，已经是深夜 1 点了，各自就位后，朝阳、阿龙和严良用铁棍把卷帘门撬开，打着手电进入店内，将柜台上的散烟一股脑儿装进了背包里，把抽屉里的钱也全都放进背包里，在外面望风的小腾和大虎吹起了口哨，他们疯狂往外跑，走的时候朝阳还顺手拿了一箱地上的康师傅泡面。

他们狂奔至会合地点，数了一下"战利品"，并让小腾明早去邻镇的烟酒店将偷来的香烟换成钱。商量完毕后，一起走去蓝冰网吧。一路上，大家对刚才偷东西的场景进行了回顾，互相嗔怪着，推搡着，几个大男孩的笑声回荡在寂静的街巷。朝阳觉得此时的他是快乐的，因为在这个小团体中找到了认同感。虽然这段时间他偶尔也会被偷东西带来的自责困扰，但是他觉得没被发现就没事。朝阳盘算着拿到偷来物品换成的钱后，他要给老家的妹妹买一个生日礼物。父亲来到城市打工把朝阳也带到城市里来读书，父母是二婚，母亲和妹妹在老家务农。他总是无法融入城市的环境，在学校里，老师和同学们会嘲笑他浓重的口音，回家后整日酗酒的父亲对他不管不顾，偶尔丢下几十元零花钱了事。如今他已经 17 周岁了，13 岁小学毕业后，他就不读书了，前前后后在洗车店、几个饭店打过工，因为饭店包吃包住，他就从父亲的出租屋搬出来住了。他在洗车店认识的严良，后来认识了阿龙哥，阿龙哥教会了他们抽烟、偷东西。他在阿龙哥组建的小群体里找到了自己的价值，一群年龄相仿的辍学青年在人生观、价值观的形成期，极易受到不良社会因素的蛊惑。朝阳回忆起自己第一次抽烟被烟呛得不停咳嗽，如今他熟练地点燃一支烟，深深地吸了一口，烟雾从鼻腔呼出，清凉的晚风吹着年轻燥热的身体，他觉得无比惬意。

没过多久他们就齐刷刷地坐在了蓝冰网吧，吃着泡面打着热门网游。网吧里的人走了一波又来了一波，朝阳一直坐在固定的位置沉湎于自己的游戏世界。突然，有人拍了拍他的肩膀，他以为是阿龙哥，不耐烦地用手推开，那人摘下了他的耳机，亮出了证件："请问是朝阳吗，跟我们所里走一趟。"朝阳的脑袋突然有些晕乎，过去两个月的一桩桩一幕幕从他的脑中闪过。

他被铐上手铐，带到了网吧外，天边有一轮太阳散发着柔和的光芒，此时朝阳已经分不清那是初升的太阳还是落日的余晖。

之后的许多天，朝阳是清醒的，也是迷糊的。他被许多人带着先后进出了很多地方，派出所、看守所、法院，最后在看守所里待了六个月。在派出所里，警察说他的同伙已经全部招供了，他觉得也没必要隐瞒，便把自己参与的盗窃案件全盘供述，并参与指认了曾经的犯罪现场。在看守所里，一名法律援助律师会见了他，询问他的近况并告诉他要积极配合公检法的工作，主动认罪，争取从轻处罚。在法院里，朝阳见到了父亲，这回他没有喝得酒气熏天，在被告人席上，朝阳无助地望向他，父亲却始终低着头。

从看守所出来后，朝阳依然是迷茫的，但好与坏、是与非的观念已经在内心形成，他脱离了阿龙哥的团体，开始了新的生活。

九月的一天，他骑着送外卖的电动车回家，看到一个熟悉的身影在家门口等待，原来是曾经在法院里给他做过心理测评的李法官。当时的案件中，他和严良因为是未成年人，法院特意对他们进行了房树人测评和心理访谈。访谈中，李法官跟他讲了许多年轻人曾经迷途犯罪的案例，最后他们通过自己的努力重回社会。李法官最后说的话一直深深影响着朝阳，她说："好好走自己的路，落下的朝阳也会升起。"

李法官这次回访看到朝阳能够自食其力，很是开心，询问了他生活中的困难，并提供了一些力所能及的帮助。希望朝阳能一直坚持下去，摆脱过去，拥抱未来。

点亮未成年人温暖的"心灯"

◎庄　娇

一个千疮百孔的家庭，一次突如其来的意外。原生家庭的悲欢离合，已经让李兰的心灵难以治愈，意外的到来，让她备受身体疼痛的折磨。小小年纪面临了太多的苦楚，武进法院少年法庭法官的温情，让她感受到了久违的阳光……

贫困家庭，意外让她雪上加霜

李兰出生在常州市武进区的一个农村家庭，三岁的时候，母亲因为嫌家里穷离家出走。父亲是家里唯一的支柱，由于身患疾病，劳动能力较弱，平时只能打打零工维持生活，李兰从小便由爷爷奶奶抚养长大，爷爷奶奶年纪大了，家里生活捉襟见肘。因此李兰比同龄人更加敏感、懂事、勤奋。

已经不记得多久没有穿过新衣，但是李兰从来没有抱怨过，她的衣服都是邻居家或者亲戚家姐姐的旧衣，破了就自己缝缝补补。2015年11月的一个周末下午，爸爸出去上班了，爷爷奶奶在田里忙活，李兰做完作业之后便开始收拾家务，在整理爸爸的衣服时，发现一件外套脱线了，"这件衣服爸爸明天要换的，幸好发现了，我得赶紧补一下。"李兰便找来了针线跟剪刀，一针一针地把外套缝好了，李兰拿起缝好的衣服，开心地跳起来，"爸爸看了，一定很高兴。"此时，李兰不慎被脚下的凳子绊了一跤，悲剧发生了，她的右眼不偏不倚撞到了剪刀尖上。

"啊、啊……好疼，我的眼睛。"李兰疼得大叫起来。邻居急忙拨打"120"，将她送到了就近的村镇医院。

医院漏诊，病情恶化致右眼失明

在救护车上，李兰眼睛很疼，不停地流着血，她紧紧地握住爸爸的衣服，就像握住了救命稻草一样，不肯放手，好似爸爸现在就在她身边，这么一想，好像就没有那么疼了。

到医院后，医生对李兰进行了抢救，及时止住了血。

李兰的爸爸李卫国赶到医院时，看到躺在病床上的李兰，责备她不小心的话还没说出口，李兰便拿出了那件外套，对爸爸说："爸爸，这是你明天要换的衣服，我已经把它缝补好了。"这时，爸爸的眼泪流了下来，"真是乖孩子，是爸爸不好，疼不疼？""已经不疼了。"

针对李兰的病情，医院采取了保守的治疗方法，每天仅仅给李兰挂消炎的盐水，并未进行进一步的治疗。一周过去了，李兰的病情不见好转，家人焦急万分，与医院沟通交涉，医院还是坚持进行保守治疗。李兰看着憔悴的爸爸说："爸爸，我没事了。在医院每天要花好多钱，我们回去吧。"爸爸说："小兰，你还小，眼睛对你是多么重要，我们还是去城里看吧。"李卫国跟家人商量后，将李兰转入市区的眼科医院。诊断后，发现李兰眼内受伤发炎严重，已经恶化，错过了最佳修复时间，可能会导致右眼失明。李卫国听后，懊恼万分，在心里责怪自己没有早点带女儿来大医院看病。

李兰的病情稳定后，李卫国多次找到村镇医院协商处理，李卫国认为李兰眼睛失明，村镇医院有一定的责任，但是村镇医院坚持认为自己的治疗方式没有过错。经过多次协商，村镇医院仍不愿意对李兰进行任何赔偿。李卫国多次在村镇医院吃了闭门羹，在救济无望的情况下，看着右眼失明的女儿，心里想着难道真的要走到打官司的地步吗？无奈之下，他书写了一份民事诉状，将村镇医院告上了法庭。

司法为民，追求社会正义

常州市武进区人民法院受理了此案，承办法官是少年审判庭庭长秦宏。秦庭长多年从事未成年人民事审判工作，对未成年人权益的保护尤为重视。其主张少年审判庭要践行"儿童利益最大化"的司法理念，坚持在平等前提下，特殊、优先保护未成年人合法权益原则。关涉未成年人的家事、侵权纠纷案件处理时，要关爱未成年人的心理健康，努力使刚性的法律融入柔性的关爱。

秦庭长拿到该案案卷后，第一时间与李兰的父亲李卫国进行了沟通，并前往李兰家看望了李兰，具体了解了一下案件的情况，以及李兰的伤势。

开庭之前，秦法官来到了村镇医院，与医院负责人王主任进行了沟通。秦法官说："王主任，李兰现在右眼失明了，十分可怜，她爸李卫国也是无奈才把你们医院起诉到法院的，我们庭前能否协商一下？”

王主任直接回复：“怎么协商呢，不就是想要医院赔钱吗，我们赔了钱就代表我们有过错。医院没有过错，不同意调解，既然他们家里起诉了，那就走程序吧。”

开庭时，双方到庭参加了诉讼。庭审结束了，但问题仍未解决。医院到底在该起医疗纠纷中有没有责任？如果有的话，又该承担多少比例的责任？庭后，秦法官和书记员前往村镇医院调取李兰完整的病历资料。各方证据显示，村镇医院对李兰进行了及时治疗，在治疗过程中并无明显不当的地方。这种情况下，要通过判决让医院对李兰的损害进行赔偿，有一定的障碍。所以秦庭长决定联合妇联、当地司法所等政府机关一同前往医院协调。经过不懈的努力，医院终于松了口，但是离李卫国的诉请还是有一定的差距。秦法官又找来李卫国，耐心地将其中的利弊关系分析给他听。来回做工作，双方终于达成了调解协议。调解结束后，原、被告均对法院细致、负责的工作态度，以及司法为民的精神表示非常满意。

和风细雨，播撒人间真情

案件虽然结了，但是秦庭长的心却难以平静，李兰的处境仍然是他最关心的。他认为法院除了承担审判职责外，更重要的是社会职责，一个案件的办理要能够体现出积极的社会效应。

本着这样的想法，秦庭长提出了启动“兴国百万护苗基金”对李兰进行救助的建议，秦庭长向院领导汇报了案件情况及自己的建议，得到了院领导的支持。通过审批，“兴国百万护苗基金”

向李兰捐助了3000元。

除此以外，秦庭长与庭里的干警商量，想在庭里进行募捐，这个建议得到了少年庭整个庭室的热烈支持，其他庭室也闻讯赶来，在秦庭长的带头下，大家都积极踊跃地捐款，最后募捐到了3000余元。

带着"兴国百万护苗基金"及大家募捐的6000余元，秦庭长再次来到李兰家中，李兰及李卫国看到秦庭长，激动万分。秦庭长将募捐款交到李卫国手上，"钱虽然不多，希望能够帮到你们，最重要的是希望李兰能够快乐地成长，不要被生活的磨难压倒。"看着这份人间真情，李卫国激动得手微微颤抖。

李兰也激动地对秦庭长说："秦叔叔，我已经上学了，落下来的功课，我也在补。您真是一个大好人，您是我的榜样，我以后长大了也要像您一样，投身社会，服务社会。"

冬日暖阳
——记一件特殊的人损赔偿案

◎ 陈溧赟

　　小文是一个快年满十六岁的花季少女。几年前，她跟随来常务工的父亲，在常州一个乡镇上的中学读书。本该是无忧无虑好好读书的年纪，但因为家境贫寒、母亲某天离家后又不知所终，家中还有几个弟弟妹妹，无奈之下，父亲只能让她辍学，赚钱养家。小文记得很清楚，那时已经是高一的第一个学期末了，父亲跟她说，家里太困难了，她是家里的老大，后面还有弟弟妹妹……就这样，小文在期末考来临前辍了学，跟随同村的一个老乡到暂住地附近的一家工厂上班。

　　寒风凛冽，这是小文辍学上班的第二天。辛苦了一天，小文与老乡正骑着自行车回家，她想着暖融融的教室，又想着马上到家就能热乎一点，不知不觉便加快了蹬自行车的速度。正骑行到邻家的十字路口，一辆拖拉机疾驰而出，"砰"的一声巨响，避让不及，小文被撞倒了。老乡赶紧停下自行车扶着小文，拖拉机驾驶员老张也赶紧下车，手忙脚乱地拨打了"120"和报警电话。小文被120救护车送到了附近的专科医院紧急救治并住院治疗。经过了七十多天的住院治疗，小文终于可以出院了；但是她的左小腿，却因为中上 1/3 平面以上毁损，不得不进行了清创截肢术；也就是说，她永远地失去了左小腿，再也无法像以前那般正常行走，只能依靠安装假肢才能进行日常活动。截肢的腿、昂贵的治疗费用、后续更换假肢的费用，让小文这个少不经事的女孩遭受了生活的沉重一击。原本贫困的家庭更是雪上加霜，而肇事司机老张，也是一名贫困的外来务工人员，在小文发生事故后，仅仅送了 3000 元到医院，就悄悄离开、不知所终。虽然有着社会爱心人士及残联的帮助，但这些帮助对于小文来说却只是杯水车薪。无奈之下，小文只好将肇事司机告上了法庭。

武进法院受理了此案。小文的伤情经过法院委托司法鉴定，构成六级伤残。案件很快审理完了，但小文的困境却并没有因此得到太大的改善。肇事司机老张所驾驶的变型拖拉机在保险公司仅仅购买了交强险，保险公司赔付的款项只够小文住院期间的医疗开销和第一次安装假肢的费用。小文不得不向法院申请强制执行。执行过程中，法官通过财产查控，发现老张名下并无任何可供执行的财产，且其只是一名普通的来常务工人员，事发后亦离常不知所终，根本无法与他取得联系。无奈之下，小文只能拿着保险公司赔付的费用，先安装了假肢。

故事到这里并未结束。几年时间过去了，又是一个寒风凛冽的冬天，小文再次来到了法院。原来，她第一次安装的假肢已经到了使用年限，需要更换新的假肢了。然而，昂贵的假肢更换费用、举步维艰的生活境况，像一个沉重的包袱，压得小文喘不过气来。小文抱着试试看的心态来到法院，执行法官接待了她。小文向法官讲述了最近的生活状况，希望法官能帮她再想想办法。

听完了小文的情况，执行法官陷入了沉思。在办案过程中，法官也常常会遇到相似的案件，不同的伤者、同样的境况，联系不上的肇事者、生活困窘的伤者。如何才能解决这样的困境，最有效的办法，还是得与当年的肇事司机取得联系。经过几番辗转打探，法官终于联系上了老张远在苏北户籍地的民警。当地民警听完法官讲述的案情和小文的近况，非常热心地提供了帮助，立即去老张户籍所在地的村委和家中了解情况，并帮助执行法官联系上了肇事司机老张的哥哥。

又一个太阳晒得人暖融融的冬日下午。老张的哥哥经过四五个小时的车程，赶到了武进法院，见到了因伤截肢的小文，听了小文讲述的生活近况，老张的哥哥眼眶也湿润了。

老张的哥哥告诉法官，老张常年在外面务工，这几年极少回家，这起交通事故他也曾在几年前过年时听自己的弟弟提及过。这些年，因为小文在判决生效后未能得到赔付，向法院申请了强制执行，而老张又没有什么可供执行的财产，老张最终被列入了失信被执行人员黑名单。慑于法院执行的威严和内心对小文愧疚的困扰，老张一直东躲西藏，不敢回家。

老张的哥哥向法院表示，对于小文的遭遇，他也感到万分抱歉和愧疚，这次从老家赶来法院，就是希望能帮助弟弟解决这个案件。但他的家境也并不算富裕，如果要全额履行当年法院的判决，他也是无能为力；而此时，小文也面临着急需经费更换假肢的困境。面对这样两难的境地，执行法官分别与双方进行了沟通，经过几个小时的沟通，双方终于达成了和解协议，小文及时拿到了赔偿款。执行法官体恤双方的情况，也当场帮助当事人申请减免了执行费用。案件到这里，终于画上了一个句号。

小文带着执行款走出法院时，太阳还未下山。虽然寒冷的冬天还未过去，但那一抹柔软的阳光照在小文历经磨难却依旧笑得甜甜的脸庞上，却让人觉得格外温暖。小文告诉法官，自己打算回老家工作了，更换假肢的手术也会在老家的医院进行，虽然自己遭遇了这样的变故，但她依然相信人间自有温暖在，以后会更坚强向上地生活……

回想起那天看着小文拄着拐杖离开的身影，法官由衷地希望小文已经成功做完了假肢更换手术，她的人生已经开启了新的篇章……这也许只是武进法院审理的许许多多人身损害赔偿案件中十分不起眼的一件，但这又是极为特别的一件个案。遭遇坎坷却依然乐观向上生活的小文、热心帮忙联络的民警、办案认真负责的法官，串起了这个案件，也串起了人与人之间的温暖，更串起了为人民服务的司法正能量！

恶魔在身边

——关于一起刑事案件的反思

◎ 徐寒露

"偷拍"事件

2018 年 5 月 19 日 15 时许，午后的阳光暖暖地照进常州市公安局金坛分局东城派出所的大厅。这时，大厅里走进来四个人。

"我要报案！"其中一个女孩说。值班民警小袁看了看她，齐刘海，扎着马尾辫，身形微胖，一看就是学生模样。

"什么事情报案？"小袁警官问。

"我被人偷拍了，偷拍的人就是她。"说着她把手指向跟她一起进来的另一个留着披肩长发的年轻女孩。

这时，同行的一个中年女性上前一步，解释道："她们两个是金坛中等专业学校的学生，我是她们的班主任，姓蒋，这是我们学校的于老师。"原来，要报案的学生叫婷婷，被指控偷拍的学生叫小怡，她们是同班同学。

据婷婷反映，白天课间小怡在偷拍她的照片，被发现后小怡告诉婷婷是一个叫王皓的网友让她拍摄婷婷裸照，声称其与婷婷打赌。之后不久，同学念念、巧巧告诉婷婷她们也在 QQ 上被人要求拍摄婷婷的裸照，理由均是与婷婷打赌。

此时，婷婷联想到曾经遭到一个自称叫陈晓宇的QQ好友骚扰，该人称有婷婷裸照，并要求婷婷介绍身边的女学生与其发生性关系。经质问后，该人虽未直接承认指示偷拍的事实，但在QQ上发了婷婷的照片，正是小怡上午在教室偷拍的。

婷婷顿时全身发麻，一颗心已经提到了嗓子眼，堵得自己呼吸都觉得困难。她一刻不敢耽搁，立即向老师反映情况，并由老师带领前来报案。

一人多角

凭着多年的办案经验和敏锐的感觉，民警小袁认为"偷拍"事件不简单，幕后操纵者应当具有较大的社会危险性。通过技术手段确定涉案QQ使用者是阿伟后，东城派出所立即对阿伟进行了抓捕。

阿伟有一个幸福的家庭，夫妻和睦，育有一子一女。2014年至2016年间，阿伟的妻子到日本务工。阿伟内心空虚、寂寞，每天沉迷于黄色电影。偶然间，阿伟在QQ群中看到有人讨论与女学生发生关系，内心无比向往。为此，阿伟注册了多个QQ号。

2016年的某一天，阿伟用一个女性QQ号伪装成金坛中等专业学校的学姐，加了女学生小利为好友，与对方攀谈后逐渐将话题引到减肥上，谎称自己通过按摩的方式一个星期内瘦了十几斤。小利正好有此需求，阿伟见状就将一个男性QQ号推送给小利。该男性QQ号伪装成医学院的学生，与小利约了见面的时间、地点。但小利想不到的是，"学姐""医学院学生"均是阿伟一人扮演的角色。而小利对阿伟所设的陷阱却浑然不知。两人见面后，阿伟将小利带到宾馆，谎称现在正在实习，没有固定的营业场所，并称需要对小利下体进行按摩，帮助分泌物从下体排出，快速减肥。小利信以为真，听从阿伟的指示脱去衣物。阿伟见状在小利的大腿和下体进行按摩，见小利已经放松了警惕，阿伟兽性大发，强行与小利发生了性关系。事后，小利因为害怕，没有将此事说出。

阿伟眼见目的达成如此简单，便在之后的两年内，多次故技重施，一人分饰多角。更可怕的是，所有受害女生在事情发生后均保持了沉默，甚至连她们的家人对此都毫不知情。直到婷婷的"偷拍"事件出现，才揭露了阿伟的罪恶行径。

法律制裁

2018 年 12 月 4 日，阿伟因犯强奸罪被判处有期徒刑十四年六个月。

"我性格内向，不善沟通，喜欢宅在家里。我老婆在 2014 年至 2016 年间到日本打工，回来后又怀孕了，我内心空虚、寂寞，生理需求也未得到满足，逐渐就走上了这条道路。"阿伟对自己的犯罪历程作出如此解释。

"为什么选择学生作为犯罪对象？"

"因为她们不懂，如果选择成年人，她们很容易就知道我在骗她们。"阿伟回答。

"为何要伪装成学姐？"

"为了与女学生拉近距离，减少陌生感，也容易让对方放松警惕。"阿伟回答。

"为什么选择以按摩的借口来实施犯罪？"

"现在女生爱美，喜欢减肥，这样的理由容易把女生约出来，也容易接触到对方的身体。"阿伟回答。

"你现在如何认识自己的行为？"

"我知道我错了。我本来有一个幸福的家庭，也有女儿，能理解被害人父母的心情。"阿伟低下头，流下了悔恨的泪水。

案件警示

阿伟的犯罪行为虽然受到了惩罚，但是给被害人带来的伤害却永远伴随她们。如何更好地保护未成年人才是我们应该思考的问题。纵观本案，阿伟正是抓住未成年人的种种特点并加以利用才导致众多女学生受害。第一，安全意识淡薄。阿伟以一个"学姐"身份就成功骗取了所有被害人的信任，即使她们与所谓的"学姐"从未谋面。这些能够反映她们的安全意识淡薄，对他人缺乏基本的防备心理，也不懂得如何保护自己。第二，性教育缺失。阿伟以下体按摩帮助排出分泌物、快速减肥这样拙劣的谎言，竟能骗得十余名女学生的信任，这样的事实让我们震惊、痛心，更应让我们反思。主持人柴静曾经说："我们把无知当纯洁，把愚昧当德行，把偏见当原则。"这反映了中国性教育的现状，羞于谈性，不敢谈性，不许谈性，但正是这些十七八岁的少女对于基本的性知识都不掌握，才给了阿伟可乘之机。加强性教育迫在眉睫。第三，家人关爱较少。本案受害女学生多达十几人，时间跨度长达两年，但是无一受害人向公安机关报案。案发后，大部分的受害者父母对于女儿的受害经历仍不知情。父母是孩子的靠山，家庭是孩子最温暖的港湾。如果孩子遇到困难、挫折，不愿意与父母沟通，一定是父母出了问题，父母缺少对孩子的关爱和正确的沟通方式，不能作为孩子强有力的后盾。

法不容情可融情

◎ 张　艺

时任大学班长的马龙龙怎么也想不到，一部手机、一场游戏，让自己的一生有了转折。

故事开始

2017 年夏季，大学校园内蝉鸣阵阵，正是闷热而躁动的时候。

"嘀嘀嘀"，熟悉的 QQ 弹窗声响起，手机屏幕跳出了对话框，"你们这儿王者荣耀点券怎么充值？"

"亲，在我这充值后，我给你发个二维码，你扫了二维码后钱就会直接退给你。"青年拿着手机，熟悉地打出一行字。

看来今天收益不错，青年嘴角微微上扬。

"叮铃铃"，电话铃声忽然响起。谁啊，今天上午又没课，谁打的电话啊。

"喂，是马龙龙吧，我是王老师，有人找你，你现在到我办公室来一趟。"

"好，王老师，我马上来。"青年皱了皱眉，不会是我爸来问成绩的吧，专升本刚考完试，哪有这么快就出成绩的，他来也不跟我说一声。马龙龙这样想着，掩过心里的一丝不安，加快了步伐。

青春有悔

2018 年 8 月 31 日，从安徽亳州到常州金坛，跨越了 500 公里。

一个青年瘦瘦高高的，局促不安地坐在常州市金坛区人民法院的约见室里，正是马龙龙，他仍记得那天跟他会面的是两名警察。

"你们好，我是承办本案的王蕊法官，这位是书记员。你们是从安徽过来的吧，这起电信网络诈骗案经指定管辖，由我们这里进行审理。因为马龙龙犯罪时仍是未成年人，所以案件由我们法院少年庭受理。"

"王法官，你们好！我是马龙龙的父亲马俞，这事都怪我，是我没看住他。"马龙龙的父亲戴着眼镜，语带哽咽，虽正值中年，鬓角却已斑白，难掩面上的沧桑。

"叔叔，你别激动，今天是要向你们送达起诉书副本这些材料，同时向你告知诉讼权利。马龙龙，你看一下起诉书，指控的是不是事实？"

"是的。"马龙龙拿着起诉书，手微微颤抖。

"你需要委托辩护人吗？"

"不需要，这些事都是我做的。"

"王法官，我儿子犯了错，肯定要承担责任，只是他后面的路还很长，他是他们班的班长，专升本考试也通过了。他当初也不知道自己做了犯法的事，怪我们教导不严，我愿意退还全部赃款，罚金也愿意交纳，只希望能再给他一个机会。"听了父亲的一席话，马龙龙头埋得更深。

"我们肯定会按照法律程序来办案，另外，因为你没有委托辩护人，我们会通过法律援助中心，为你指定一名辩护人。最近保持电话畅通。"

天色渐暗，出了法院的大门，迷茫出现在了青年的眼神里，后面的路该何去何从？

法庭之上与法庭之外

2018 年 9 月 29 日，常州市金坛区人民法院第八法庭。

"（敲法槌）传被告人到庭。现在开庭。"

法庭上，公诉机关提供了相应的证据，并据此认为，被告人马龙龙伙同他人以非法占有为目的，虚构事实，利用电信网络技术手段实施诈骗，骗取他人财物，数额较大，应当以诈骗罪追究其刑事责任，属共同犯罪。被告人马龙龙犯罪时年龄已满十六周岁不满十八周岁，应当从轻处罚。被告人马龙龙归案后能如实供述自己的犯罪事实，可以从轻处罚。被告人马龙龙诈骗未成年人，应酌情从重处罚。依据《中华人民共和国刑法》第二百六十六条，第二十五条第一款，第十七条第一款、第三款，第六十七条第三款的规定进行处罚，建议对其在有期徒刑一年至二年间量刑。

马龙龙顿时握紧了拳头，"我平时不缺钱花，就是觉得好奇，在被取保候审后我想了很多，在学校的感觉和在看守所时完全不一样，还能再回到学校的感觉很好，只希望法庭能宽大处理。"

"辩护人发表辩护意见。"审判长指示由辩护人发言。

"……在马龙龙已经知错并决心遵纪守法不致再危害社会的情况下，结合我国法律的相关规定可以看出对未成年人应侧重于教育，建议对马龙龙适用缓刑，给这个尚未踏足社会的年轻人一次悔过自新、重新做人的机会。"辩护人道。

"对辩护人提出的从轻情节公诉机关已予以考虑，但从作案金额来看不建议对被告人适用缓刑。"公诉人紧追不舍。

马龙龙心里一时自责、难过、后悔……情绪喷涌而出。

"今天庭审到此结束，合议庭将在休庭后进行评议，评议后择日进行宣判，宣判日期另行通知，休庭。带被告人退庭（敲法槌）。"

法庭之外，已是下班时候。

"王法官，还不下班呀？"

"是啊，今天开完一个刑事案件庭，还想对案件再把控把控。"法不容情，但法可融情，王法官心里有了主意。

十八岁的天空

2018 年 11 月 26 日，马龙龙诈骗罪一案宣判。

"全体起立！下面宣读常州市金坛区人民法院刑事判决书。"

"……司法局根据《中华人民共和国刑事诉讼法》《最高人民法院关于审理未成年人刑事案件的若干规定》[①]，对被告人的成长经历、监护教育等情况作了调查，并出具了调查评估意见书。"

在本案审理过程中，法庭了解到被告人马龙龙缺乏是非观念，

---

① 已废止。

法治意识淡薄，缺少家长对其管理和教育。

本院认为，被告人马龙龙以非法占有为目的，伙同他人利用电信网络技术手段采用虚构事实、隐瞒真相的方法骗取被害人钱财，数额较大，其行为已构成诈骗罪，属共同犯罪。公诉机关起诉指控被告人马龙龙犯诈骗罪，罪名成立，应予支持。被告人马龙龙犯罪时未满十八周岁，依法应当减轻处罚。被告人马龙龙归案后能如实供述自己的罪行，算是坦白，依法可以从轻处罚。被告人有诈骗未成年人情节，应酌情从重处罚。在本案审理期间，被告人马龙龙的亲属能代为预缴罚金并退出全部违法所得，可视为被告人马龙龙有悔罪表现，对其可酌情从轻处罚。庭审中，被告人马龙龙自愿认罪，亦可酌情从轻处罚。根据被告人马龙龙的犯罪情节、认罪态度和悔罪表现，对其可以减轻处罚并可宣告缓刑。本院对辩护人提出"被告人系未成年人犯罪，归案后如实供述自己的罪行，庭审中自愿认罪，退出全部赃款、预交罚金，建议对其减轻处罚并适用缓刑"的辩护意见和量刑建议均予以采纳。

在法庭审理过程中，本院了解到被告人马龙龙由于缺乏是非观念，法治意识淡薄，走上了犯罪道路。希望被告人今后能吸取教训，真诚悔改，通过自己的勤奋努力学习知识，做社会有用之人；同时希望家长能负起管理和教育责任，对孩子多给予关心和正确引导，帮助其走好以后的人生道路。

为维护社会秩序，保护公民的合法财产不受侵犯，惩罚犯罪，依照《中华人民共和国刑法》第二百六十六条，第二十五条第一款，第十七条第一款、第三款，第六十七条第三款，第五十二条，第五十三条，第六十四条，《最高人民法院、最高人民检察院关于办理诈骗刑事案件具体应用法律若干问题的解释》第一条之规定，判决如下：

一、被告人马龙龙犯诈骗罪，判处有期徒刑××年，缓刑××年××个月（缓刑考验期从判决确定之日起计算），并处罚金人民币××元（罚金已缴纳）。

……

"被告人马龙龙，对刚才宣读的判决内容听清楚了吗？是否服从判决？是否上诉？"王法官问道。

"服判，不上诉！"

"马龙龙，我们向你住所地司法局发出社会调查委托函，你老家的人和你大学辅导员、室友、同学都说你平时性格开朗，乐于助人，不仅通过了专升本考试，还通过竞选成了班长，经过多方评估，具备适用社区矫正的条件，希望你吸取教训，增强法治观念，不要再让你的父母伤心操劳，通过自己的勤奋努力学习来创造财富；同时，因为你犯罪时仍是未成年人，根据法律规定，我们将对你的犯罪记录进行封存，不会影响你后续找工作。"

马龙龙知道自己还有机会继续上学，不禁控制不住自己的情绪，"王法官，我知道我做错了，以后我会脚踏实地好好改造，好好学习！我也知道了我父母的不易，我以后会做个孝顺的孩子。"

"案虽结但事还未了，我们过段时间还会对你进行判后回访，你好好表现。"

马龙龙踏上回校的路途，天气虽转凉了，但这冬日的阳光却晒得人暖洋洋的，他呼了口气，既然后面的道路有了指引，他相信自己一定能走过。

法律的尺度与温度

◎ 丁松林

尽管这件事情在媒体上没有被披露，案件也早已审结，案件被告人也受到了应有的惩罚并且回归了正常的生活，但这个发生在法庭内外的故事却演绎着法律的温度与尺度……

失足少年，一念之差酿成终身悔恨

2018 年 12 月 4 日晚上八九点钟，夜晚才刚刚开始，就在忙于奔波结束一天工作的人们都在匆忙赶回家的时候，少年小徐却在派出所交待自己的盗窃经过并且接受教育。这已经是他第十次来派出所了。凌晨 1 时许被警察送回家中，这时各家各户都已经大门紧闭进入梦乡，小孩子正酣睡着享受梦里的甜美，大人们也在释放自己一天的劳累。小徐刚进家门就被父亲训骂，嫌他回家太晚整天和不良少年混在一起。小徐因为受不了父亲的训骂，扭头走出家门在街上闲逛，当溜达到该市别桥镇塘马路的车库时，徐某肚子疼想去找手纸，这时忽然想起住在这个车库的是一名二十岁的少女，他便开始动起了歪脑筋，最后因为自己的一念之差酿成终身悔恨。

小徐 2003 年出生，如他和其他少年一样好好上学，现在他也可以很好地享受自己的校园生活，正是 15 周岁花一样的年纪，却因为自己的一时冲动为自己的行为买单，人生也将被改写。

违法必究，犯罪分子受到应有的惩罚

事情发生之后小徐心中忐忑，生怕东窗事发。每当家里有人敲门的时候，他都感觉是警察来抓他。就这样忐忑地过了两天焦虑害怕的生活，对自己犯下的罪行又不敢和爸爸、爷爷讲，每天只能在家祈祷事情不会被人发现，被害人不会报警。要想人不知，除非己莫为；法网恢恢，疏而不漏；任何犯罪都逃不了法律的威严。这一天最终还是来了。2018 年 12 月 6 日上午，被害人宁某某到派出所报案，小徐因涉嫌强奸于 2018 年 12 月 7 日被刑事拘留。2018 年 12 月 21 日，被检察院取保候审。2019 年 5 月 22 日，被法院决定逮捕羁押于看守所。检察院于 2019 年 5 月 22 日向法院提起公诉，法院依法适用普通程序，并于 2019 年 8 月 21 日依法不公开开庭审理了案件。

开庭当天，小徐身心紧张、情绪激动，用怯生生的眼光端详着庄严的法庭。这是他第一次到法庭，今天他要在这里接受法律的制裁，为自己的行为付出代价。今天的宣判将意味着他的人生将会发生很大的变化。同时今天的庭审将案件再次推到了人们眼前，被告人小徐再次回忆起被公安机关讯问时的场景，小徐在法庭上陈述：在派出所对公安机关的讯问他如实交代情况，现在也非常后悔自己的行为。之前自己学习成绩很好，后来由于自己从小缺少父母的关爱，在叛逆期父亲又经常打骂他，所以才会跟社会上的不良青年混在一起，在这期间尽管自己有着好几次的盗窃记录，不是一个让家人省心的孩子，但是从未想到自己有一天会干出这样的事情。现在自己已经认识到所犯罪行的严重性，对于本案的罪行自己认罪认罚，希望法庭给他一次改过自新的机会，今后一定好好做人。

法律的威严是任何人都不能侵犯的，小徐虽然是未成年人，但是触犯了法律，侵害了妇女的权利就应当接受惩罚，小徐曾有多次违法行为，屡教不改，本案不适用缓刑，但庭审中小徐能如实供述自己的罪行，承认指控的犯罪事实，愿意接受处罚，对此也依法给予从宽处理。最后法院判处小徐犯强奸罪，依法判处了刑罚。

法外有情，失足少年重回人生正轨

法律不仅有尺度也有温度，法庭在审理案件时要以事实为根据，以法律为准绳。但是法庭在审理过程中也了解到被告人小徐出生在一个不太幸福的家庭，母亲生下小徐后便离家出走，并于2017年去世，父亲在外地打工，从小与爷爷一起生活。

从小缺乏关爱的小徐初一便辍学，没有工作。2015年起与不良社会人员混在一起，最后误入歧途。依稀记得在庭审阶段法官为小徐进行法庭教育：家庭的不幸福不能成为放纵自己的借口，家里没有人管你，国家会管你。今天的审判让你也感受到了法律的威严，服刑是你人生新的起点，以后要好好学习，出去之后好好工作，好好做人。法庭教育可以看出法官对小徐的谆谆教导，希望他不会因为自己坐牢而放弃自己，能够在监狱改过自新成为一个有用的人。用自己的良好成绩来报答祖国、报答社会。

小徐深刻认识到自己的错误，在服刑期间也遵守监规，认真改造。在案件审判之后，负责此案的法官针对未成年人的情况向未成年人指导中心的负责人了解未成年人在成长过程中会遇到的共同问题以及小徐的心理等情况，并及时向院领导进行了汇报。院领导对这件事情高度重视，立即组织人员以及负责此案件的法官对该未成年人具体情况进行深入的走访调查，来到了他所在的社区，找到社区工作人员对小徐的家庭情况、教育情况作了进一步的了解；积极联系当地的未成年关爱中心、妇联和当地的派出所，向他们说明了本次案件的具体情况，针对后期小徐的教育问题以及家庭关爱方面的问题与他们进行了探讨交流，安排人员定期走访，解决小徐家里遇到的困难；联系了小徐之前所在的学校，向校长说明了小徐的具体情况，希望校方能够给小徐一个继续接受教育的机会。并且联系到小徐的父亲、爷爷，留下他们的联系方式，时刻提醒他们现在小徐正处于青春期，要注意改变教育和关爱方式，帮助小徐走上正轨，做一个积极向上的人。

最后在院领导和主审法官的帮助下，小徐接受了缺失的教育，感受到了迟到的父爱，更感受到了国家和社会给予的温暖，变得积极阳光。尽管小徐在自己的人生道路上走了岔路，付出了很大的代价，但这次代价对于他和其他未成年人都有教育意义。对于小徐来说他要珍惜现在的生活，好好生活，以此为戒。

本案件的审理已经结束，但是案件背后有很多值得思考和继续改进的地方。对于未成年人的关爱，父母不仅仅是为他们提供良好的教育和物质生活条件，更要注意他们心理上的发展。毕竟未成年人在成长的过程中不仅仅需要优越的物质条件，更需要父母的理解和关爱，只有他们的心理得到健康的教育和发展，未成年人才能茁壮成长，国家才能更有希望。对于主审未成年人案件的法官来讲，既要维护好法律的尊严、把握好法律的尺度，同时也要考虑到对于未成年人适用刑罚的主要目的在于是否有利于未成年人罪犯的教育和矫正。教育保护才是最终的目的，以审判作为手段推动社会对未成年的保护和关爱。对于未成年人的保护不仅仅是让他们不成为被侵害者，也需要未成年人遵守法律和道德，成为正义的守护者。

法外有情

◎ 莘　祥

"树欲静而风不止，子欲养而亲不待。"有一种痛，永远无法补充；有一种伤口，永远无法愈合。

2005 年 5 月 6 日，一个胖乎乎、白白净净的男孩子在周某家中降生，父母、爷爷奶奶、外公外婆看着这个小男孩，高兴得合不拢嘴，两代人的希望就寄托在该男孩身上。如何取名，大家都开动了脑筋。经过商量，大家给男孩取名周梓安，希望他聪明、博学、身体健康。

时间一晃，15 年过去了。在这 15 年里，周梓安在父母、爷爷奶奶、外公外婆的关心和照顾下，顺利健康成长。长得高高帅帅、白白净净，身高接近 1.7 米，就读于初二，学习成绩也一直保持在班级前列。其父母为了周梓安的成绩更好，给他报名参加了校外的某培训中心（负责人谢某），并支付了两个学期的学杂费合计 5000 余元。给其上课的两个任课教师均为女教师，个子不高。

2019 年 8 月 8 日下午，周梓安在该培训中心上课。在上课期间，培训中心的老师需要操作教学设备投影仪，因该女老师个子不高，不能直接打开头顶上方的教学设备投影仪，安排周梓安打开投影仪，并递了一支马克笔给周梓安。周梓安在站起来抬手用马克笔打开投影仪开关键的过程中，不慎跌倒，后脑着地，周梓安当场晕倒。培训中心的教师急忙打电话告知周梓安的父亲。周梓安的父亲赶紧从家中开车赶到培训中心，和培训中心的老师一起将周梓安送到医院，并通知其妻子、父母、岳父母等人。随后，周梓安的母亲、爷爷奶奶、外公外婆也赶到了医院。周梓安在手术室里动手术，其父母、爷爷奶奶、外公外婆在手术室外焦心地等待，心急如焚、坐立不安，不知周梓安的伤情究竟有多重，手术是否能够成功，是否会有后遗症，是否需要转院到常州、南京等大城市的医院治疗。父母等家人暗暗祷告：孩子，你要坚强，人生的路上总会有挫折，磕磕绊绊都是老天爷给你的考验，相信你一定能够挺过去，大家都为你加油。

庆幸的是，周梓安在医生的全力抢救下，脱离了危险。周梓安的伤情诊断为：右侧枕部急性硬膜外血肿、颅底骨折伴颅内积气、枕部头皮血肿等，住院治疗，医疗费用为 68000 余元。2019年 9 月 18 日，常州市金坛区华罗庚实验学校出具休（复）学申请表，通知其休学一年，休学时间为 2019 年 9 月 24 日至 2020 年 9月 24 日。

周梓安受伤后，待在家中休养，不愿与家人交流，不愿出门，不愿让人站在身后观察他头部受伤的部位，也不愿意让家人触碰他的受伤部位，原本开朗的性格变得内向，他的父母等家人焦虑不已。

周梓安的家人认为：培训中心管理混乱、教师职责不明确、缺乏设备维护，该投影仪应当配有遥控器，为何不配？培训中心的老师指使未成年人操作身高无法够及、安装在天花板上的投影仪，应当考虑保护措施而未考虑，导致周梓安后脑着地，造成大脑损伤，鉴定为十级伤残，并休学一年。根据相关法律规定，培训中心应当承担全部赔偿责任，负责人谢某负连带赔偿责任，合计应当赔偿29万余元。周梓安家人诉讼至法院，请求法院依法支持原告的诉讼请求。

培训中心和谢某认为：对周梓安在培训中心摔倒这一事实无异议，但对于摔倒的原因有异议，认为周梓安摔倒的原因并非因为老师安排其打开投影仪这一动作，其自身可能存在身体方面的原因造成摔倒，我们不应承担全部责任，周梓安应当承担主要责任。周梓安摔倒后我们积极送医院治疗并已支付医疗费33000余元。

法院于2020年7月9日开庭审理。按照该时间计算，如果没有这场意外事故，周梓安当年将参加中考。周梓安在家中，想着自己的同学都去参加中考了，而自己还要休学一年，比其他同学多读一年书，晚一年工作，对以后的学习、工作、生活都产生了一定的影响，在家经常流泪，身体和心灵也受到影响，由此导致情绪很多天都很低落，不愿与家人交流，整天把自己关在房间里。父母和家人多次对其做工作，效果不明显。后来，老师和同学应父母的要求，到家里来做工作，渐渐地有了一些起色。

法院认为：限制民事行为能力人在学校或者其他教育机构学习、生活期间受到人身损害，学校或者其他教育机构未尽到教育、管理职责的，应当承担责任。周梓安在培训中心上课期间，培训中心的老师需要打开教学设备投影仪，老师给周梓安一支马克笔，让周梓安打开投影仪，期间未采取安全防范措施。周梓安站在地上在抬手用老师给的马克笔打开投影仪开关键的过程中，不慎跌倒，后脑着地受伤。培训中心未采取安全防范措施，未完全尽到教育、管理职责，应当承担主要责任。周梓安在打开投影仪的过程中，不慎摔倒，对事情的发生具有一定过错，应当承担部分责任。结合本案当事人的过错情况，培训中心应承担80%的赔偿责任，周梓安自行承担20%的赔偿责任。培训中心系民办非企业单位（个体），负责人为谢某，故谢某应对培训中心的赔偿义务负连带赔偿责任。

判决该培训中心赔偿16万余元，谢某负连带赔偿责任。判决后，法院承办法官多次向双方做工作，并召集双方进行协商，后双方互谅互让，均未上诉，培训中心和周某履行了判决书确定的义务。

该案件从法院审理的角度出发，已经审理结案，并且当事人未上诉，被告也履行了判决书确定的义务。

但是，通过本案，我们从周梓安及其家人的角度考虑，该事件对周梓安及其家人的影响巨大：周梓安是未成年人，这次事故的伤害不仅是对周梓安个人的伤害，同时也是对其家庭的伤害；这次伤害不仅仅是在周梓安头上留下长长的疤痕，更是在其父母心里留下深深的疤痕，无法磨灭；这次伤害不仅仅是对周梓安休学一年的影响，更是让其人生的各个节点均迟延一年，在其后续的读书、就业、择偶等各个环节都有一定的影响，对人生的各个阶段都会产生无法估量的损失。

一个家庭是由父母和孩子组成的，一个家庭的中心永远是孩子，一个社会又是由千万个家庭组成的。孩子的任何伤害都是父母的煎熬，都是父母心中的伤痛，对孩子保护不力导致孩子受伤是父母心中一道永远无法痊愈的伤痕，该伤痕不会随着时间的流逝而消逝。

为女上学改年龄　岂知日后是非多

◎ 李晓昕

　　多少父母望子成龙、望女成凤，为了孩子日后能成才，他们殚精竭虑，想尽一切办法让孩子赢在起跑线上。本案便是一对这样的父母，为了让孩子赢在起跑线上，他们竟然这么做⋯⋯

媒人介绍　喜结良缘

　　1987 年，正值青春年华的张军与李芳，经媒人介绍，相识相知。张军虽不高大，却老实本分，恋爱期间对李芳百依百顺。李芳年轻漂亮又能干，追求者很多，但唯独被张军的真诚和贴心打动，一年后他们便步入了婚姻殿堂。婚后，两人也是恩爱有加，各自打拼自己的事业，小日子过得红红火火。小夫妻俩想着年轻，也没急着要孩子，但经不住家人的催促，二人决定顺其自然迎接新生命。结果天不遂人愿，好几年过去了，李芳却迟迟怀不上孩子。

　　"如果生不出孩子，你会和我离婚吗？"李芳忧心忡忡地问。

　　"不要瞎想，我们俩都去医院查查，好好配合医生治疗，一定会有自己的孩子。"张军的态度貌似坚定，但他那强势的母亲，已经给他下了最后通牒，如果今年再怀不上孩子，他就必须离婚另娶她人。

原来，张军的哥哥嫂子生的是女儿，他们老张家传宗接代的重任便压在了张军夫妇身上。但若是因为生不出孩子，让他和李芳离婚，张军还是一百个不愿意的。

从此二人走上了到处求子的道路。

喜添爱女　望女成凤

经过多方医治，1995 年 3 月，一个阳光灿烂的日子，夫妻俩终于迎来了自己的孩子，一个可爱的女儿，小囡囡。虽然，这让张母大失所望，但是初为父母的张、李二人却沉浸在喜得爱女的喜悦之中。

"小囡囡的眼睛大大的，眉眼都像你，小脸蛋红扑扑的，这个小人，这么一点点，太可爱了。老婆，你辛苦了。"张军深情地说。

"只要看着我的女儿，再多的苦和累，都早已忘记。我现在只希望孩子将来有一个美好的未来，孩爸，咱俩要努力了，为了咱们小囡囡的将来，一起加油！"

接下来，李芳也确实如她所说，开启了为小囡囡的一切而努力的生活。只要是对小囡囡好的事情，没有条件，创造条件也要做，竭尽所能，也要让小囡囡得到最好的。李芳眼里没有了自己和孩子爸爸的位置，夫妻俩之间的话题，也不再是他们的生活和工作。下班回来，不再是夫妻二人一起做饭，饭后也不再是夫妻二人手拉手地散步谈心。李芳的心思全放在了孩子身上，她只有一个理念：绝不让孩子输在起跑线上，尽全力培养孩子。她的付出也得到了邻居和亲戚们的羡慕称赞。小囡囡聪明伶俐，会背很多古诗，会口算加减法，比同龄的小孩表现要好。这更让李芳坚定了"自己的付出是值得的，自己为小囡囡做的都是对的"信念。

矛盾加剧　婚姻破裂

张军工作繁忙，对家庭的付出日渐减少，夫妻二人的沟通更是少得可怜。日子久了，李芳对张军的抱怨也越来越多，抱怨张军对孩子不管不顾。为此，张军劝李芳辞职，"老婆，我的收入养我们一家没有问题，你这样又工作又养娃，太辛苦了，要不辞职吧。"李芳也觉得自己需要更多的时间来照顾孩子，于是就辞职回家照顾家庭和孩子。

然而李芳的付出并没有得到张军及其家人的认可，夫妻关系越来越冷淡。重男轻女的婆婆也一直要求李芳生二胎，并且非常反对在孙女身上花这么多时间和金钱。婆媳矛盾加上本就日渐淡漠的夫妻感情，最终双方都筋疲力尽，没有了再经营这段婚姻的动力。2002年，李芳一纸诉状将张军诉至武进法院前黄法庭，要求离婚。最终，法院判决双方离婚，小囡囡由李芳抚养，张军支付生活费直至小囡囡年满18周岁止。

很多人对离婚时法官会将孩子的抚养权判给谁很好奇。《民法典》规定，孩子的抚养权可由父母双方协商决定。协商不成，如无特殊情况，2周岁以下的孩子，随母亲生活为宜；2～8周岁的孩子，根据父母双方的各方面情况，以孩子利益最大化为原则，决定孩子随一方生活；8周岁以上的孩子，在尊重孩子意愿的基础上综合考量。

为要抚养费　二次上法庭

2012年5月，李芳以小囡囡的名义，将张军再次诉至法院。"我们之间的恩恩怨怨不再重提，我只求你按时支付女儿的抚养费，女儿是我们两个人的，不是我一个人的。这些年，我又当爹又当妈，一个人辛辛苦苦把孩子拉扯大，所付出的你是无法想象的……"说着，李芳已泣不成声，情绪非常激动。

张军却义正词严地说："孩子已经成年，当年法院判的抚养费，这些年我是一分不少地按时支付，你没有理由再向我要抚养费。也不要给我抹黑，说我怎样无情无义。况且，我现在已再婚组建了家庭，又生了孩子，家庭负担很重，不然也不会不再给小囡囡生活费。"

两人各执一词，争论得不可开交。

主审法官耐心听完二人陈述，仔细询问，发现二人争论的点是小囡囡的出生日期到底是哪一天。

"你忘记了，当时为了让小囡囡早一年上学，在给孩子上户口时，将1995年3月出生的小囡囡，填报成1994年3月。"李芳着急地道出原因。

"我完全不记得这个事了，孩子的出生日期就是户口簿上的日期，户口簿上记载的还能有假？我已经完全履行了我应付的义务，一分钱抚养费都没有拖欠。"张军还是坚持自己的意见。

主审法官问："李芳，你将当时的情景说清楚，不得造假隐瞒，要如实陈述，我们法院会去核实的。"

"法官，是这样的，结婚几年生不出孩子，最后，我好不容易生了一个女儿，特别宝贝。我将大部分精力都投在女儿身上，各方面都想给她最好的。我听说，女孩子发育成熟早，早上一年学好，将来好早就业……我和她爸当时就商量一致，在办出生证明时，就说孩子是 1994 年 3 月 15 日出生的。由于当时医院对孩子出生日期的记录是手工登记，查找起来有点麻烦，办出生证明的人对我俩的话也没怀疑，就按我们说的给开了出生证明，拿着这个证明，我们去给孩子上了户口。也就是说，我女儿户口簿上的年龄比实际年龄大一岁。张军还有一年的抚养费没有支付。"

这下，大家才恍然大悟。主审法官凭着多年的审判经验，觉得李芳所说有可能是真的，并且为了充分保护未成年人的利益，他决定亲自跑一趟当时小囡囡出生时的医院。通过医院的全力配合，终于找到了当时小囡囡出生时的原始档案，确实是 1995 年 3 月 15 日生的。

法院最终判决张军继续支付小囡囡的抚养费，直至其实际年满 18 周岁。这场乱改孩子年龄导致的抚养费纠纷闹剧才算落幕。

我国《民法典》规定，自然人的出生时间是以出生证明记载的时间为准，没有出生证明，以户口簿登记或者其他有效身份登记记载的时间为准。有其他证据足以推翻以上记载时间的，以该证据证明的时间为准。这也充分说明了法官审判案件以事实为依据的道理。

法官有话说：可怜天下父母心。父母都希望自己的孩子出类拔萃。但是，一个家庭，夫妻感情稳定，共同教育、陪伴孩子，孩子才能健康成才。而不是为了孩子所谓不输在起跑线上，做出各种拔苗助长的行为，就像案例中小囡囡的爸妈所做的虚假申报年龄的荒唐举动。

法治护航成长

◎ 徐寒露

2020 年 12 月 7 日上午 9 时许，金坛法院第五法庭正在开庭。原告席坐着两位年轻男士，一位是民政局的工作人员，另一位是检察院的检察员。被告席上坐着一位妇人，她皮肤黝黑、面容苍老、神情严肃。原来，正在审理的是一起抚养费纠纷案件，民政局执法员代表 14 岁男孩周周出庭，检察员出庭支持起诉，被告郑某已经 55 岁，她正是周周的母亲。在周周的记忆中，他只见过母亲一次，这究竟是怎么回事呢？

一段往事

时间回到 2005 年，此时郑某四十岁，家住溧阳市，丈夫已因病去世两年，只留下一个十三岁的儿子和十八万元的债务。郑某只能通过鱼塘养殖来支撑家庭生活和负担沉重的债务。生活的苦让她丧失了斗志，只能将希望寄托于一个男人、一段婚姻。在这种情况下，郑某经同村人介绍认识了金坛市人陈某。彼时，陈某只有三十四岁，比郑某小了整整六岁，而且未婚，没有子女。但陈某一直未婚也是有原因的，那就是陈某并没有正当职业，本人及家庭经济状况都不乐观。但当时的郑某在生活重压下，认为自己已经没有更好的选择了。撑起一个家总是两个人要好过一个人，郑某就是抱着这样的想法与陈某走到了一起。2006年4月，郑某与陈某领证结婚，婚后居住在郑某家中。2006年8月，周周出生了。庭审中，郑某提到当时的婚姻状况时称，"结婚后，陈某并没有拿钱回家，都是靠我在溧阳鱼塘养殖来还债和维持家用。"但此时的周周至少有爸爸妈妈的陪伴和照顾，一家人也算平静、安稳。仅仅两年之后，随着一个电话的到来这个家庭彻底分崩离析。

那是2008年10月的一天，郑某接到了陈某家人的电话，称陈某在金坛出事了。郑某匆忙赶到后才得知陈某是涉嫌强奸罪被抓。当即，郑某便向陈某家人表示要将2岁的周周送养。周周年近七十岁的爷爷不舍得将孙子送养，便要求郑某将周周留下由其抚养。郑某将周周留给爷爷后就没了消息。2009年1月，陈某因犯强奸罪被判处有期徒刑八年。周周也正式开始与爷爷共同生活。

噩耗再临

一年又一年的春去秋来、花开花谢。周周与年迈的爷爷相互扶持，艰难地度过了五年时间。在本该无忧无虑、欢声笑语的童年，周周却学会了洗衣、做饭。所幸，经过那么多的苦，生活总算给了一点点甜。本该服刑八年的父亲，于2013年被释放。一个成年男性的回归，像一道光注入这个家，给周周和爷爷带来了希望。"以后慢慢就好了。"周周和爷爷这样想着。但命运好像总是喜欢开玩笑，你越担心什么他就越安排什么给你。仅仅两年时间，爷孙俩的希望再次破灭，并且毁灭得如此彻底，一家人从此陷入绝境。

2015年的某一天，陈某骑摩托车外出发生意外，导致下肢瘫痪，从此卧床不起，不仅丧失了劳动能力，还丧失了生活自理能力，一日三餐都需要别人照顾。这时的周周仅仅是个不到10岁的男孩，他无法反抗命运，只能顺从地接受。此后，周周与爷爷专心照顾陈某，一家人靠低保和爸爸的残疾补助金勉强度日。

法治光明

随着时间的推移，爷爷的身体每况愈下，疾病缠身，父亲仍然瘫痪在床，没有丝毫好转。而母亲呢，杳无音信，"我不想她，也不恨她。"周周这样说道。2020年，金坛区检察院在开展困境儿童民事权益保护工作中发现了周周的情况。为了解决周周的困难，检察院通过公安机关找到周周的母亲郑某，要求其履行抚养义务，但郑某以其无力承担为由予以拒绝。检察院遂建议民政局代周周向法院提起追索抚养费的诉讼。双方形成了文章开头的庭审。经过多方调查，郑某在溧阳承包了三十亩鱼塘进行养殖，经济条件尚可，其大儿子也已成家生子，在南通定居。"在周周四年级的时候，他的爷爷和伯母带着他到溧阳来找过我，为了帮周周办理户口，我配合他们办好，还给了周周1000元。"这是郑某能回忆的12年来与周周唯一一次确切的见面情况。这次仅有的见面，给了周周妈妈的样子。"她个子矮矮的，有点黑，牙齿有点外突。"这就是周周对妈妈的描述。在本案审理过程中，郑某承认这12年间没有承担过周周的抚养费，但仍然坚持自己没有能力承担周周的抚养费。为了保障周周的权益，金坛法院在该案开完庭当月即作出民事判决，郑某每月负担周周的生活费 1200 元，并负担周周的教育费、医疗费。至此，小男孩周周的抚养问题终于得到了解决。法治给周周带来了光明，为他撑起了一片天。

缓刑少年因贫辍学
护苗基金纾难解困

◎ 张洪燕

都说法不容情，法律面前人人平等也是法治社会的根本所在。虽然法律不徇私情，但法律人却有着温情的一面，武进区人民法院审理的一起少年交通肇事案就很好地体现了这一点。

莽撞少年疏于观察　交通肇事致人死亡

2014 年盛夏的某一天，就读于常州航空技师学校的 16 岁少年王磊独自骑着电动自行车行驶在乡间公路上。在即将经过一座桥时，裤兜里的手机铃声响了几声，看到前方视野内没人，王磊掏出手机，一边骑车，一边微信打字聊天，聊得火热。发完一条信息后，抬头之间王磊的电动自行车撞上了前方同向步行的 65 岁老人李桂兰，由于桥面有一定坡度，下坡状态下电瓶车撞击力度更大，老人被撞倒地后头部撞在桥墩上，顿时头破血流，昏迷不醒。王磊毕竟还是个未经世事的孩子，一时间手足无措，着急得掉下了眼泪，在路人的帮助下，拨打完"120"急救电话，王磊才慢慢回过神来，他撑起一把太阳伞为老人遮挡炽热的阳光，然后主动报警。

不一会儿，警车和救护车都来了，老人也被第一时间抬上救护车，紧急送往医院。警察查看了现场情况，和王磊一同去往医院。李桂兰老人的儿子、王磊父母闻讯后立即赶到医院，王磊父母积极支付被撞老人的急救费用，并诚恳地向李桂兰儿子道歉。虽然抢救及时，但李桂兰老人终因伤势过重，于四天后不幸地离开了人世。李桂兰老人的儿子异常悲伤，自己母亲本来身体很健康，怎奈突遭飞来横祸，尤其是听到肇事者骑车玩手机导致发生交通事故后，更是悲愤无比。

毕竟人死不能复生，在亲友们的劝慰下，李桂兰儿子慢慢平静了下来，来到交警部门处理母亲的善后事宜。虽然母亲的生命是无价的，但王磊家境贫寒，赔偿能力很有限，在交警的调解下，李桂兰儿子与王磊父母达成了 17.63 万元的赔偿协议，算上之前在医院支付的急救费用，王家先期赔偿了 5.63 万元，剩余 12 万元的赔偿款暂时无力支付，要分五年还清。

虽然肇事者王磊是未成年人，且案发后有自首情节，其父母也给付了部分赔偿款，取得了被害人家属的谅解，但因为自己骑车玩手机的重大过失造成他人失去生命，王磊还是难逃法律的惩罚。为尽量降低刑事犯罪对被告少年成长的不利影响，促使其尽快回归社会，走上正常的人生道路，经常州市武进区人民法院审理，王磊因交通肇事罪被判处缓刑。

贫困家庭雪上加霜　少年自闭辍学在家

王磊生活在一个较为贫寒的家庭，母亲没有工作，全家只靠父亲打工赚钱维持，家庭收入多数时候处于月光状态。出事之后，赔偿的 5 万多元已是家中多年的积蓄，未来几年还要还清剩余的 12 万元赔偿款，对这个贫困的家庭来说，无异于雪上加霜。

穷人的孩子早当家。事发前一年，王磊初中毕业时，就向父母表示不想再上学了，他想早点参加工作，以减轻父亲肩上的压力。但爸爸还是希望自己的孩子将来能有一技之长，能有一份好一些的工作，所以坚持让王磊继续学习，就读本市的航空技校。在父亲的殷切希望下，王磊学习刻苦，成绩在班里名列前茅，全家人仿佛看到了光明的前景，所以虽然日子过得清苦，整个家庭仍然其乐融融。而现如今，由于自己的过失让家庭背上了沉重的债务，对于这场变故，王磊陷入了深深的自责当中，本就不爱说话的他更加沉默寡言。出事后他就没再去过学校，他把自己关在房间里，不想和任何人说话，甚至老师来家里探望时都不出来。王磊的爸爸妈妈焦急万分，害怕自己的儿子憋出病来，于是耐心地开导他，世上没有过不去的坎，钱是身外之物，赔偿款慢慢还，人的精神可千万不能垮！

王磊爸爸为了多挣点钱，决定去江西做电焊工，临走前和学校协商好，王磊新学期的学费可以先欠着，后面几个月分期交给学校。爸爸去江西了，可王磊还是不想去上学，自责和自卑深深地折磨着他。老师和王磊母亲联系过几次，催促王磊来学校上课，但王磊母亲也拿儿子毫无办法，苦于无法让儿子走出心理阴影。

护苗基金出手相助　自闭少年重拾信心

"兴国百万护苗基金"是武进区人民法院少年庭与武进区企业家赵兴国联合创立的未成年人救助基金，着力于"关爱、协作、开拓"的少年司法理念，将党的"教育、感化、挽救"方针贯彻

花落花开 ｜ 常州法院保护未成年人案例精选

于少年审判全过程，对生活、学习困难的少年犯进行帮扶。三年来，该基金已帮助生活困难、失学或面临失学的未成年人数十人，使其摆脱困境、恢复学业、树立信心，让他们度过人生中的一个关键阶段，使他们能更快更好地融入社会。

得知王磊的情况后，武进区人民法院启动了"兴国百万护苗基金"，向王磊捐助学费、生活费5000元，并且指派少年庭高法官对王磊进行心理疏导。高法官是武进法院有名的调解能手，最擅长做思想工作，他语重心长地开导王磊，已经发生的事情，即便再懊悔也于事无补，咱们应该努力向前看，你还这么年轻，只要努力学习，大好的前程会在前方等着你。只要精神不滑坡，方法总比困难多。

被害人李桂兰的儿子从案件经办法官处听到王磊的情况后，也大度地表示可以适当宽限后续赔偿款的支付时间。他说，失去母亲的痛苦是再多的钱也无法补偿的，赔偿款更多的是对肇事者的惩罚和对社会上犯同样错误的一些人的警示，我也不希望王磊就此沉沦，只要他牢记教训，不再犯类似错误，我还是希望他尽快回归校园、回归社会，做一个对国家有用的人。

终于，在社会各界的关爱下，王磊逐渐走出心理阴影，重拾生活和学习的信心，收到护苗基金款项后，王磊已重归学校，恢复了学业。老师和同学们也对王磊的回归表示欢迎，争相帮他补课，追上拉下的课程。王磊深受感动，意识到社会并没有因为自己的重大过失而抛弃他，社会是个大家庭，自己的小家庭遇到困难时，大家庭的成员们会雪中送炭、施以援手，他们的小家庭不是一个孤单的个体，人间自有温情在！王磊表示，以后要努力学习，学成之后用自己的知识和技能回报社会这个大家庭。

妈！别拿我当赌注

◎ 周　运

中国自古就有一句话，叫作"天下无不是的父母"。

这句话流传至今，让人深信不疑，仿佛世间男女，无论品行如何，一旦为人父母，就是合格的父母。

其实为人父母是一场修行，大家都是第一次做父母，修行如何法庭上一眼便见分晓。

01

你的孩子，其实不是你的孩子

他们是生命对于自身渴望而诞生的孩子

他们借助你来到这世界，却非因你而来

他们在你身旁，却并不属于你

——纪伯伦

彼时初见时，王瀚是意气风发、前呼后拥的成功人士，半生辛苦赚得万贯家财；李霞是初入社会、青涩稚嫩的曼妙佳人，苦读多年终究不敌社会现实。

几番接触后，王瀚道出他的苦楚：年过半百承受丧子之痛，原本相敬如宾的夫妻在长吁短叹中逐渐走向"相敬如冰"。但糟糠之妻不可弃，他只想找人再生育一个小孩，不仅事业后继有人，也算对得起九泉之下的列祖列宗。

原来是"借腹生子"。没有太多的花言巧语，一切都是开门见山，小孩出生后，她拿钱走人，从此两不相见、两不相欠，小孩入他门户，继承家业，真是合理又公平。

李霞答应了下来，也安心准备怀孕养胎。几个月后，她如愿以偿。但看着腹中的胎儿逐渐长大，李霞犹豫了，想到出生之后即将骨肉分离，她心生不舍，最终选择在小孩出生前逃回老家的小城。

十几年间，李霞独自抚养孩子长大，几许辛酸泪，也承受着闲言碎语。伴随小孩的成长，生活开支、学费都在与日俱增，李霞不堪重负，她想到了千里之外还有一根救命稻草，那就是小孩生物学上的父亲。

李霞和王瀚再次见面时，各自带着最懂行的律师，操着最专业的术语，算着最精细的账目，王瀚发泄着十余年的愤懑和不满，只肯按照最低标准支付抚养费。

僵持之下，李霞拿出了手机，向王瀚展示了一个阳光灿烂、学习优异、获奖无数的少年。看到眼前这个小几号的自己，王瀚沉默了，终究妥协了。

李霞松了一口气，但脸上并没有呈现出"笑到最后"的轻松神情，没有人去追问她是否后悔当年的决定，也许从脸上若隐若现的褶皱中，已经能猜出大概。

没有人去同情这两个"主谋"，只觉得这种境遇下的小孩，连出生都是一场精心策划，长大后，依然可以作为施压的砝码，跟他解释"你父母都是有苦衷的，都是爱你的？"还是"人不能选择自己的出生？"

孩子不是父母的赌注。将孩子当作筹码，下注的是自己的人生，在这场赌局中，没有真正的赢家。

02

愿娘子相离之后

重梳婵鬓，美扫蛾眉

巧呈窈窕之姿，选聘高官之主

解怨释结，更莫相憎

一别两宽，各生欢喜

——《放妻书》

调解室里，江月和宏伟带着各自的亲友团，两方人员为二人的离婚事宜唇枪舌剑，两个小女孩几个月未见母亲，抱着江月的大腿，撕心裂肺地叫着"妈妈！"

宏伟见状，上前连拖带拽非要拉走，还毫不避讳地破口大骂："你这个女人自己不检点，红杏出墙还有脸见女儿？"

头上有颜色这点事，被自己的男人捅出来，而且还当着两个孩子的面，也不知道谁更丢脸。眼见文斗即将发展成武斗，安保人员连忙上前将双方拉开。

八年前，江月和宏伟在这个南方小城相遇，宏伟虽其貌不扬，但为人大方，长着一张巧嘴，经常哄得江月喜笑颜开。江月不顾父母反对，执意跟宏伟领证结婚。

幸福还未开始，打脸的就来了。婚后，江月发现宏伟有赌博的恶习，还嫌打工挣钱太慢整天游手好闲。等到讨债的找上门，江月才知道宏伟在外面欠下了巨额的赌债。为了还赌债，宏伟还伙同他人盗窃，被判刑三次。

开庭时，女的骂男的盗窃、赌博、不顾家，男的骂女的轻浮、出轨、不检点，孩子看在眼里，苦在心里。

法院判决两人离婚后，江月致电法官表示感谢。法官劝她，这一次是解脱了，希望下一次再踏入婚姻时，她能多几分清醒，学会做一个好母亲。

法庭上总不乏这样的夫妻：婚前花言巧语不慎重，婚后鸡飞狗跳不理智。一方不赚钱养家老想着吃喝嫖赌，一方不相夫教子却惦记另择良木。一拍两散时当着子女的面出言不逊，极尽贬损之能事。

远在唐宋时期就有《放妻书》，在这些古代版的"离婚协议书"中，没有怨憎的诅咒，而是惜别的祝福，不仅让对方心存感恩，也给子女做好了道德典范。

相聚时且行且珍惜，别离时相离莫相杀，勿生怨念，不言恶语，才能彼此留一线。

03

人生内无贤父兄

外无严师友

而能成者少矣

——（宋）吕公著

法庭安检处迎来一位 75 岁的不速之客，声称自己家里遇到了困难。接待室里，这位王大爷语无伦次地说明了来意，从他慌乱的陈述中，终于拼凑出大意。

王大爷的儿子王兴安年近 50 岁，多年前王兴安与前妻因感情不和经法院判决离婚，两人的儿子由王兴安抚养，如今已经高二了。

几年后，王兴安又认识了另一个女子，未婚生育了一个孩子，在一次爆发矛盾后，该女子一去不复返，从此杳无音讯。

数月前，王兴安在交友 APP 上认识了一个叫小静的女孩，自认为爱情的春天再次到来，王兴安与小静出双入对，还时常带回家在王大爷面前晃悠。

王大爷看了就气不打一处来：成天在外面浪，家里的事情不闻不问，还要我这把老骨头出去打零工挣钱。还有那个小静，对小孙子非吼即骂，哪有做后妈的样子？

十几天前，王老汉与儿子爆发了激烈的争吵，王兴安一气之下就带着小静离家出走了，从此电话不接、短信不回，玩起了人间蒸发。

这哪里是离家出走，这分明是乘着爱情的龙卷风双宿双飞了。如今 75 岁的爹跑来寻找 50 岁的儿子，岂有此理！

王大爷跑去派出所报案，民警联系到了王兴安，他表示还没玩够，现在不想回来，让老头子不要找他了。

五十知天命。本上有老下有小，结果在家里面当起了甩手掌柜，在外面玩起了浪迹天涯，这样的丧偶式育儿，对于原本就在离异家庭中长大的孩子而言，可谓一场"父母双亡"的悲剧。

原生家庭是人成长的底色，一个心智成熟、宠辱不惊的人，其背后必然是家庭的浇灌和栽培。一方长期缺位，一方德不配位，枉称一声父母。

所谓衣食父母，生是起点，养是终点。物质的给予是生存之本，精神的灌溉才是为人之本。

龙应台在《目送》一文中写道：所谓父女母子一场，只不过意味着，你和他的缘分就是今生今世不断地目送他的背影渐行渐远。你站立在小路的这一端，看着他逐渐消失在小路转弯的地方，而且，他用背影默默告诉你：不必追。

为人父母，可能是世上最艰辛的职业：你用二十年将他养大，却只用二十天将他送别；你花一辈子为他操劳，却只看到他一瞬间的背影。

为人父母，却也是世上最伟大的职业。在小路的起点点亮一盏灯，让目送之人在漫漫长路上有行走的底气和勇气，而不是在黑暗中孤独前行。

杀婴的未成年妈妈该如何处罚

◎ 谭韫争　杭彧礽

　　刚出生的婴儿被摔在地上，地面一摊鲜血。我赶紧把现场照片翻页，太残忍了。尸检报告显示是高坠致颅脑损伤死亡。杀害这个刚出生婴儿的就是她的亲生母亲——刚满 15 周岁的小珍。

　　为什么小珍会忍心杀害自己的女儿？她还未成年怎么会怀孕？她怀孕这么长时间就没找家人商量吗？为何案发后四年时间才归案？这些年她又经历了什么？……我心中充满了疑问。公诉机关的量刑建议是四年以上六年以下有期徒刑，我忍不住为这个女孩感到惋惜和遗憾。公诉机关认定小珍故意杀人，未认定情节较轻，法定刑是死刑、无期徒刑或者十年以上有期徒刑，因有未成年人法定减轻情节而建议四年以上六年以下有期徒刑。我想起 2009 年也曾办理过类似案件，那个刚满 19 岁的少女也是未婚先孕，婴儿的生父早已失去联络，怀孕初期自己也不知道怀孕了，生产当天就把刚出生的婴儿摔死了。法庭上她那双无助的眼睛让我至今记忆犹新。

　　人，一经出生便享有生命权，任何人或单位非经法律规定不得剥夺他人生命，即使是自己的亲生父母。小珍作为婴儿的亲生

花落花开 | 常州法院保护未成年人案例精选

母亲，能把婴儿带来这个世界，却无权利把婴儿带走，小珍无疑要受到法律的制裁。可是四到六年的有期徒刑是否太重？我查询了相关案例，司法实践中对亲生父母因为重男轻女杀害女婴的也有认定情节较轻的。我又搜了下域外法律，国外规定了专门的杀婴罪，规定了比普通的故意杀人罪较轻的法定刑，但我国法律没有。应该认定情节较轻吗？我带着这样的疑问进行了开庭。

原来小珍同样也不知道自己怀孕了，也无法找寻婴儿的生父，她不满16岁就出来工作，和自己的妈妈一起在某服务场所做杂工。对于肚子一天天大起来的女儿，小珍妈妈缺乏关心，只以为她是胖了。小珍在怀孕初期不知道自己怀孕的事实，错过了打胎的时期。在自然分娩的时刻，她手足无措，第一反应就是要摆脱这个婴儿。也许在小珍看来，这不是一条生命，而是一个炸弹，她要把它扔得远远的，于是在生下这个婴儿的时刻，她选择把这个刚出生、眼睛还没睁开的婴儿扔下楼。在法庭上，小珍哭着请求合议庭判缓刑，因为她已经结婚了，她还有两个小孩很小要抚养，如果不是几年后案发，她的家人对此事毫不知情。因为小珍已经是两个小孩的妈妈了，庭审中，她以要抚养两个小孩为由请求判处缓刑。我问她，这个只来了世上几个小时的婴儿就不是你的小孩了吗，她连一个温暖的拥抱也没有。

案件合议时，我发表了自己的意见：婴儿在法律上具有生命权，因此小珍从楼上扔婴儿的行为应当认定为故意杀人罪，须受到刑法的惩处，但小珍因年少无知，涉世未深，因其年幼生子害怕家人责备而立即杀婴，其犯罪目的虽自私但简单。从犯罪预防上考虑，小珍已受过刑法的处罚，相信以后即使再遇到这样的情况也不会作出杀婴的行为，其他父母恐怕也不会因为杀死自己亲生婴儿可以认定为情节较轻就会狠下毒手。张明楷教授认为当场基于义愤的杀人、因受被害人长期迫害的杀人、基于被害人请求的杀人等，[①] 这些都是出于被害人的过错进行的总体权衡。刑法是存在于社会而保护社会的，它烙印着强烈的社会性，所以应当从整个社会角度考虑某种行为的社会危害性。从整个社会角度考虑，杀婴行为的社会危害性相对一般的故意杀人要小。从恢复性司法角度考虑，恢复性司法理念旨在恢复被犯罪行为损害的社会关系和秩序，本案小珍犯罪时年仅 15 周岁，生子养育的压力对她当时的年纪来说实在是太重了，她在取保候审和被上网追逃期间结婚生子，已经过上了正常人的生活，如果从严惩治并不能很好地实践恢复性司法理念，对社会关系和秩序可能造成新的损害。从司法实践考虑，司法实践中杀婴的（此处杀婴的主体应严格限定为婴儿的生父母）一般认定为情节较轻，有其他法定从轻或减轻情节的，甚至适用缓刑，也是考量了杀婴行为的社会危害性相对一般的故意杀人行为要小。综上考虑，我建议以小珍犯故意杀人罪，判处有期徒刑二年，合议庭一致通过。这个案件给我的反思和触动很大，我写了篇案例，刊登于《中国法院 2015 年度案例·刑法分则案例》。这个案例也在《今日说法》播出，原来和小珍一样杀婴的少女还不少。这不是个别现象，而是一个不容忽视的社会问题。日本有部纪录片《看不见明天——越来越严重的年轻女性之贫困》，后来还出版了《女性贫困》，Facebook 首席运营官谢丽

---

① 张明楷:《刑法学》(第三版)，法律出版社 2007 年版，第 639 ~ 640 页。

尔·桑德伯格在《向前一步》中也讲到了女性在社会中的弱势地位。

有人说："你不要这个小孩，送我好了，我们想要还要不了。"有人说："怀孕这么长的时间，这么大的事情，你妈妈就在旁边，为什么不和你妈妈商量？"有人说："女孩子要自重啊！"有人说："小孩不死的话，跟着这样的妈妈活着也难。"也许小珍原本可以做出更好的选择，但人的境遇不同，悲欢亦不相通，我们从自己的处境出发去苛责小珍并不公平。年轻女性，特别是未成年女性应该有怎样的性观念，如何保护自己，决策自己的人生？这些课题不仅仅属于家庭、学校，还需要整个社会的力量。在去学校讲课时，我都会讲到这个案例，我的目的不在于讲亲生父母杀害婴儿是一种犯罪行为，而是告诉这些年轻的男女生，特别是女生，要懂得保护自己，在承受着年纪不能承受的重量时，要懂得向家人、老师等求助。十年过去了，这个没有名字、没有一个抱抱的婴儿，可能没人记得她了，不知道小珍会不会偶尔想起这个婴儿，有没有后悔自己的行为，内心有没有对这个婴儿的歉意。现在小珍已经出狱了，她应该回归自己的生活了吧。我不知道二年的刑期能否救赎小珍的杀婴罪行，也许……

以法之名　缝补爱的裂痕

◎ 韩洲晶

家庭是孩子的第一所学校，父母是孩子的第一任老师。成长阶段是孩子树立世界观、人生观、价值观的重要时期，父母关系和谐对于孩子的身心健康至关重要，稳定、和睦的家庭氛围才能给予孩子安全感，呵护孩子健康成长。

当爱已逝　婚姻破裂终难挽回

李锋是常州中车车辆有限公司的工程师，林文静在常州戚墅堰机车有限公司做机车电工。2010 年下半年，一次工作的交集，让李锋和林文静的人生产生了交集。两人在交流中产生了情愫并顺利确立了恋爱关系。

经过两年多的相处，两人感情稳定，也彼此确认了要携手一生的心意。终于，在 2012 年 12 月 21 日两人登记结婚，正式跨入了婚姻的殿堂。

林文静父母出借了自己名下的一套新房给两人居住，李锋则负责了新房相当一部分的装修费用。婚后，李锋、林文静及李锋父母四人共同生活在新房。结婚之初，两人也如一般的新婚夫妻

花落花开｜常州法院保护未成年人案例精选

感情甜蜜。

2013年9月13日，两人爱情的结晶李林珂来到了这个世界。女儿的降临令两人欣喜不已，两人也对未来和美的生活愈加期待。但婚姻中现实又琐碎的一面逐渐在两人面前摊开。

正所谓相爱容易相守难，婚姻需要爱更需要责任。一个家需要两人共同去经营，彼此理解、彼此体谅、彼此照顾缺一不可。在朝夕相处中，李锋和林文静的摩擦与矛盾逐渐暴露。由于李锋和林文静白天需要外出工作，李林珂主要由李锋的父母帮忙看护，长此以往，李锋逐渐觉得林文静对孩子的教育并不上心，也没有将家庭放在第一位，承担的家庭义务也非常少，心中的不满逐渐增多。而林文静则对李锋的性格日渐不满，两人经常因为家庭琐事争吵，感情也在一次次的争吵中被消磨殆尽。

2016年5月10日，李锋与林文静因为争抢孩子发生冲突，双方的亲属也都在场，在肢体冲撞中各有受伤。这次冲突直接导致两人从不和走向了破裂。2016年6月2日，林文静正式搬出双方共同居住地，与李锋分居。

2016年6月7日，常州市新北人民法院受理了李锋与林文静的离婚案，承办人是少年和家事综合审判庭副庭长王晶。在王晶的调解下，双方达成调解协议，女儿李林珂工作日跟着爸爸和爷爷奶奶生活，周末则接往林文静处跟着母亲生活，林文静每周六上午将孩子接回娘家，周日再送回李锋处。

分歧难解　引入心理咨询破题

虽然调解协议暂时达成，但双方的矛盾却没有就此止步。

在 2016 年 7 月 12 日，李锋与林文静的父亲发生冲突，双方争执不下，大打出手。警方接到报警后迅速赶到现场，这才止住了相争不下的双方。在警方的调解下，双方暂时达成了和解。

但没过多久，2016 年 9 月 14 日，李锋、林文静及各自父母又因为孩子的接送问题发生冲突，双方在争执中再次出现了肢体冲突，最后双方都有不同程度受伤，在警方干预下，两家达成治安案件调解协议，约定双方对对方殴打行为不再要求处理，同时对孩子的接送问题再次进行了约定。

约定—打破约定—发生冲突，在这种周而复始的恶性循环中，李锋和林文静的婚姻纠纷案变得越来越复杂，新北人民法院决定将此案从简易程序转为合议庭审理。

王晶通过多次走访调查，了解了双方感情破裂的事实。在调查中，王晶尤其关注两人的矛盾焦点——女儿李林珂的身心现状。小小的孩子还没有享受到足够的家庭和乐，就见识了一次次亲人间的冲突。在彼此的谩骂中，双方屡次不顾形象地出手斗殴，也让小小的孩子受到了巨大的心理冲击。

对于李锋和林文静而言，女儿只有一个，自然谁都希望能争取到孩子的抚养权。但对于孩子来说，父母都是最亲的家人，这绝不是一个可以用来做选择的问题。孩子虽然还小，不能有力地表达自己的心声，但从那双纯洁的眼睛中，对家庭的渴望还是触动了同为人母的王晶。想到自己的判决将决定孩子未来的生活环境，王晶就觉得这个判决任重而道远。如果不能给孩子争取到最有利于身心健康的环境，那对一个还未长成的孩子将会产生多么深远的影响，一想到这王晶就坐不住了。

花落花开 常州法院保护未成年人案例精选

王晶在百般思量之后，终于决定将心理咨询机制引入审判，聘请国家二级心理咨询师全程参与庭审、调解。心理咨询师分别对李锋和林文静进行了心理问卷和面对面问答，对双方的性格、社会支持度、面对突发事件的应对能力、对不同事物的接受能力等进行了综合性测评。通过心理测试，再综合考虑双方的生活环境、经济基础、性格秉性、家庭支持等方面，最终认定，林文静在社会支持度、应对能力、宽容度等方面优于李锋。

以法之名　守护孩子心中的家

父母是孩子终身追随和学习的榜样。父母的性格秉性、情绪管理、为人处世会对孩子的成长产生深远的影响。

李锋和林文静对于女儿李林珂抚养权的争夺，归根结底都是出于父母对孩子的爱。这份为人父母的心意任谁都无法指摘。但孩子并非父母的私产，血缘也不会因为婚姻的破裂而割断。对于孩子今后的生活安排始终应该以是否更有利于孩子的身心健康与成长为出发点。

作为成年人，当爱已成过往，分离势在必行。若是一味执着于自己的意愿而罔顾其他主、客观条件，反而会对双方、对孩子产生负面影响。

在首要考虑了孩子的身心健康与成长后，王晶又综合考虑了所有因素，最终依照相关规定判决，准予原告李锋与被告林文静离婚，婚生女李林珂由李锋和林文静共同抚养，随林文静共同生活，由林文静于本判决书发生法律效力之日起十日内前往李锋处接孩子。李锋自 2016 年 12 月起每月负担婚生女李林珂抚养费

1000元，直至婚生女李林珂独立生活时止。

　　一个判决背后关系到的是两个家庭的幸福，一个判决的背后更牵系着一个孩子的未来成长。法律是公正公平的，也是暖心暖意的。法律不是呆板的，而是有温度的。一纸判决书或许单薄，但承载着一个个背后为之奔走、忙碌的法律人的心意。是他们让冰冷的法律有了温度，让司法充满温情。他们以法之名，尽己之力，守护每一个孩子心中的家，也呵护着每一朵祖国花朵的绽放。

愿眼中有光

◎ 奚无政

"张法官，这钱我应该给我女儿，这是我当初的承诺，我毫无怨言。但是这么多年了，除了上次在你这里见过一次我女儿，还有一次给她送钱，我再也没有见过她。我没有别的要求，也不会去她家里，我就是想知道我女儿现在在哪里上学，我去看她一眼，送点吃的穿的给她，这是一个老父亲的心愿。无论过去发生过什么，她始终是我女儿，我和她妈妈再怎么不好，女儿总归是我的心头肉啊！"

这段话出自一位服过刑的老父亲，他是被执行人。我听了他们家的故事，心里五味杂陈。让我从最初说起吧。

"我们村上那个谁谁谁，他离婚了，人还不错的。"

"我们队里的那个谁谁谁，她也离婚的，一个人在娘家也不是个事，可以再找一个了。"

就这样，在媒人的介绍撮合下，2002 年，一个 40 岁的男人和一个 37 岁的女人，重组家庭。

农村的日子，平淡普通，你做你的泥瓦匠，我上我的班，就这样，日子平静如水。

2005 年，在男人和女人中年的年纪，这个平静的家庭竟然迎来了新生命——一位千金，这是多么令人振奋和欣喜的事情啊！因此，男人和女人给女儿取名，就叫"极大的喜悦"。

但是不知为什么，越来越多的琐事开始困扰着这个家庭，原本和睦的家庭出现了裂缝。

"哎呀，他们家啊，从 2007 年开始就一天到晚吵架。两个人谁都不买账，有时还动手。有一次他脸上被他老婆划破了，去医院缝了好几针。"一位邻居不无惋惜地说道。

2012 年春节前，本应该是一个祥和的日子。

"你再说一遍！""说就说，倒了七八辈子血霉的，讨了你这个老婆！"

"爸爸妈妈，你们不要再吵了！呜呜呜……"

"啊！"随着一声惨叫，男人的耳朵被女人咬下一块，鲜血淋漓。

"砰！"男人重重地一脚踢在女人身上，女人被踢出了门外。

"你给我等着！"女人愤愤地说。

当天晚上，女人带着她的兄弟回来了，一同回来的还有几个外地人。男人的伤口已经包扎好，正在陪女儿玩耍。

"妈妈！妈妈！你回来啦！"女儿挥舞着小手，跳跃着奔向母亲，全然预料不到后面发生的事情。

"听说你经常打我兄弟的妹妹？啊？"一个外地人嚣张地说，把烟头弹在了男人身上，还踢了男人一脚。

"不要打我爸爸！呜呜呜……"女儿哭了起来。

"丫头，我们去房间里看电视，大人说两句话，你不要在这里。"女儿的二舅妈带着她回了房间。

"我老婆不听话，我教训一下，关你屁事！"男人愤怒了。

"啪！"女人一个巴掌重重地打在了男人脸上，"你帮家里做过什么事啊！"

"轮得到你教训我妹妹！"女人的两个哥哥和外地人也冲了上来，围住男人拳打脚踢。女人又拿起了一把水果刀，朝男人小腿直刺过去。

慌乱中，男人夺过了水果刀，乱舞乱刺。

"啊！"女人的二哥应声倒下，地上满是鲜血。

"快走快走！出人命了！"外地人夺路而逃。

"怎么了？怎么了？"听见外面的嘈杂声，女儿的二舅妈带着女儿跑出了房间。"快打110！救命啊！"

女人蜷缩在角落，女儿愣在那里，瑟瑟发抖。

2013年12月3日，常州市中级人民法院作出一审判决："……本院认为，被告人在家中遭人围打后，持刀故意伤害他人身体，致一人死亡，二人轻伤，其行为已构成故意伤害罪……鉴于被告人是在家中先遭到被害人等人围打的情况下，为反抗而持刀挥舞，其行为是制止不法侵害的防卫性质，但防卫行为造成一人死亡、二人轻伤的严重后果，明显超过必要限度，应属防卫过当，依法应当减轻处罚……判决如下：被告人犯故意伤害罪，判处有期徒刑八年，剥夺政治权利两年……"

2015年，女人向常州市新北区人民法院起诉离婚。在监狱里，女人再次见到了男人。

"我要求离婚，女儿跟我生活。"女人说。

"我同意离婚，女儿现在随你生活我也同意，但是我出去以后，希望女儿可以跟我生活。我每月给女儿500元生活费，教育费、医疗费各半负担。我房子出租的，租金自愿给女儿，另外，我每年再补贴女儿8000元。"男人说。

2015年9月11日，常州市新北区人民法院作出一审判决："一、准予双方离婚；二、婚生女由双方共同抚养，随女方生活，男方每月支付抚养费500元，医疗费、教育费各半负担，直至婚生女独立生活为止；三、男方每年支付婚生女额外生活费8000元……"

2019年12月5日，我第一次见到了男人："被执行人，请你申报你的财产状况和付款计划。"

"张法官，我从来没欠过我女儿的抚养费，我答应过的事情我都做到了。"男人辩解道。

"如果你从来不拖欠，为什么你女儿还要申请执行？我查过关联案件，你女儿申请执行抚养费不是第一次了。虽然你基本上每次都付款了，但是何必拖欠？你可以主动给你女儿。"我义正词严，我以为男人说的都是普通被执行人惯用的托辞。

"张法官，我真的没有骗你，我女儿的钱我一直在给。"男人继续争辩着，"你可能有些情况不了解，我为了这个事情吃了官司，在里面待了7年多，刚刚放出来。"

"我知道。"我出示了离婚判决书，"判决书上写了，我也看了。我很好奇，你明明在监狱里，怎么还有能力付你女儿的抚养费用？"

"我进去前，嘱咐过我母亲，让她帮我先把钱垫着，这都是老

花落花开 | 常州法院保护未成年人案例精选

人家的钱，而且交到我女儿手上的，我也有证据。"男人的眼睛有些泛红，"但是有些费用，我前妻要了又要，还把她自己的一些费用放进来，又没有票，我多给女儿点不要紧，但我也是刚服刑结束，现在就打打零工，她不能逼死我吧？我每年自愿多补贴女儿8000元，这个钱从来没有欠过，难道不够付女儿的伙食费、眼镜费、课外书的费用吗？"

"我知道了，你先回去吧。我先找申请人核实下情况，然后再通知你们一起来对个账。"我翻了翻卷宗里的证据材料。

"好的。还有一件事想麻烦张法官。"男人恳求道，"能不能让她带着我女儿一起过来，我好久没有看到女儿了。"

"我问问申请人吧。"我回答道。

过了几天，女人也来找我："张法官，我女儿抚养费的案件执行得怎么样了，被执行人出狱了，应该可以拘留他了吧？"

我一愣，有些诧异："被执行人如果拒不执行，法院可以对他采取司法拘留措施。但是你们这个案件有点情况，我正好想找你核实一下，到时候再拘留也不迟。"

"张法官，还有什么情况？他害我和我女儿还不够吗？他还害得我二哥死了！这样还不好拘留吗？"女人声音不大，却透出了一股强烈的怨恨。

"你不要急。第一，你前夫已经服刑了，这是对他故意伤害罪的惩罚，但与本案无关。第二，你这个案件其实与抚养费没有关系，你作为证据提交的票据是超市票据、外地医院药物清单、伙食费票据、眼镜配镜单，而且全是复印件，原件在哪里？"我向女人出示了她立案时提交的证据。

"原件没有了。"女人告诉我。

"没有原件的话，这个案件没有办法执行的，执行必须有依据。"我略感意外。

"这个案件是你们法院判的，判决书我也交了，怎么叫没有依据？"女人有些激动。

"你先坐下来。"我看着站起来的女人，"判决书是依据，但是这类案件的特殊性在于判决书确定的是一段时期内的义务，而不是一个明确的总金额，所以每个阶段都有相对应的证据需要你收集和提交。你也不是第一次来申请执行，之前的法官应该也是这么跟你说的吧？"

"张法官，你不知道我生活多困难。家里发生了那么大的事情，为了不给孩子造成影响，我带着她离开了西夏墅，在新闸一家超市做收银员。孩子上学开销那么大，我收入只有那么点，孩子跟着我太苦了。"女人的声音有些哽咽。

"既然你生活这么困难，那对于案件的执行更要重视，这是关系到你女儿权利落实的问题。话说回来，你没有原件怎么有复印件？"我接着问。

"好的，请给我一点时间，我回去找找看，应该可以找到。"女人回答道。

"还有一个事情，你前夫汇报说，有些费用是直接交到你女儿手上的，我跟你前夫说要找个时间一起来对账，到时候你带上女儿一起过来吧。"

"我尽量吧，孩子不愿意见他。而且她现在上初中，不好请假。"女人有些犹豫。

一段时间后的一个晚上，我约了男人、女人和女孩一起到法院来处理本案。

"张法官，你好！这是我女儿。"女人介绍道。

"你好。"女孩简单打了个招呼就坐下了，面带不悦，没有怯意。

"你们先坐一会儿，刚才被执行人也打电话说到了，我去带一下他。"我说完就去单位门口带被执行人，心想这个女孩有点奇怪。

"你怎么还带着一个人，她是谁？"我见到男人，发现他带着另一个女人。

"我女朋友，她陪着我来的，不说话。"男人介绍起了这个女人。

我有些摸不着头脑，也有些生气："我特地把你女儿叫来，也提前跟你说过，你还带着女朋友过来，你女儿会怎么想？"

"没事没事。"男人和这个女人跟着我到了接待室。

"你怎么来了？"女人看见了她，面带愠色。

"你们认识？"我问道。

"我们村上的，以前关系还不错。"女人回答。

"我就跟过来看看的，你前夫出来以后我才和他在一起的，没有插足你们的婚姻。"那个女人辩解道。

"你到外面去等吧。"我让那个女人离开，又看看女孩，女孩瞟了一眼那个女人，又瞟了一眼她父亲，一言不发。

"丫头，你来啦。"男人只说了这五个字，声音里略带愧疚，却也说不出更多的话，7年多不见，女儿已经从一个小朋友变成大孩子了。

"你欠我的钱，准备什么时候给我？"女孩质问起了她父亲。

"我什么时候欠你钱了？"男人满是疑惑，"之前该给你的生活费都给你了。"

"你还欠她好多生活费，一直没给，说好的每年8000元额外生活费呢？"女人插话道。

"你不要在这里胡说八道！"男人愤怒了，举起手来准备打女人。

"干什么！叫你们来是解决问题的，不是来吵架打架的！"我喝止住男人。

"张法官，我没有骗你，我真的把之前的抚养费全都付清了，你可以去问之前的执行法官。我还把证据带来了。"男人从口袋里拿出了几张纸，"你看，这是我女儿写给我母亲的收条。"

"那是我考试考得好，奶奶给我的奖励！"女孩高声说道。

"就是！"女人应和着。

"丫头，你想想，我多少岁了，你奶奶多大年纪了，她哪来的钱给你生活费？这都是我那两间房子收的租金，我跟你奶奶说，每年要替我把生活费给你！"男人看着女孩说道。

"那这次的钱你就不能再给我点？"女孩反问道。

"不是我不愿意给你，第一，你的伙食费、眼镜费我给过你，在你们学校给的；第二，你这个中药费没有医嘱，我搞不清什么情况；第三，我日子也不好过，刚刚释放，打打零工，还要照顾你奶奶，你不能把我往绝路上逼。"男人对女孩说着，显得有些可怜。

"你现在要求孩子对你好了？你以前动不动就骂孩子，一个不开心就一脚踢在孩子身上，她能滚出去几米远！还有你对孩子舅舅做的事情，被你杀死啦！"女人的情绪非常激动。

"你怎么又来吵架？今天是来解决问题的。"男人不接女人的话，很不耐烦。

"你补偿我点又怎么了？"女孩又质问起了男人。

"丫头，你跟我来。"我叫起了女孩，避免他们陷入不停的争吵。

女孩跟我走出了接待室，对我没好气："什么事？"

"你今天是来斗气的，还是来处理执行案件的？如果你是来斗气的，法院不是斗气的地方，你回去吧。"我跟女孩说。

女孩一愣，可能她没想到我会这么直接跟她讲话，但是她依旧表现出了倔犟："不是，我对他没有什么好生气的，我是来要他应该给我的费用的。"

"好，既然这样，上次我也跟你妈妈说过这事，法院执行工作是要有依据的，不是由着申请人想怎么样就怎么样的。"我顺着女孩的话说下去，"你这次申请执行的伙食费、眼镜费，你爸爸说她给过你了，有没有这事？中药费又是怎么回事？"

"伙食费、眼镜费他是给过我了。中药其实是我妈妈买给她自己的，她身体不好。"女孩很诚实，但也很倔，"怎么，这么点钱，他再出一次又怎么样？"

"也就是说，你主张的费用要么就是你爸爸已经履行的，要么就是与你无关的。"我跟女孩分析起了这个案件，"所以，你爸爸已经履行的，法院应该驳回执行请求；与你无关的，法院可以认为你虚假诉讼。你年纪轻轻，应该想不到这么做，谁教你的？你妈妈？"

我又把女人叫了出来："你女儿刚才承认了，伙食费和眼镜费她爸爸已经给过了，中药实际上是你吃的，所以，是你教你女儿重复申请执行，还准备给她弄个虚假诉讼的罪名？"

"跟我妈妈没有关系，都是我的主意！"女孩着急维护她妈妈。

"不是的，不是的，我没想这么多！张法官，是我不好，你不要怪我女儿！"女人央求我。

"你这么恨你爸爸？"我问女孩。

"我恨他，恨他一直打我骂我，一直跟我妈妈吵架，还害死了我舅舅！"女孩很激动。

"丫头，你有没有想过你的名字为什么叫'极大的喜悦'？名字是父母一起商量定下来的。我想，如果你爸爸对你的降生毫无欣喜，怎么会给你取这个名字？"我问女孩。

"那他为什么还要那样对我？"女孩反问我。

"这个我不清楚，但是我知道，大人要面对的事情很多，不光只有你。所以，我不否认你爸爸对你很没有耐心，也不否认他有把气撒在你身上的嫌疑，他就是一个糙汉子。我想，很多时候，他做事情都没有过脑子。但是你不能否认你爸爸从来没有忘了你，该给你的生活费一点都没少。"我给女孩分析着。

"我的钱都是奶奶给我的！"女孩不愿意相信。

"丫头，你奶奶多大年纪了？她去哪赚钱给你用？再说了，如果是你奶奶送给你的，她又何必让你写收条？你奶奶也不容易，一个老人家，省吃俭用，收点租金，慢慢凑齐你一年的费用，守着你爸爸托付的事情，我问过之前的执行法官了。"我把事情点穿给女孩听。

"那他为什么那样对我妈妈？"女孩又问我。

"你爸爸跟你妈妈吵架，打你妈妈肯定是不对的。但是一个巴掌拍不响，你妈妈在这里面就一点错误也没有吗？包括你舅舅的事情？"我看了一眼女人。

女人沉默着，不说话。

"丫头，我倒不是给你爸爸说好话，你看你爸爸今天带了个女人来，我也很意外，他根本谈不上浪子回头。但是在给你生活费这件事上，你爸爸确实没少你的钱。你不能因为恨你爸爸就故意这样申请执行，如果你认为他坏，就更不能通过坏的方式来惩罚他。你这么做，跟他有什么区别？你们父女都这样，算是循环和轮回吗？听说你学习成绩挺好的，但是你这么做别人会怎么说你？只有成绩没有品德？有其父必有其女？我不相信你是这样的人。"我看着女孩的眼睛说。

"可我还是恨他。他毁了这个家。我不想跟他有关系。"女孩对我说。

"丫头，你爸爸终究是你爸爸，你再恨他，这也是改变不了的事实。生物学上的亲缘关系，你怎么否定？法定的关系，要伴你终生。以后他老了，你不去扶养他，他还可以起诉你呢。宿命论不正确，但有些事情却不是自己能选择的。做自己能做的事情，并且把事情做好。以后别人说起来，会反问他怎么可能是你的父亲。"我继续开导女孩。

女孩不说话，在思考着什么。

"张法官，这些费用我们不申请执行了。但是有一笔费用，能不能让他付了？孩子也确实需要这笔钱。"女人问我。

"什么费用？"我问女人。

"被执行人有八个月没付孩子的生活费了，应该付4000元。"女人告诉我。

"你完全可以申请执行的时候把这个费用列进去啊。我去问问他。"我走向男人，"你还有 4000 元抚养费没付？"

"不可能！"男人斩钉截铁地说道，"每次都有收条，我们可以对账。再说了，就算我没给，她也没申请执行这笔费用啊！"

"对账就对账！"女人回到接待室。

我迅速查阅了关联案件，并对照民事判决书给他们算起账来，"我算好了，到这个月，你确实欠你女儿八个月合计 4000 元生活费。就算她不申请执行，你也该给啊。你不是号称从来不欠女儿的生活费吗？看来并不像你说的那样啊。"

"我出狱没多久，后来账户又被法院冻结了。现在我被冻结的两张银行卡上有 4000 元，法院可以立即扣划，我本来也打算给孩子的。"男人赶忙说。

一个案件就这样了结了。

过了几个月，我又见到了男人，"这次你女儿申请执行的费用是 15030 元，包括了生活费、书本费、医药费，这是证据原件，你看一下。"

"张法官，这钱我应该给我女儿，这是我当初的承诺，我毫无怨言。但是这么多年了，除了上次在你这里见过一次我女儿，还有一次给她送钱，我再也没有见过她。我没有别的要求，也不会去她家里，我就是想知道我女儿现在在哪里上学，我去看她一眼，送点吃的穿的给她，这是一个老父亲的心愿。无论过去发生过什么，她始终是我女儿，我和她妈妈再怎么不好，女儿总归是我的心头肉啊！"男人恳求我。

"这些费用你不能主动给你前妻吗？非要执行？你到底是不是诚心的？"我听着男人讲的话，看着卷宗，觉得有点矛盾。

"张法官，你把缴款单开给我，我下午就把钱打到法院账上。我也想直接给她，但是她不接我电话，也不回我短信，我又不知道她和女儿在哪，没法给她。"男人急躁地说道。

第二天，我通知女人到院里："被执行人一接到法院通知就把钱打到法院账上了，没有任何的辩驳。我很好奇，为什么你不接他电话、不回他短信，或者让他直接把钱给你女儿？"

"唉，张法官，你不知道，我实在是不想跟他接触。我好不容易离开那个地方，想尽一切办法给女儿消除影响，结果那次他去找我女儿，很快学校里都知道了家里的事情，影响了她中考，她现在在一所普通高中就读。"女人满是无奈，"你看这医药费，我女儿摔得很重，一声不吭，我那几天身体也不好，她拖着伤腿照顾我。"

"哦，你回去吧，执行款过几天就会到你账上的。"我不知该说什么，只能在心中祝福这个家庭。

"对了，我女儿说，如果以后她爸爸需要她照顾，她会去的。"临走，女人把这话告诉了我。

这不是一个完美的案件。我竭尽所能，男人终究没有看到女儿，女儿也还没有放下心中的芥蒂，破镜不能重圆。但我想，新的未来正在增长。未成年人的路还很长，要告诉他们，总有形形色色，总有纷纷扰扰，多拭去一些疲惫和灰尘，眼睛里会有光。

校园伤害谁之过

◎ 莫礼花

原小成与黄小凡、章小豪均系新昕小学的学生。2014 年 3 月 18 日，三学生在校期间，在中午课间休息时原小成不慎受伤，因协商未果，原小成一纸诉状将其同学黄小凡、章小豪以及其在读的新昕小学诉至法院，要求赔偿原小成医疗费等各项损失共计 243079 元。

诉辩双方争议大，案件事实难查清

原小成认为系同学黄小凡对其肢体缠绕，章小豪从花坛上纵身一跃，压迫其身体，导致其受伤，且新昕小学未发现伤害及时送医治疗，上述事实共同导致其闭合性腹部损伤、外伤性脾破裂、失血性休克的严重后果，故要求黄小凡、章小豪、新昕小学共同赔偿其各项损失共计 243079 元。

黄小凡认为根据派出所的询问笔录显示，黄小凡并没有压到原告，且孩子是在学校发生的事情，学校是第一监护人，故黄小凡不应当承担责任。

章小豪认为原告所主张的事实不清，对于原告原小成如何受伤的经过各方陈述均不一致，本次事故应该定性为意外事件而非责任事故。原告自身责任是不能推卸的，虽原告方也确实受到了重大损失，如果单独让原告自行承担这个损失也是不公平的，故应适用民法的公平原则，由相关各方来分摊损失。

新昕小学认为事件发生在学校中午休息时间，且原小成受伤后班主任老师在第一时间就将其送至常州市第四人民医院就诊，同时电话通知原小成父亲相关情况。经四院检查诊断后，医院认为没什么大碍，不需要进一步检查治疗，在这种情况下，老师听从医院意见才带回学校，学校并不存在未及时发现以及未及时带原小成就诊的情况。学校平时也注意学生的安全教育，每年都会定期请有关人员对学生进行法治安全教育。学校方面也制定了合理的安全规章制度，老师也经常对学生进行法治安全教育，这些也有相关证据予以佐证。原小成和黄小凡、章小豪都为限制民事行为责任人，并不是无民事行为责任人，学生在校期间，监护权并不随之转移至学校，以上三人对其行为的危险性都应当具有相当的认识，学校不承担侵权产生的责任。

本案中，由于原小成、黄小凡、章小豪均系未成年人，且事故发生时在场人员也均是未成年人，除了未成年人的陈述之外，没有其他证据予以证实，一时之间对于事故成因、各方责任的查清显得尤为困难。

赔偿金额之巨大，各方矛盾愈激烈

原小成在常州市第四人民医院的出院诊断书中被诊断为闭合性腹部损伤、外伤性脾破裂、失血性休克，并且做了脾切除术。经本院委托，南京东南司法鉴定中心于 2014 年 8 月 27 日出具〔2014〕法临常鉴字第 492 号司法鉴定意见书，载明原小成脾切除构成人体损伤八级残疾。原小成系新昕小学四年级学生，其父母均系外地在常打工人员，本身家境并不富裕，此次事故对该家庭来说无疑是雪上加霜。而面对如此巨额的赔偿费用，各方当事人也纷纷表示自己没有责任，承担不起如此巨额的费用。

法官细致阅卷宗，抽丝剥茧查真相

本案系校园伤害案件，具有特殊性，涉及未成年人合法权益的保护，同时由于本次事故给受害人造成的伤害极大，加上其家境困难，极易引发舆情。承办人对此高度重视，在该案庭审前就案卷材料仔细查阅，并且至当时处理该纠纷的派出所将所有调查笔录调出，一一查阅，庭前就主动找各方当事人了解案件情况。在该案庭审过程中，向当事人发问过程中环环相扣，围绕争议焦点让各方当事人积极提供证据，为最终的事实认定打下基础。最终审理后查明如下事实：原小成、黄小凡、章小豪均系新昕小学四（7）班的学生。新昕小学于 2014 年 3 月 18 日全天组织了一次名为生命体验活动的体育活动，上午活动结束后，有两块海绵垫留在空地上未收（空地一边临近一个小池塘，池塘边有离地 55 厘米高的花坛）。当天中午 12 点左右，原小成与黄小凡在垫子一端玩耍，两人不时在垫子上滚来滚去。当时在场的同学还有淤小洋、彭小涛、刘小宇，亦在垫子上玩耍。章小豪从池塘边的花坛上往垫子上跳的过程中，原小成与黄小凡正好翻滚过来，当时黄小凡压在原小成的腿上，章小豪在跳的过程中压到了原小成身上。不久，原小成就蜷缩在垫子上哭泣，表示疼痛难忍，后被其同学黄小雨、章小豪等扶起。新昕小学四（7）班班主任刘小玲老师在第一时间了解情况后即送原小成至常州市第四人民医院检查治疗，并通知了学生家长。当时常州市第四人民医院的门诊病历记载：腹部顶伤伴腹痛半小时。后原小成在该院挂完盐水后就回学校正常上课了。晚上7点左右，原小成腹部疼痛加重，即又入常州市第四人民医院检查治疗，被诊断为闭合性腹部损伤、外伤性脾破裂、失血性休克，于当日行剖腹探查＋脾切除术，于2014年4月2日出院，花费医疗费18296.02元。后原小成陆续至常州市第四人民医院检查治疗，花费医疗费合计434.98元。后经鉴定，原小成脾切除构成人体损伤八级残疾。另查明，新昕小学的作息时间是中午11∶25安排学生至食堂就餐，就餐结束至下午1∶10是学生自由活动时间，学生可以自由安排活动，可以进教室看书，亦可在外面活动，班主任老师一般在中午12∶20后可以到教室去值班。新昕小学每年对学生亦会举行法制宣传等安全方面的教育活动，对于本案涉及的生命体验活动未单独告知学生应注意的安全事项。

一纸判决定纷争，赔偿案款已履行

该案经法官多次调解，因各方争议较大，未能达成调解协议。法院依法作出判决，本院认为，行为人因过错侵害他人民事权益，应当承担侵权责任。原小成系章小豪从花坛上跳下压到腹部导致受伤，依法有权获得赔偿。章小豪虽否认其压到原小成的事实，但结合庭审查明的情况以及原告和在场同学的陈述，本院对章小豪的侵权事实予以认定，结合其过错程度等因素，酌情由其承担 45% 的赔偿责任。黄小凡在事故发生前亦压在原小成的腿上，对事故的发生亦有一定的过错，但所起作用较小，酌情承担 15% 的赔偿责任。原小成系自己到垫子上玩耍，且在玩耍过程中与黄小凡在垫子上翻滚，对事故的发生亦存在一定过错，故本院酌定由其自身承担 20% 的责任。限制民事行为能力人在学校或者其他教育机构学习、生活期间受到人身损害，学校或者其他教育机构未尽到教育、管理职责的，应当承担责任。虽然本次事故发生在中午学生自由活动期间，但学校对事故发生当天举办的生命体验活动安全教育不到位，在生命体验活动结束后未及时收回海绵垫，在教育、管理上存在一定的漏洞，故酌情由新昕小学对原小成的合理损失承担 20% 的赔偿责任。因章小豪、黄小凡系未成年人，故相应的损失由其监护人承担。最终判决由黄小凡的父母赔偿 35941.35 元，由被告章小豪的父母赔偿 107824.05 元，由新昕小学赔偿 47921.8 元。该判决公布后，各方当事人均表示无异议并积极履行了赔偿义务。

QQ 上的亲情连线

◎ 倪　超

"倪法官，我是小果冻的妈妈，孩子的抚养费她爸爸一直不给我们，这可怎么办呀？"放下手中的头盔，一位母亲焦急地在法院执行接待室踱步，在她旁边还有一个小女孩坐在椅子上眨着眼看着她。

"您别急，先坐。您知道怎么联系对方或者对方在哪里工作吗？"法官递上了两杯水，安慰着这位母亲，并向女孩露出了微笑。

"谢谢法官。事情是这样的，我和小果冻的爸爸离婚了，当时判决每半年对方支付一次小果冻的抚养费，但是现在他去日本工作了，我也找不到他，急死我了。"放下水杯，这位母亲讲了起来。

"那孩子爸爸的亲人在吗？"

"孩子的爷爷奶奶都在常州，但是我们当时离婚的时候闹得很不愉快，所以我也不敢上门去找他们。"这位母亲声音低了下来，也瞥了眼旁边的孩子。

"我好久没有见到爷爷奶奶了，我也很想他们。"孩子说到爷爷奶奶时脸上挂上了微笑。

"你把孩子爷爷奶奶的姓名和地址给我好吗？我们上门去找找他们。"

"太好了，我这就写下来！"这位母亲迫不及待地写下了孩子爷爷奶奶的姓名和地址。

……

"呵！"楼道里的声控灯亮了起来。

"你好，请问小果冻的爷爷奶奶在家吗？"伴随着门铃声，执行法官隔着门问道。

"谁呀？我们是小果冻的爷爷奶奶，你们是谁？"两位老人的声音传了出来。

"爷爷奶奶你们好，不好意思打扰了，我们是法院的法官，上门是想和你们聊聊小果冻的事情。"

"7点多还没下班？不会吧，你们有证件吗？退后一点，拿出来给我们看看。"老人说道。

"给您看看，这是我们的证件。"法官手持证件，对着门镜。

"哦，还真是。"透过门镜确认后，孩子的奶奶说道。

"小果冻的事情我们知道，我们那么久没看到孩子，抚养费你去找孩子爸爸要，孩子爸爸在日本，你们飞到日本去找他吧。"孩子的爷爷说道。

"家和万事兴。虽然您的儿子离婚了，但是孩子依旧是你们的孙女。能让我们进去谈谈吗？"法官不放弃地说道。

"好吧。"门开了。

"说吧。"孩子的爷爷说道。

"我们来是想和你们谈谈小果冻的抚养费。"法官说道。

"我们好久都没看到孩子了,我们是爷爷奶奶,我们也很想她啊,可是你问问孩子她妈妈,她也不送孩子过来给我们看看,你说我们什么想法?"孩子的奶奶在一旁说道。

"孩子也很想你们。你们知道吗,说到你们的时候,孩子脸上的笑容真的很可爱。"法官说道。

"真的吗?"孩子的爷爷眼睛有点泛红,嘴角微微上翘。

"真的。她很想你们。"法官接着说道。

"我们想去法院一起处理,能让小果冻也来吗?我们想见见她。"孩子的奶奶说道。

"我和她妈妈联系一下,不要耽误孩子上学,我们周六过来您这里,好吗?"法官问道。

"好的。确定了的话,你们一定要及时告诉我们,这是我们的电话。对了,上面还有孩子爸爸的QQ号,我们都是QQ上联系的,孩子爸爸也很想小果冻。"孩子的奶奶送别法官时急忙把刚刚写下的纸条交给了法官。

"嘟嘟嘟……"法官拨通了小果冻母亲的电话。

"是小果冻的妈妈吗?周六能和小果冻一起去一下孩子爷爷奶奶家吗,我们处理一下小果冻的抚养费?"

"好吧。"沉默片刻,小果冻的妈妈同意了。

"爷爷奶奶,周六我们一起过来。"

"好的,好的,好的。"小果冻的爷爷开心地挂断了电话。

"请添加我为好友,我是常州市新北区人民法院的法官。"片刻后,法官在QQ添加好友的验证信息中写道。

"法官你好，我是小果冻的爸爸。"很快，一条 QQ 信息传了过来。

"为什么你没有支付孩子的抚养费？"法官直截了当地问道。

"对不起，我和我爸妈很久没有看到小果冻，我这里也有了新的家庭和孩子，我就……"孩子父亲的声音低了下来。

"孩子是你的女儿，就算你组建了新的家庭，有了其他儿女，难道这份亲情就要割舍吗？"法官说道。

"刚刚我爸妈也和我说了，我对不起孩子。法官，周六能让我也看看孩子吗？"孩子的爸爸说道。

……

"小果冻，我们去见爷爷奶奶好吗？"法官对着一个扎着两条小辫子的女孩问道。

"好呀，好呀，我带你们去。"一个女孩蹦蹦跳跳地带着她的妈妈和法官们来到一扇门前，按响了门铃。

"谁呀？"门内传来了声音。

"爷爷奶奶，是我呀，快开门呀。"女孩说道。

"是小果冻呀！门开了，快进来。"孩子的奶奶打开了门，手还有一丝颤抖。

"爷爷奶奶，我来啦！"孩子开心地说道。她的母亲也在一旁微笑起来。

"然然真漂亮，然然的妈妈也进来吧。"孩子的爷爷搂着孩子说道，眼眶湿润了。

"爷爷奶奶，我又看到你们了，好开心啊，要是……"小果冻说着低下了头。

大家都知道小果冻想起了她的爸爸，大家都沉默了。

"小果冻，在吗？"法官手机里传来声响。

"是爸爸的声音！"小女孩兴奋地喊了起来。

"小果冻，你爸爸在手机里，你和爸爸说说话吧。"法官把手机递给了小果冻。

"爸爸，你在哪里，我很想你。"小果冻眼睛红了。

"爸爸在国外，很快就会回来看你，爸爸也很想你。"孩子父亲的声音有些哽咽。

"爸爸不哭，爷爷、奶奶、妈妈都在我身边，我知道爸爸很爱我的。我很厉害的，老师一直夸奖我的。"小果冻向爸爸伸出了倔强的小拳头。小果冻的妈妈在一旁偷偷地擦着眼泪。

……

"妈妈，我以后能常来这里找爷爷奶奶和爸爸吗？"离开的时候，小果冻抬起头问母亲。

"嗯，妈妈送你来。"孩子的母亲抚摸着孩子说道。

"法官，谢谢您！实在对不起，我错了，我对不起小果冻。孩子的抚养费我已全额支付给孩子的妈妈了，我下次再也不会了。"孩子的爸爸在 QQ 上留言道。

司法从来不是冷冰冰的，每一个未成年人的成长都需要我们司法人的用心呵护。每一个孩子都是天使，愿每一个天使的脸上都始终洋溢着幸福的微笑。

父母离异，花季少女何处安身

◎ 孙舒妤

这已经是原告第四次起诉被告离婚了。从开始的剑拔弩张、歇斯底里，到现在，双方已经厌倦了争吵，只有一脸的疲惫。而他们每次来开庭，庭外总是坐着一个十五六岁的少女，她始终沉默着，一言不发，表情中有着这个年纪不该有的忧伤。

法庭上，被告也就是女孩的母亲义正词严地表态，不同意离婚，理由是女儿现在 16 周岁，对于父母离婚的事实无法接受，曾因此离家出走，甚至扬言自杀。而前三次起诉，双方就是因为女儿的问题未能结束婚姻关系。原告作为女孩的父亲，则坚持要求离婚，毕竟双方已经分居几年，早就没了感情，再拖下去也是浪费大家的时间。对于女儿，父亲说她愿意跟谁生活都可以，也愿意承担孩子的抚养费用，只求赶紧结束这段痛苦的婚姻。但被告却坚持不同意，认为原告对女儿不负责任，现在所说的愿意承担责任，只是为了离婚而随口承诺，并不会付诸行动，一旦真的解除婚姻关系，男方不但会再婚，将在外生育的孩子带回家，还会对自己的女儿不管不问，甚至扫地出门。庭上，双方因为女儿的问题始终无法达成一致，最终只能不欢而散。

庭后，这个沉默的女孩走进了法庭，她有一肚子的委屈要对法官说。她一边哭泣，一边讲述自己的家庭情况。自从她出生以来，一直跟随父母与爷爷奶奶生活在家中的老房子里。从记事起，父母就一直在为各种家庭琐事争吵，甚至动手。母亲曾因对婚姻失去信心去广州打工几年，中间从未回家，父亲则一直忙于在外赚钱，对她也是不管不问。她的生活一直是已经年迈的爷爷奶奶照料。近两年，父亲更是连家都不回了，在外与其他女性同居，并又生育了一个女儿，现在这个孩子已经三岁了。爷爷奶奶虽然心疼自己，但也默认了父亲的所作所为，还曾经见过这个破坏她家庭的女人，也见过这个孩子，甚至前两年过年，他们还曾一起上门拜年，父亲就是因为要为这个女儿上户口才会一次次起诉要求离婚。而她的母亲现在虽然从广州回来了，但还在外地上班，只有周末偶尔回家看看她。她现在在常州一所技校就读，平时她都是住校，周末回家与爷爷奶奶共同居住，生活起居也是爷爷奶奶在照料，甚至大部分学费也需要爷爷奶奶支付。父母对她都没有尽到过相应的责任，她现在很痛苦，很迷茫，不知道以后会怎样。

　　其实，从她的陈述中，她自己也很清楚，父母之间早已没有了任何感情，坚持不同意离婚对双方都是一种折磨。那她为什么不同意父母离婚呢？她回答说，因为一旦父母离婚，父亲一定会与那个同居的异性结婚，并把她和那个婚外生育的孩子一起接回爷爷奶奶家居住。这时，她就必须与他们居住在同一个屋檐下。爷爷奶奶年纪大了，父亲又从不向着自己，她很可能会被扫地出门，无家可归。说完，她再次泣不成声。她说，法官，你可以帮帮我吗？如果解决不了我的居住问题，我死也不同意他们离婚，他们要是背着我离婚，我就离开这个世界。

在了解了她的顾虑后，法官第一时间向原、被告核实她现在居住的房屋的基本情况，并就孩子的居住权进行了法律释明。经查，女孩口中的房屋是其爷爷奶奶当年共同建造的，现在登记在爷爷名下。基于此，法官又找来了她的爷爷奶奶，向他们了解情况。爷爷奶奶从小带大了她，对女孩很心疼，对她现在的境遇也是既难过又无奈。经过法官的释明，他们一致同意将自己的房子赠与孙女，以保障其今后的居住。对此，基于对这个女儿的愧疚，女孩的父亲也表示同意其父母将房子赠与孙女，自己主动放弃了房子的产权。但因为该套房屋系宅基地自建房，变更产权登记有很大的困难，双方跑了好多趟房管局，还是没有办成。怎么办呢？如果仅仅只有爷爷奶奶的口头赠与，没有书面材料，一旦今后发生纠纷，女孩的权益恐怕很难得到保障。

期间，女孩多次打电话给法官，每次都是哭到说不出话，认为父母离异后的自己将无法生活，无法学习。法官一边安慰她，一边给她做思想工作，劝导她不要被自己原生家庭的复杂状况干扰，认真学习，努力摆脱原生家庭带来的负面影响，勇敢地去追求自己的生活。在一次次的谈心中，女孩的心理也发生了一些变化，从之前的顽固执拗到后来愿意与法官沟通交流，她也不再动不动就哭了，可以平静地说出自己的想法，也对未来有了更多的期待。

为了房子的事情，法官再一次将他们一家都找到法庭，就房屋的权属、赠与等法律问题进行了透彻的说明。他们回家后，找到了村委干部和家族长者，对于该套房屋的分配及孩子抚养费用承担形成了书面约定，并由村委和家族长辈进行了见证。终于，困扰这个花季少女的居住问题被顺利地解决了，她的权利得到了有效保障。今后，即便父母离婚，即便父亲再婚，她也有了自己能够居住的空间，不必担心无家可归或被后妈扫地出门了。

　　几天后，原、被告带着这个女孩来到法庭，协商离婚事宜，双方很快办好了离婚调解手续，结束了这一段痛苦的婚姻。手续办好后，她的父母离开了现场，而她留在法庭，说有几句话要跟法官说。她说，谢谢你，法官，我最担心的事情终于解决了，父母离婚后，只要我有地方住，我就能一个人好好生活，现在的我不怕了。她的脸上没有了之前的忧郁，她的语气也没有了之前的不安，她没有哭，在说"谢谢"的时候甚至脸上溢出了微笑。她变了，不再敏感焦虑，而是有着与她这个年纪相匹配的对未来的期望。

校园人身损害谁担责

◎ 蒋小蓉

  这是一起发生在校园内的人身损害赔偿案件。2018 年 11 月，曾宇的父母将实验小学以及曾宇的同学李博起诉到法院，这距离事情发生已经有一年多的时间了，法院排期开庭审理了这起案件。法庭上，曾宇与李博没有到庭，他们的父母以及实验小学的代理律师到法庭发表了各自意见。承办人觉得，有必要到事发现场去看看。在庭审后的一天下午，承办人就来到了实验小学，当时正是寒假期间，学生们都放假在家，学校正在修缮部分校舍，承办人在一间空教室内等待着。承办人第一次见到了这起校园人身损害赔偿案件的主人公曾宇同学，这位小同学挂着拐杖一个人从教室门口走进来，白白胖胖的，脸上挂着浅浅的笑容。他进门后，先跟大家问好，然后把拐杖放到一边，坐了下来。问他问题，他就简简单单回答两句，回答的时候脸上依然是笑盈盈的，身体上的问题并没有影响到他的情绪。我们在他的带领下，来到了事发地点，他给我们讲述了那天下午发生的事情。

  那是 2017 年 4 月的某天下午，正是实验小学的课外活动时间，校园内一片欢快的气氛，各班级的同学在老师的带领下陆续下楼

花落花开 | 常州法院保护未成年人案例精选

到操场上参加课外活动。一年级（2）班的同学在班主任老师带领下，排成两排，井然有序地下楼。曾宇与李博是好朋友，两人平时就喜欢腻在一起，此时两人正手拉着手，一起往楼下走。学校的楼梯比较宽敞，在一楼和二楼之间还有一个平台，两个小朋友一时贪玩，就手拉手从楼梯跳到了平台上。在落地的过程中，曾宇往左侧一歪，摔在地上。当时就有其他同学把情况报告给班主任老师。老师安排曾宇到校医务室做一下检查。校医务室条件简陋，只给曾宇做了一下简单检查，没有发现明显的外伤，就让曾宇回去上课了。下午放学时，老师简单跟曾宇家长提了一下曾宇摔倒的情况。曾宇回家以后没有明显的不适，家长也就没有引起足够重视。

曾宇还跟往常一样，每天到学校上课，跟同学们一起学习一起参加课外活动。又过了一段时间，家长发现曾宇走路有点跛脚。2017年6月，就是在事情发生两个多月以后，家长带着曾宇前往常州市第二人民医院就医，但治疗进度缓慢。2017年11月，家长发现曾宇的病情一直没有明显的好转，又带着曾宇到上海新华医院就医，经诊断为左侧股骨头无菌坏死。曾宇立即在新华医院进行了手术治疗。

本案争议焦点是，曾宇的摔倒受伤与其股骨头坏死之间是否存在因果关系。2017年4月，曾宇在实验小学摔倒受伤之后没有及时到医院进行检查。2017年11月，曾宇在上海新华医院经诊断为左侧股骨头无菌坏死。二者之间间隔时间较长，曾宇摔倒受伤与他左侧股骨头无菌坏死之间是否存在因果关系，并不能直接判断出来。为了查明案件事实，曾宇的家长申请法院委托专业的鉴定机构对因果关系进行了鉴定。法院也委托了具备相应资质的鉴定机构进行鉴定，但是鉴定机构称，根据现有资料，曾宇的摔倒受伤与左侧股骨头坏死之间的因果关系无法确定。

此时案件的处理陷入了僵局。二者到底是否具有因果关系？法官不能拒绝裁判，但是鉴定机构是就专业问题提供权威意见的机构，就连鉴定机构都没有办法给出明确答案，法官又该如何解决这个专业难题？法官想起了给曾宇做手术的上海新华医院。新华医院是三级甲等医院，是上海交通大学医学院附属医院，创建于1958年，是新中国成立以来上海自行设计建设的首家综合性医院。新华医院的儿科学是国家重点学科。承办人决定咨询一下曾宇的主治医生——蔡奇勋医生。蔡奇勋医生是副主任医师，是中华医学会小儿外科分会中青年委员。擅长髋关节脱位、马蹄足、脑瘫、骨折创伤和骨关节疾病等先后天畸形的诊治和手术。承办人就曾宇的情况向蔡医生进行咨询。蔡医生就股骨头无菌坏死的情况给承办人作了一个简单的医学科普。蔡医生说，股骨头无菌坏死的初期可能没有任何症状，病患者也没有明显感觉，其发病是一个缓慢过程，造成股骨头无菌坏死的原因有很多种，外伤可能是造成此种病症的因素之一。而从2017年6月份曾宇在常州市第二人民医院的摄片来看，曾宇的病症已经显现，他的左侧股骨头已经开始坏死。蔡奇勋医生的陈述为承办人提供了有力参考，外伤是此种病症可能的致病因素之一，曾宇的情况符合该病症的发病特点，且曾宇在常州第二人民医院就医的摄片已经可以看出其股骨头坏死，故曾宇在2017年4月的受伤与其股骨头坏死之间存在因果关系具有高度可能性，法院认定了曾宇的摔倒受伤与其左侧股骨头无菌坏死之间存在因果关系。

限制民事行为能力人在学校学习、生活期间受到人身损害，学校未尽到教育、管理职责的，应当承担责任。曾宇系低龄在校学生，学校应当安排老师全程看护学生上下楼梯，在学生受伤后，在校医务室不具备相应条件的情况下，应当及时安排学生到医院就医，实验小学并未完全尽到教育、管理职责，故应当承担赔偿责任。因果参与度由法院酌定为70%，故学校应当承担70%的赔偿责任。

对于李博，虽然曾宇与李博系手拉手跳下楼梯，但并无证据证明李博对曾宇有拉拽行为，故无法证明李博的行为与曾宇受伤存在因果关系，故曾宇要求李博承担赔偿责任的请求不予支持。

曾宇以后还有很长的人生路要走，希望他治好腿以后，会越走越稳。

谁之责任

◎ 谢士林

第一幕　意外来袭

一阵急促的铃声，把在睡梦中的小俊爸爸给惊醒了。满脸疲惫的他，抬头看了眼墙上的时钟，才上午 10 点半，于是小俊的爸爸很不耐烦地说了一句："谁呀？刚睡着又把我吵醒了。"至于为何小俊的爸爸大白天睡觉休息，那是因为小俊的爸爸是一名医生，昨晚刚刚值了夜班，做了一场手术，今天早上回来把小俊送到了学校，就急匆匆地赶回家补觉了。

小俊爸爸拿起手机，一看是个陌生的电话号码，重重地按下了接听键，不耐烦地说道："你是哪位？找我有什么事？有事快说，我还在休息呢。"

电话那头一阵急促的声音传来："小俊爸爸，你好。我是小俊的体育老师——王老师。小俊在课上进行跑步时，一不小心摔倒了。我们现在正在把小俊送到人民医院进行检查。"

"小俊伤得怎么样？严重不严重？"小俊爸爸急切地问道。

"具体伤情还不清楚，摔破的地方流血了，我们进行了简单的包扎。"王老师回答道。

"王老师，小俊在旁边吧，麻烦让他接下电话。"

"现在小俊的伤口还有些疼，不太方便接电话。你要是有时间的话，还是赶来人民医院吧。"王老师补充道。

小俊爸爸答应道："行行行，我马上赶过去，你们先带着小俊在市人民医院处理着。"

挂断了电话，小俊爸爸顾不上洗脸刷牙，就急匆匆地骑着电动车往人民医院驶去。短短的路程，在那一刻却显得格外遥远。一路上小俊爸爸不停地按着喇叭，心里不禁发出一声感叹："小俊可千万别出什么事啊，他妈妈今早出差前，可是千叮咛万嘱咐让我照顾好他，如果……唉，怎么会出这种事，今早他还高高兴兴地对我说，爸爸，我到学校啦，你快点回家睡觉吧。多乖的孩子啊，希望只是一点皮外伤，老天保佑！"

第二幕　纠纷初现

小俊爸爸急匆匆地终于来到了市人民医院，一停好车，就冲向了诊疗室。因为小俊才五岁多一点，如果受伤，有可能会对他今后身体健康苗壮成长造成一定的影响，在小俊爸爸的印象里只有情况比较严重才会送到医院进行诊断检查。

"小俊爸爸，你来了！"班主任吴老师说道。

"吴老师，你好！小俊在哪呢？"小俊爸爸说。

"小俊正在里面拍片，在来医院的路上一直说摔破的地方疼，医生让拍个片看看具体什么情况。"吴老师说。

就在这时小俊一瘸一拐地走了出来："爸爸，你怎么来了？"

"小俊，现在感觉怎么样，伤口处还疼吗？"小俊爸爸急切地问道。

"摔破的地方还是很疼……"说着说着，小俊就大声哭了起来。

就在这时，刘医生拿着片子走了出来。

"医生，小俊的情况怎么样？有什么大问题吗？严不严重啊？"小俊爸爸一口气问了三个同样的问题。

"经过诊断，小俊的情况属于右肱骨上骨折。"

"那骨折会不会对小俊的成长有什么不利影响啊？"小俊爸爸问道。

"在我看来，只要多加照顾，很快就会恢复的，不会有什么大问题的。如果你要是不放心的话，可以去南京市儿童医院进行治疗，那里的技术水平高，会很快恢复的。"刘医生耐心地回答。

"好的，谢谢刘医生了。我这就带小俊去南京儿童医院治疗。"

第三幕　谁之过错

经过四天的治疗，小俊可以出院了。与此同时，另一个问题摆在了小俊爸爸面前：虽然小俊骨折痊愈了，可是住院的四天花费了上万元，这对于一个普通家庭而言也是一笔不小的支出。究竟这些费用应该由谁来承担呢？双方各执一词。

一天清晨，小俊爸爸和小俊妈妈商量了一下，送小俊去幼儿园的同时，去找学校的老师要个说法。

"小俊爸爸，你送小俊来上学啦，好几天没见小俊了，我都有点想他了。"吴老师热情地说道。

"吴老师，能和你商量个事情吗？"

"小俊爸爸，有什么事，你说。"

"这个事嘛，就是小俊医疗费的事情。吴老师，你也知道我家的情况，这一万多元，对我们来说也是一笔不小的开支啊，你看……"

"小俊爸爸，你说这个是什么意思呢？"

"吴老师，你看你能不能和校长讲一下，小俊的医疗费由你们学校来出呢？"

"小俊爸爸，你这要求有些不合适吧。"

"哪里不合适了，小俊不就是在学校摔倒才骨折的吗，这点不假吧。"

"是在我们学校摔倒的不假，这我们承认，但在学校摔倒并不意味着就是我们学校的责任啊。并且我们也尽到了该尽的义务，小俊过来告诉老师后，我们马上对小俊的伤口进行了包扎，同时也给你打了电话，也把小俊送往医院进行了检查。"吴老师解释道。

"你们想推卸责任吗，吴老师？我家小俊就是在学校摔倒的，你们是有责任的。"

"小俊爸爸，你现在的心情我能够理解，事情发生后我们也做了该做的，可错不在我们。"吴老师说。

"我最后问一句，你们承不承担小俊的医疗费用？"

"小俊爸爸，我已经表达得很清楚了，我们学校是没有责任的，所以这笔医疗费我们没法出。再说了，小俊被摆放整齐的呼啦圈绊倒，完全是意外，这么多孩子，我们也是尽了最大的努力去小心照看了。"

"行，既然你们不打算承担责任，那我们就法庭上见吧。"

从学校回来后，小俊爸爸找了个律师打算起诉幼儿园，要求幼儿园承担全部医疗费。委托律师告知小俊爸爸，不仅可以要求园方承担全部医疗费，还可以要求承担小俊的营养费、住院补助费以及自己因照顾小俊而产生的护理费。与此同时也向法院申请了司法鉴定。

第四幕　对簿公堂

由于双方多次未就赔偿事宜协商一致，小俊爸爸作为小俊的法定代理人以小俊的名义提起了诉讼。溧阳市人民法院受理了此次纠纷案件，由审判员彭骏适用简易程序进行了审理。

受理此案后，彭法官认真梳理了案情，明确了案件的争议焦点。在庭前也充分与原、被告双方进行了沟通、交流，对于案件的整体情况有了初步的认知。

2019 年 3 月 27 日，案件如期进行了开庭审理。在开庭前，审判员认真核对了双方当事人的信息并宣读了庭审纪律，希望原、被告双方及其他人员能够认真遵守。

"你们双方是否愿意进行调解?"审判长问道。

"不同意。"双方回答道。

鉴于原、被告双方不同意进行调解，彭法官开始了案件的审理。

"原告小俊是一名幼儿园的学生，家长把孩子送进幼儿园就是希望孩子能够在幼儿园里面健康、安全地成长。可是被告并没有尽到这样的义务。"原告的委托代理人说道。

"被告对小俊因摔倒而导致的骨折感到同情，但无论是从法律上、还是生活经验上看，被告都是毫无过错的。并且在原告报告摔倒后，第一时间对伤口进行了包扎，第一时间送往市人民医院进行了检查，同时及时联系了原告的法定代理人。从这些事情可以看出，被告尽到了应尽的义务，尽最大的努力去帮助原告。"被告的委托代理人回应道。

"原告是在学校受伤的，这一点是不可否认的。在这一案件中，被告开展体育活动，未能保障原告的安全，其体育活动的纪律是非常混乱的，因体育器材随意摆放，体育老师不负责任，才导致了原告的受伤。"

"针对刚才原告所讲的，我方并不认同。原告受伤的时候并不是体育活动，而是户外自由活动时间。根据指导纲要上的规定，教师是不能过多包办代替的，幼儿园也不能过度保护。原告身为幼儿，生性活泼好动，追逐嬉闹是不可避免的，这么多的幼儿，老师不可能做到全天候地时时跟踪、约束。"被告的委托代理人辩称。

"他们胡说，学校老师就是放任没管。"坐在旁听席的小俊爸爸喊道。

"请注意法庭秩序，否则将驱逐出庭，不允许进行旁听。"彭法官制止道。

"继续进行法庭辩论。"

"根据法律规定：无民事行为能力人在幼儿园、学校或其他教育机构学习、生活期间受到人身损害的，幼儿园、学校或者其他教育机构应当承担责任，但能够证明尽到教育、管理职责的，不承担责任。很明显，被告放任幼儿一窝蜂涌入体育场所，体育设备杂乱无章，未尽到合理的规范义务，同时在原告受伤后也未及时进行救助。"原告委托代理人补充道。

"通过视频监控可以看出，被告在第一时间对原告进行了救助，是原告自己在活动中不小心摔倒导致的。"

"先停一下，已经重复说过的事情就不要多次提了。"彭法官提醒道。

一段激烈的法庭辩论结束了，双方仍各执一词，互不让步。这时就需要彭法官运用法律去妥善解决这件纠纷。

"现在宣布休庭十分钟，十分钟后宣布判决结果。"与此同时彭法官敲响了法槌。

"请全体起立，判决如下：被告赔偿原告医疗费、营养费、住院伙食补助费、护理费、交通费、司法鉴定费等合计人民币25112元。"彭法官宣布道。

案件宣判后，原告的法定代理人十分感谢彭法官，同时彭法官也对幼儿园一方进行了教育，希望他们在今后的教学过程中，一定要注意幼儿的安全，强化危险物品的排除，更好地保护祖国的花朵，让他们能够安全、健康地成长。

彭骏法官作出的这份判决既有法可依，同时也有理可依，得到了双方当事人的一致认可。这份判决不仅保护了未成年人的合法权益，同时也考虑到更好地鼓励未成年学生锻炼自理能力这一点，也给了学校一定的空间。

网络传销多发，未成年人需警惕

◎ 曹丽娜

即将步入成年人行列的小李，本以为会收获一份不错的工作，没想到等来的竟是长达五天的拘禁、殴打，被惊险救出的背后更是对网络传销团伙的重拳出击，增强未成年人的自我保护意识和防骗意识一刻也不能松懈。

轻信介绍工作，被困传销陷阱

2017 年 6 月，小李奔波了一天回到家。由于学历不高，找工作的过程并不顺利，于是小李打开了招聘网站准备碰碰运气，同时顺手登陆了聊天软件。网站上的招聘信息看得人眼花缭乱，大多要求各种各样的特长，小李挠了挠头感到有些许烦躁。"叮咚"，一位许久没联系的朋友小吴询问小李近况如何，称自己的亲戚开了家工厂，最近因为业务扩大正在招工。想到自己近些天连连碰壁的境遇，这份找上门的工作让小李雀跃不已。小吴向小李了解了一些基本情况后，当即就许诺小李会为他谋一份好差事，不过工作地点不在小李的老家。小李看对方语气如此肯定，眼见工作就要有找落了，没多想就答应了下来。

6月8日，小李按照约定时间只身来到了溧阳，一个于他而言有些陌生的城市，梦想着在这里开始自己的奋斗，闯出一片天地。下车后，小吴不仅热心地来接小李，还带着小李到周边游玩、吃饭，临近晚上将小李带到了位于溧城镇的一处六楼住宅里，告知小李这是临时宿舍，让小李先安心住下。房间装修简陋，里面已经住进了几个人，但是十分安静，没有人说话。小吴告诉小李，大家都是刚来找工作的，明天大家会一起参加培训，还嘱咐小李培训时认真听课，赚钱的门道都在课里。

第二天一大早，所有人都被聚集到了客厅里，一位西装笔挺的人就是这天的讲课老师，他向大家展示着自己昂贵的衣着和物品，介绍着自己现在的成功，鼓舞大家只要好好干终有一天也能像他一样。在这种情绪渲染之下，大家都有些心潮澎湃起来，对即将讲的成功秘诀都提起了十二分精神来听。西装男子反复强调，成功最重要的一点就是资源和人脉，作为新人要快速成长，就要先从家人和朋友入手，为自己筹集初始资金，拉拢的人越多上升越快，下面听课的人也都频频点头表示认同。日子就这样一天天过去了，日复一日的成功学课程逐渐消磨掉了小李的新奇感，想到近半月来从未见小吴露面，工作也没有安排，这让小李不禁有些失望起来。

6月20日，钟兰兰来到房子里，称自己就是这个小组的领导，负责这个小组的各项业务，小李赶紧上前去问自己的工作何时能安排上。然而，钟兰兰的回答让小李感到天旋地转，"我们的工作就是把这个传销团队发展壮大，既然你已经在这里了，还是听从安排尽快发展下线才好。"小李好不容易冷静下来，回想自己来到这里的各种情况，恍然意识到自己是掉进传销陷阱了，立马表示自己不想干了想回家。可是进来容易，想离开可就难了。钟兰兰多次对小李进行说服教育，表示只要小李踏踏实实在这里做事，不会亏待他的。可是传销的不合法性小李还是知道的，他坚持不肯留下。见他态度这么强硬，钟兰兰也不再多说，叫来黎亮和另外两名陈姓男子，要求他们对小李严加看管。多次逃跑未果，小李经历了整整五天的黑暗折磨，终于被警方成功解救。

深挖团伙内幕，未成年人易受害

2017年6月26日，被没收了手机的小李想要拿回手机，试图与外界联系，看管的几人立马上前阻止，双方发生了激烈争吵，矛盾不断升级发展为肢体冲突。同一时间，城中派出所接到群众报警，举报该出租屋里有人吵架，疑似传销人员。接警后，民警迅速到场处置，小李表示自己被困在此处而向民警求助，至此，小李终于重获自由，一个传销窝点被查处。

2018年5月28日，溧阳市人民检察院指控被告人黎亮犯非法拘禁罪，向溧阳市人民法院提起公诉。溧阳市人民法院于当日立案，适用普通程序，依法组成合议庭，公开开庭审理本案。首先核实了被告人的身份信息，宣读庭审纪律。然后，由公诉人宣读起诉书，指控被告人在传销活动中非法拘禁被害人小李的犯罪事实，提出相应证据并提出量刑建议。被告人黎亮当庭供认不讳，对犯罪事实和量刑建议均无异议。黎亮的辩护人就量刑提出了辩护意见。辩护人指出，被告人黎亮在共同犯罪中的作用较小，也没有殴打被害人小李的情节，更指出黎亮其实也是传销组织的受害者，受他人指示最终由受害者向加害者转变，在这个过程中黎亮自身也十分痛苦，且系初犯、偶犯，归案后如实供述自己的罪行，认罪态度较好。辩护人请求法庭考虑上述情节，对被告人黎亮适用缓刑。在被告人陈述阶段，黎亮更是声泪俱下，深刻认识到了自己的错误，重复着"我真的错了，请给我一次改过的机会"，黎亮当初同样被人以介绍工作为由骗进了传销组织，其也经历过反抗殴打直至服从，明白这个深渊的痛苦，在被害人小李激烈反抗时黎亮也不曾还手。他的这些经历让合议庭和旁听人员都感到些许动容和惋惜，为了能够公平公正地作出判决，合议庭暂时休庭进行评议。

评议时，意见分歧出现了。有一名审判员认为，辩护人的辩护意见应当予以采纳，在整个传销组织中，黎亮不是领导者，也不在传销组织中担任重要工作，其进入传销组织并非自愿，本身也是受害者，在非法拘禁小李的过程中，被告人黎亮只是听从上级安排，对被害人小李加以跟随和看管，虽然限制了被害人小李的人身自由，但对被害人小李并没有殴打情形，未对被害人造成人身伤害。结合其无前科劣迹，系初犯、偶犯，适用缓刑并无不当。而另一名审判员对缓刑的适用表示不认同。这名审判员认为，虽然被告人黎亮确实具有从轻从宽处罚情节，他的遭遇也很不幸，但有一个细节也是不得不注意的，本案的被害人在涉案时未满十八周岁，这是一起对未成年人实施的非法拘禁犯罪。尽管被告人黎亮在共同犯罪中作用相对较小，但其深受传销组织所害，更应该理解被害人尤其是未成年被害人在这种情形下的恐惧和无助，可是其仍然在他人授意下非法剥夺被害人的人身自由长达四天。未成年人的身心相较于成年人更为脆弱敏感，在这样的时期遭受非法拘禁，极有可能对未成年被害人的心理健康产生无法挽回的负面影响，情节相对恶劣，不应当适用缓刑。两人意见正相反，且都有理有据，谁也说服不了谁，此时，两人将目光都转向了审判长。审判长思考了片刻，抬起头，拍了下桌子："判实刑！"

被害人小李于 1999 年 11 月出生，案发时间为 2017 年 6 月，尽管此时小李距离成年仅有数月时间，但不能改变其涉案时为未成年人的事实，本着保护未成年人的原则，对被害人是未成年人的案件应当从重处罚。要用法律的威严和力度，为未成年人成长营造良好的法治环境。不仅如此，以介绍工作为由将小李骗来的小吴也是 1999 年 11 月生，涉案时也系未成年人，因经验不足缺乏判断，误入传销窝点被迫发展下线，如果不及时发现、引导，小吴可能最终也会走上违法犯罪道路。被告人黎亮 1996 年生，2016 年被骗加入传销时也不过 20 岁，可见以未成年人为目标的犯罪多么猖狂，犯罪分子正是利用了未成年人对步入社会的好奇心、对社会黑暗面的认知薄弱以及急于证明自己的不成熟心态，向未成年人伸出魔爪，拉向犯罪的深渊。对以未成年人为被害人的犯罪行为严厉打击，能在一定程度上震慑犯罪分子，对整个社会环境与法治环境都有积极的作用。出于这种考量，并结合被告人黎亮的各种情节，最终判处有期徒刑七个月。

提高防骗意识，学会自我保护

结合多地的案件审理情况，不难发现未成年人成为非法拘禁案件的被害人并非个案。多地都出现了以介绍工作的名义将人骗至传销窝点的情形，手段大多以网络为媒介，建立朋友或异性关系，骗取信任。而用以作案的地点多为出租屋，具有不固定性以躲避检查，地点也较为偏僻，防止被害人逃跑。未成年被害人心智尚未成熟，一旦被骗，容易被非法传销组织的授课人员"洗脑"，以为找到了"致富捷径"，进而加入非法传销组织，寻找其他未成年人发展下线，由受害者向加害者转变，形成恶性循环。而未成年人作为社会发展的后备力量，其担负着时代的重任。保护好未成年人身心健康，引导其走正确的路，是全社会不容推卸的责任，因此，提高未成年人的防骗意识和自我保护意识是必要而紧迫的。

　　未成年人自身要有清醒的认知，天上不会掉馅饼，成长是需要一步一个脚印踏实奋斗，所谓的轻易"致富之路"走向的可能是违法犯罪的道路。在遇到类似情形时，要学会寻求家长、老师等的帮助，借助他们的判断力帮助自己辨别。社区、相关部门等，可以为年满16周岁未满18周岁，确有工作需要的未成年人提供专业技能培训，帮助他们掌握本领，正规求职。

　　司法机关也承担着保护未成年人的重大责任，可以定期进行社区普法活动，走到未成年人群体中去，用生动的案例向未成年人展现犯罪手法的多样性及特点，帮助未成年人提高辨别不法侵害的能力。未成年人作为一个特殊的群体，其成长可以说关系着社会的发展和走向，法院在案件的审理过程中，针对未成年被害人的案件，从重处罚，体现法律保护未成年人的原则，展现司法工作保护未成年人的决心。

为"爱"正名

◎ 王　蕊

签字无效

2019 年 8 月，小路路拉着外婆的手，兴高采烈地蹦蹦跳跳，还不停催促着外婆走快点。今天是小路路报名上幼儿园的日子，她听说幼儿园里有好多好玩的玩具，还有很多小朋友，眼神里都掩饰不住那份期待……

"不好意思，按照要求有些材料需要孩子的法定监护人签字确认，您是孩子的外婆，不属于法定监护人，这些签字是无效的。"老师审查了小路路的相关报名材料后，对外婆解释道。

"为什么不行？我是她亲外婆，我做得了她妈妈的主，也做得了孩子的主。"外婆一听还需要妈妈签字，一下子就急躁起来。

"只要是孩子的法定监护人来就行，毕竟孩子上学是件大事，工作再忙也要抽出时间啊！"老师劝解道。

听了老师的话，外婆更加着急，但欲言又止的样子似乎有难言之隐，只好牵着小路路的手向校外走去。小路路从大人们的交流中似乎明白自己期待的事情实现不了，委屈地哭了起来。

监护空白

2019 年 8 月的又一天早上，金坛区人民法院少年家事审判庭李法官翻阅着刚移送过来的新的案件卷宗。一件"父母起诉女儿，要求变更外孙女的监护权"的案件引起了李法官的注意，在办理的诸多家事案件中，父母起诉儿女财产、债权及赡养义务的不在少数，争孩子的监护权的还是首例。李法官当即决定将此案件尽快查明，毕竟案件离当事人小路路入园的时间已经很近了。

初看了案件相关材料后，诸多谜团就笼上心头。小路路的户口簿上，只有母亲张虹的名字，父亲一栏是空着的。小路路的父亲呢？小路路的其他亲人呢？外婆为什么争隔辈人的监护权呢？要解开谜团，首先还得到小路路家里了解一下案件背后的缘由。

初入小路路家门，李法官就推测这个家庭势必有过变故。简陋的农村小院，仅有的几件家具和电器还显示着它们的年代感。小路路看到突然登门的陌生人，赶紧躲到外婆怀里。在一番交谈中，外婆和腿脚不方便的外公终于敞开了心扉，讲述了一段不愿提及的往事。

小路路的妈妈张虹因成绩不好就早早辍学走向社会，因为叛逆在社会上结识了一些三教九流之人，好的生存技能没学到，回家时却挺着"大肚子"。孩子的父亲，估计只有张虹知道，却也没有提及过。所以，上户口的时候，父亲一栏只能空着。小路路外公讲道："家门不幸啊，家里都被糟蹋得一无所有了。"原来，外公外婆原来的房屋拆迁后，在城区也分到了两套安置房，虽然没有稳定工作，但还不用为生计担忧。然而，生了小路路的张虹又开始四处"奔波"。终于，家里的房子和存款都被张虹挥霍一空。现在居住的小院，还是邻居看他们可怜借给他们住的。再后来，张虹谎称可以通过内部人员拿到便宜拆迁安置房诈骗他人人民币100万余元，被判处有期徒刑十一年。

所以，小路路出生以来一直随着外公外婆生活，从法律角度讲，法定监护上一直处于"空白期"。

为"爱"奔走

张虹入狱后，年幼的小路路常常惦记经常不在家的妈妈，闹着要见妈妈，外公外婆也思女心切，尽力创造条件带着外孙去会见。在会见日，小路路隔着玻璃看到妈妈还以为是在和妈妈做着有趣的游戏，可是他却不知，对于年迈的外公外婆来说，虽然金坛离南京并不遥远，可是路费对于这个家庭来说却是一笔不小的开支。家里的一切都被张虹挥霍掉了，外公外婆仅靠着630元/月的失地保险生活，外公患有糖尿病，腿脚也不好，平时靠着拐杖走路。欣慰的是，区民政部门通过排查后将小路路列入扶助对象享有专项补助，为这个家庭解决了一部分难题。

小路路的入园是大事，案件办理还需时间，经过多方沟通协调，小路路顺利入园。但之后，就医、升学等事情，没有法定监护人还是有诸多不便。李法官认为还得将此案作一个彻底了结。首先为再次确认小路路生父的问题，李法官走访了民政局、医院、村委会、邻居等，确认从未见过或听过小路路的生父信息。李法官又和区检察院办案人员一同前往南京，到监狱征询了张虹的意见，其本人也表示愿意将女儿交由其父母照料。

然而就在判决之时，小路路的外公却因脑梗突然死亡。承办人李法官在案件出现新情况后，及时征求小路路外婆的意见，其表示虽然目前身体不是很好，但自己是孩子最亲的人，仍然要求变更监护权，以方便照料小路路，且孩子已是她生活最大的慰藉。对案情综合研判后，李法官认为变更监护权可以更好地维护未成年人利益，被监护人路路父亲的身份不能确定，其母亲作为法定监护人，本应当行使监护权，现因在监狱服刑且刑期较长，无法履行监护职责。孩子从小主要由外公外婆照料，已形成感情的依恋，其外婆属于法定的未成年人监护人的范畴，在有限的经济条件下能给年幼孩子亲情的陪伴和呵护，且其本人也愿意承担抚养照顾义务和监护责任。为尽快终止未成年人的监护空白期，真正维护未成年人的合法权益，路路外婆变更监护人的主张，于法有据。

办案后记

案件虽然结束了，但小路路的生活仍然牵动了办案人员的心。新冠肺炎疫情形势稍轻时，金坛区人民法院少年庭庭长、民一庭常支部代表、团支部代表等一起上门查看小路路的生活情况，精心准备了防疫大礼包、图书、牛奶等生活必需品。刚刚午睡醒的小路路见到大家特别开心，乖乖地等阿姨为其配戴了口罩，穿上了袜子，相比同龄的孩子特别的懂事，看到随行人员手中拎的糖果掩饰不住兴奋。在交代其每天画画结束后才可以吃一颗时，小路路还和大家拉起了勾勾，和大家一起拼图、涂色。

困境儿童，在我国现阶段主要是指残疾儿童、孤儿、流浪儿

花落花开 | 常州法院保护未成年人案例精选

童、父母监护缺失的儿童。关爱祖国的下一代，不仅仅靠大家的爱心，也要靠制度的保障和司法的保护。困境儿童因为在监管、申请政府补助等方面可能遇到障碍，而引发本类诉讼。根据金坛区《关于进一步落实区困境儿童分类保障制度的补充意见》，金坛法院会进一步加强与民政、检察院、法律援助机构的合作来共同推进困境儿童分类保障制度的深入落实，并对事关困境儿童申请父母宣告失踪、变更监护权等案件设立绿色通道，减免困境儿童案件当事人的诉讼费、公告费，及时将法律文书抄送儿童户籍地民政部门、乡镇人民政府或街道办事处，实现信息实时共享，并应从有利于困境儿童的生活、安全、情感、教育和成长等方面出发，实现办案效果和社会效果的有机统一，全力维护困境儿童的合法权益。

为讲"哥们儿义气" 四少年身陷囹圄

◎ 许 娟

中国人向来都把义看得很重。一些青年人亦喜欢互相之间称兄道弟，醉心于哥们儿义气式的友谊，依照武侠小说中那些"侠客"们拜把式的朋友关系，并认为这样的关系才是真正的朋友。

18岁，是如花一样的年纪。18岁的少年本应意气风发地徜徉在书海里，心无旁骛地奋战高考；又或许虽显稚嫩但已有力的肩膀还能为父母分担些许生活的忧愁。可正是因为所谓的"哥们儿义气"，四名未成年少年走上了违法犯罪的道路。

"面子"引争端 从意气风发到落荒而逃

张勇、钱欢、钱乐、李义龙四人，早早辍学打工，踏上社会，相似的家庭关系与成长经历让四个未满18周岁的少年慢慢走近。

一天晚上，张勇去"忘不了"快餐店接朋友，朋友圈里的一个大哥喊他吃饭，他拒绝了，大哥认为其不给"面子"，就叫小弟刘德旺把张勇揍了一顿。张勇回去越想越窝火，便跟钱欢、钱乐、李义龙等人吐槽，想要讨个说法。几个人围坐在一起，张勇觉得自己被无缘无故打了，"面子"上过不去，以后也没人看得起他，被"兄弟们"一怂恿，就决定去"讨个说法"。

待到凌晨，张勇等人听说刘德旺等人在朱老三火锅店夜宵，便喊着钱欢、钱乐，他们顺便喊了李义龙和其他六七个人，带上柴刀、钢管和路上踩的拖把棍来到了火锅店门口。看到刘德旺的面包车停在门口，便冲上去把刘德旺的小弟赵子祥拽了下来。

"嘭"的一声，李义龙一钢管把赵子祥打蒙在地，钱乐拳头也猛地落在他身上。李义龙正准备跑，钱欢挥着柴刀便朝赵子祥后背砍，鲜血浸湿了衣服。刘德旺等人听到楼下声响便带着人拎着啤酒瓶从楼上冲了下来，钱欢看这架势，就将另外一个小弟腰上挂的折叠刀拿下来握在手中，捅向了刘德旺的肚子……

"嘀嘟嘀嘟……"警车呼啸而至，尖锐的警笛声划破了平静的夜空，随后，民警将刘德旺、赵子祥送上了救护车，四个少年落荒而逃。

难逃法律制裁 "哥们儿义气"应在法律边界之内

不久，常州市武进区人民法院审理了此案，经审理查明本案系因刘德旺首先对张勇挑衅引发，张勇、钱欢、钱乐、李义龙四个少年犯罪时均未满18周岁且均无前科劣迹，犯罪后，四个少年均能如实供述自己的罪行，最后共计赔偿两名伤者90000元并取得了他们的谅解。但是一旦犯罪，便难逃法律的制裁，两名伤者中李义龙经鉴定双侧鼻骨骨折，右侧上颌骨额窦骨折，属轻伤二级；刘德旺腹部开放性外伤、小肠穿孔，属重伤二级。

四名被告人均已触犯了法律，法院认定，张勇为报复他人纠集多人持械斗殴，最后造成一人重伤、一人轻伤之后果，系首要分子；钱欢、钱乐、李义龙均系积极参与者，且钱欢在斗殴中直接致人重伤，故张勇、钱欢的行为构成故意伤害罪，钱乐、李义龙的行为构成聚众斗殴罪，系共同犯罪。

2015 年 11 月 5 日下午，随着一声法槌的敲响，法官当庭宣读判决书，依法对四名被告人判处了刑罚。

法外亦有人情　用法律的温度守护未成年人成长

除了载有清晰的犯罪事实和严肃的法律条文的判决书外，庭上还宣读了一份沉甸甸的法官寄语，"青春期的少年，涉世未深，善良单纯，注重友情，与人交往感情真挚。但毕竟，这些少年还缺乏明确的道德观念，分不清什么是真正的友谊，有些社会青年把'哥们儿义气'当作友谊，今天你给我一盒烟，明天我请你吃顿饭，你早晨帮我教训了一个'对头'，晚上我就替你给'仇人'放血。像这些不讲原则，藐视法规，互相包庇，甚至成群结伙，走上违法犯罪道路。所谓的'哥们儿义气'往往是以维护小团体利益为出发点，为了报恩或复仇，不惜牺牲和损害社会或他人的利益，对不是自己的哥们儿则不讲感情，不讲友谊，最终结果必然导致害人、害己、害社会……"法官用充满温情的劝诫、勉励之语对失足的四名被告人进行教育和道德感化。

近年来，武进法院对未成年犯罪案件审理工作不断探索创新，相继建立了心理干预、心理矫正、法庭教育、管护帮教、法官寄语等制度。承办法官正是运用"法官寄语"制度，根据这一案件中 4 名未成年被告人的家庭背景、犯罪成因、悔罪表现等，通过释法、讲理、明情形成书面的人生寄语，有针对性地对未成年人进行人性化的教育、引导、鼓励，使其能充分认识到自身错误，加以改正，在逆境面前能重拾信心，走上正路。

友谊应该是人与人之间的一种真挚的情感，是一种高尚的情操，友谊使你赢得朋友。当遇到困难和危险时，朋友会给予无私的帮助，如果有了烦恼和苦闷，可以向朋友倾诉。而友谊与哥们儿义气是不同的。青少年的"哥们儿义气"充满了太多的不安全性。友谊是有原则、有界限的，因为友谊最起码的底线是不能违反法律，不能违背社会公德。而"哥们儿义气"无视道德和法律的约束，只要为了哥们儿，哪怕两肋插刀，这就是他们所信奉的。友谊需要互相理解和帮助，需要义气，但这种义气是讲原则的。如果不辨是非地为朋友两肋插刀，甚至不顾后果、不负责任地迎合朋友的不正当需要，这不是真正的友谊，也够不上真正的义气。

案例评析

常州关工委副主任　朱力工

此文的题材很好。青少年犯罪，很多案例就是讲"哥们儿义气"，讲江湖义气。文中的一个青年，为了请吃饭不给面子而被打，为了"讨个说法"而纠集其他三人报复斗殴，造成一人重伤、一人轻伤之后果。法官在宣读判决书后，还宣读了一份沉甸甸的法官寄语：青春期的少年，还缺乏明确的道德观念，分不清什么是真正的友谊，有些社会青年把"哥们儿义气"当作友谊，今天你给我一盒烟，明天我请你吃顿饭，你早晨帮我教训一个"对头"，晚上我替你给"仇人"放血，像这些不讲原则，互相包庇，甚至成群结伙走上违法犯罪道路。所谓的"哥们儿义气"往往是以维护小团体利益为出发点，为了报恩或复仇，不惜牺牲和损害社会和他人的利益，最终结果必然是害己、害人、害社会。承办法官运用"法官寄语"制度，根据这一案件四名未成年人的家庭背景、犯罪成因、悔罪表现等，通过释法、讲理、明情形成书面的人生寄语，有针对性地进行了人性化的教育、引导、鼓励，使其能够充分认识自身的错误，加以改正，在逆境中重拾信心，走上正路。

为幼女披上法之铠甲

◎ 潘霞菲

2021年春节，李梅家里一片祥和欢乐的景象，门口贴着红彤彤的对联，锅上煮着热腾腾的饺子，李梅一边招呼客人，一边喊着九岁的女儿："丫丫，快出来给法官阿姨拜年！"话音刚落，穿着红袄子、扎着羊角辫的小女孩从屋里蹦蹦跳跳地走出来，甜甜地说："阿姨新年好，丫丫期末考试又进步啦！"看着其乐融融的一家人和女儿无忧无虑的笑脸，李梅不禁感慨，距离那件事已经过去五年了，随着时间的流逝伤痕被慢慢抚平，女儿现在能够健康快乐地长大是自己最大的心愿。

（一）

如果能再选择一次，李梅绝不会让这个叫关一山的男人走进自己的生活，十年前的一次相遇，带给她的是无尽的噩梦。遇见关一山的时候，李梅刚从一段失败的婚姻中走出，她是一个别无所长的单身女人，带着十一岁的女儿西西，在这座陌生的城市艰难生存。

关一山不算是一个好的归宿，好色、懒惰、脾气大，男人的臭毛病他都有。李梅想，女人总要找个依靠的，跟谁一起过不是过呢。相识不到一个月，李梅就带着大女儿西西搬进了关一山家，开始了同居生活。

这个临时搭伙的小家一开始过得还算平静和谐，关一山在工地做泥瓦工收入尚可，李梅负责料理家务、照顾孩子。就是大女儿西西总是不愿意和关一山亲近，只要关一山靠近，女儿总是条件反射地跑开。李梅也没多想，觉得小孩子总是怕生的，大女儿西西可能还不习惯关一山这个新爸爸，时间长了就好了。

三年后，李梅怀孕生下了小女儿丫丫，她和关一山有了爱情的结晶，按道理感情应该越来越好，可关一山的脾气却越来越暴躁。这天，李梅回家打开房门，一股浓重的酒味扑鼻而来，关一山横倒在沙发上，嘴里嘀嘀咕咕地骂着脏话，脚下还有几个空了的酒瓶。李梅简单地收拾了一下家里，发现大女儿西西并没有像往常那样在房间里写作业。这天晚上十二点多，李梅在小区附近的公园长椅上找到了大女儿西西，西西哭着抱住李梅说："妈妈，那个人他欺负我，你一不在家，他就摸我身体，我不敢回家……"怒气冲冲的李梅带着大女儿西西去找关一山理论，关一山不但不承认，还借着酒劲动手打了李梅一个耳光。

没有那张结婚证的露水夫妻分开得也比寻常夫妻更容易。拖着一个装满衣物的行李箱，李梅带着大女儿西西离开了这个家，也算结束了这几年的同居生活。离开时，李梅不舍地看着还在牙牙学语的小女儿丫丫，鼻子一酸，口中喃喃："丫丫，妈妈真的没能力带你走，虎毒不食子，你爸爸再坏也不会伤害你的。"李梅狠了狠心，转身离去。

那时的李梅不知道，将小女儿丫丫留给关一山抚养，是一个多么错误的决定。

（二）

恢复单身的李梅在纺织厂找了份工作，虽然辛苦，但安稳幸福。与关一山一起生活的小女儿丫丫已经三岁了，女儿是母亲身上掉下来的肉，每到周末，不管工作多忙多累，李梅都会去关家把丫丫接过来同住两天。看着两个女儿一起玩闹嬉戏，李梅时常感到很满足。

这天周末，李梅像往常一样去接小女儿丫丫，丫丫一看到李梅，似乎受了什么委屈，抱着李梅不肯撒手，小眼睛里亮晶晶的似乎含了泪水，问她发生了什么事，小丫头嗫嚅着不说，嘴里一个劲儿地重复着想妈妈了。

看着委屈的女儿，李梅心疼地质问关一山，关一山躲闪着说："小女孩能有什么委屈呢，肯定是跟邻居小孩玩的时候闹矛盾了呗。"

入睡前帮女儿洗澡的时候，丫丫拽着自己的裤子死活不让李梅碰，李梅摸着丫丫的小脑袋，柔声说："小丫丫乖，洗干净妈妈才能抱着你睡觉觉。"丫丫终于不再抗拒了，只是在脱下衣服之后，小声地说："妈妈，丫丫屁股疼。"李梅心想，关一山一个大男人不爱干净，肯定照顾得疏忽了，没想到丫丫接下来的一句话让李梅如遭五雷轰顶。

"爸爸每天睡觉之前都要摸我屁屁，丫丫疼，丫丫不喜欢。"女儿稚嫩的声音说的却是最可怕的事实，联想到多年前关一山就曾对大女儿西西动手动脚，这次又对三岁的丫丫下手，李梅险些站不稳。

当晚，李梅带着小女儿丫丫来到公安局报案，在警察的陪同下，丫丫被带往医院做了全面检查，检查显示，三岁的丫丫身上确实有被性侵的痕迹，而始作俑者，就是她的亲生父亲关一山。这样的结果是李梅不愿相信也无法承受的，她狠狠地抽了自己一耳光，三岁的丫丫在关一山家都经历了什么？自己为什么没有早点发现这件事情？接下来自己该如何面对年幼的女儿？

当晚，把女儿丫丫哄睡着之后，李梅在心里对自己说："以后不管生活多么艰难，我都要保护好两个女儿，我会拿起法律的武器让关一山这个恶魔受到惩罚。"

（三）

面对公安机关的讯问，关一山起初还试图掩盖自己的恶行，在丫丫的体检报告和诸多证据面前，他终于低下了头，承认了自己在与女儿丫丫生活期间，曾多次对女儿进行猥亵。最后，关一山因猥亵儿童罪被判处有期徒刑。

关一山被判刑，女儿丫丫似乎并不知道发生了什么，她对这一切都不懂，只知道抱着自己的小熊玩具玩。有时候夜晚她会做噩梦突然惊醒，拉着李梅的手说："妈妈，我不要回爸爸那里了，不要把我送回爸爸那里。"

李梅却高兴不起来。三年半之后关一山刑满释放，女儿的抚养权还在他那里，到时候自己难道还要把丫丫送回那个恶魔手里吗？李梅把自己的顾虑告诉了承办法官，承办法官对李梅和丫丫的情况表示同情，她建议李梅可以通过诉讼要回丫丫的监护权。2015年10月，这起撤销监护人资格案件在武进法院开庭，经审理最终判决撤销了关一山对丫丫的监护权，由李梅履行监护职责。这也是常州首例申请撤销监护人资格案件。在法院的支持下，李梅终于拿回了女儿丫丫的监护权。为了充分保护当事人隐私，武进法院向申请人出具了文书生效证明，以便李梅能及时帮丫丫办理户籍转移、入学等手续。

案子打赢了，李梅一个人要抚养两个女儿，虽然以后的路可能会很艰难，但李梅的心里是开心和满足的，女子本弱，为母则刚，自己辛苦一点，但至少孩子们有妈妈的关心和爱，再也不会受到欺负了。承办法官看到李梅的情况，了解到她生活困难，为她们启动了"兴国百万护苗"救助基金，给予丫丫救助金5000元，并对其生活、学习方面进行持续的跟踪回访。

距离这件事情已经过去五年了，如今的丫丫已经上小学，她和其他孩子一样，天真快乐且无忧无虑。新年的饭菜已经端上桌，家里萦绕着团圆的喜悦，看着一家人其乐融融的景象，李梅在心里说，"孩子，虽然你经历过伤害，但是你也拥有过比常人更多的爱。警察、检察官、法官叔叔阿姨，大家都给过你爱护，你要好好长大，做一个用爱感恩世界的人啊！"

富家女未成年判刑苦果谁吞

◎ 虞　宙

本应拥有美好前程的富家女小静如今不仅即将临盆，还因盗窃亲戚家出售的彩票本而被判刑。在刚刚结束的庭审中，语气平静的小静和激动流泪的妈妈让每一位在场的人都心痛不已。为何一个成长在富裕之家的秀气女孩要经历如此的挫折？这还要从小静的出生说起。

从小被遗弃　少女因祸得福

小静成长在一个富裕之家，父亲李某不仅是一位成功的企业家，而且热心慈善，在当地颇有声望。虽然母亲和哥哥都很疼爱她，可父亲对小静的爱更是到了无以复加的程度：家里的企业以小静的名字命名不说，对小静的所有要求都一应满足。当小静还是个孩子的时候，父亲就常常让小静骑在他脖子上到处走，惹得邻里都向这位父女投来羡慕的目光；小静上学时，不仅出手十分大方，还经常向父亲拿钱去周边城市旅游。小静童年的生活，便是被这样甜蜜的父爱所占满。

可对于小静的父亲李某来说，这个女儿比掌上明珠还要珍贵：

花落花开｜常州法院保护未成年人案例精选

原来，小静并非其父母所出，而是别人遗弃在李家家门口的弃婴。李某夫妇之前只有一个男孩，一直想要一个女孩，当这个可爱的女婴来到他们面前时，他们不仅没有因为小静是别人的孩子而对她有半分嫌弃，反而觉得和小静的相遇是前世修下的缘分。李某夫妇在这十几年里一直对小静视如己出，小静也在这个富裕的家庭中快乐地长大了。

养父忽离世　打击接连而来

小静的快乐童年，在她六年级的时候开始改变了。这一年，小静断断续续听到同村人和同学们议论，说自己不是父母亲生的。女孩本就倔强，听到别人这么"编派"自己，便回家质问父母。没想到，自己心目中那样和蔼的父亲和母亲都默然地承认了自己只是养女的事实。别人没有说谎，是自己的父母骗了自己！得知真相的小静在内心里不原谅父母对自己的隐瞒，渐渐地不再和父母交流，和家人疏远起来，有时还故意在家里发脾气、闹矛盾，成绩也逐渐下滑。父母看在眼里急在心里，可除了满足女儿物质上的需求，两人始终无法打破和女儿在心理上的隔阂。

日子一天天过下去，转眼间 13 岁的小静已经出落成一个秀气水灵的少女了。父亲对她的爱与日俱增，她和父母之间的隔阂也随着时间慢慢消逝。可就在这时，她却发现父母经常结伴去全国各地，具体做什么却不告诉她。还在上初中的她推断父母应该是一起出门旅游了。为什么出门旅游却不带着我？小静心里的委屈和气愤又开始滋长起来。养父母毕竟是养父母，在他们心里自己毕竟是不重要的！小静不停地这样想着。受这种想法影响，小静的成绩更不如意了。

可 2009 年的一天，突如其来的噩耗却让小静之前所有的猜测都被否定了：原来自己的父亲得了重病，在全国寻医问药无果后，竟要走了！面对病入膏肓的父亲，小静和母亲都哭成了泪人。小静在心里不停地埋怨自己，怎么可以质疑父亲对自己的爱！

没过多久，父亲还是走了。厂子在哥哥的接管下继续运行，可这件事对于小静和母亲来说打击却是巨大的：家里的顶梁柱没了，小静的母亲一下子手足无措。她明白，和李某感情深厚的孩子遭受的打击更甚，可作为一个家庭妇女，她也不知该如何和悲伤中的女儿沟通。再加上平时小静和母亲一直没有多少交流，父亲去世的打击就这样慢慢在两人心中转化成了一道深深的疤痕。

叛逆少女偷了"寄娘"店里的彩票

转眼间，小静初中毕业了。但她没有考上高中。母亲痛定思痛，觉得李某在世时对小静过于溺爱，造成她耽于玩乐、荒废学业。母亲和哥哥商量，给小静报了个英语培训班，想让小静在英语培训过后出国留学。这个让一般人家的孩子都羡慕不已的留学计划，却遭到了小静的强烈反对。她不断地和母亲闹别扭、吵架，直嚷着自己不要上学、不要出国。一个月后，母亲终于拗不过女儿，小静退学回了家。

在这段"啃老"的日子里，小静时常和一些社会上的朋友出去玩，并常常和母亲吵架。一次吵架后，小静收拾东西住到了亲戚开的酒店里，任凭母亲怎么劝也不回来。2011 年 7 月，她交了一个男朋友。母亲虽说对这个 20 岁还没有工作的小伙子没什么好感，却觉得找个人看着女儿也是好事。再加上自己根本管不住女儿，也就随她去了。

就在 2011 年 8 ~ 9 月这段时间，小静开始了她的"偷盗"行为。原来，出于想把女儿"逼"回来的目的，小静母亲在小静住在外面的这段时间里，停掉了她原本每天 30 ~ 40 元的零花钱。虽说住宿不要钱，可在外吃用都是开销，两人又没工作，两人一下子捉襟见肘。此时小静想出了到亲戚店里偷彩票本子的点子。她借着自己常常到亲戚店里玩的机会，假装帮忙，前前后后偷了十几本即开式彩票，共计人民币 11000 余元。又先后几次兑奖，获利 4000 余元。

几次以后，亲戚发现了小静的偷盗事实。女店主先联系了小静母亲，希望能有个满意的答复。小静母亲得知此事后十分震惊，在答应赔偿的同时，也几次找到小静，希望能和她好好谈谈，让她去给亲戚道个歉。可小静不仅不承认，还根本不理母亲要求谈话的请求，依旧和男朋友住在酒店。最终女店主选择了报案，小静不久后在母亲陪同下投案。

少女妈妈两次怀孕　谈到将来一片茫然

让警方愕然的是，小静在到案时已经怀孕，民警只得在讯问之后就让其回家。没过多久，小静做了流产手术。可案件到了法院时承办人员发现，小静又一次怀孕了。在庭审中，当法官问及小静是否准备结婚时，小静平淡地回答"不想"。这位少女妈妈面对所有问题情绪一直保持稳定，语气也十分平淡，让在场的所有人都吓了一跳。一位旁听者反复地说："孩子实在太可怜了。"

与此形成鲜明对比的是，小静的母亲坐在辩护人席上，哀伤的眼神溢满了她黯淡的双眼。宣布判决后，这位年逾半百的妇人已哭红了眼睛；而当提起她已经去世的丈夫时，她的情绪一下子失去了控制。一旁站着的女儿也静静地流下了泪水。但提起对女儿将来的打算和下一代的抚养问题，这位母亲却茫然地摇了摇头："没有打算。"

小静最终因盗窃罪被判处刑罚。小静最后说的一句"我太傻了"和挺着大肚子离去的背影，给在场每一个人心中留下了深深的烙印。小静的坎坷遭遇，给天下所有父母上了一课，也为社会的未成年人教育保障制度画上了一个大大的问号。

细腻裁判　法外有情
——记一件特别的交通肇事案

◎ 孙鹏飞

2020 年是全面建成小康社会和"十三五"规划收官之年，经济的飞速发展，老百姓的物质生活越来越丰富，越来越多的家庭购买了汽车作为自己的交通工具，越来越多的企业选择了汽车为自己创造更多的利润，造就的是密密麻麻的车辆在道路上飞驰，同时伴随着的是与日俱增的交通事故，各种悲伤和离开在这片大地上每天都在发生着。在溧阳这座江南小城，也是如此。

我们今天要说的这起交通肇事案本身也是许许多多普通交通事故中的一个，但它因承办法官的细腻裁判而变得特别。

惨剧发生，孩童身亡

2019 年 11 月，溧阳这座小城虽然是刚刚入冬，但天气已经变得寒意十足，出行的人们都已经套上了厚厚的外套，准备抵御即将到来的真正的寒冬。这天早晨，小蒋从温暖的被窝中爬起，睡眼惺忪地穿起妈妈前几天刚买的新衣服，吃完早饭搭上奶奶的车去上学。伴随着学校铃声响了又响，这时间一晃就到了放学时间。

晚上还是奶奶来接小蒋回家，小蒋懂事地将书包放好，跨上奶奶的电动车，穿过同是接孩子的密密麻麻的人群，踏上了回家的路。放学回家的这一段路是开心的，小蒋想着今晚动画片也快到了大结局，不知道英雄最后能不能把最终大BOSS打败……车子行至东泰路路口，小蒋看到旁边在建造的高耸楼宇，知道快要到家了。看到身旁开过的大车，小蒋还是感到害怕，他记着妈妈之前和他说过"以后遇到大车子要等它走了你再走，一定要离它远一点"，想着不由得打了个冷战。前面路口绿灯亮起，车子正常往前行驶。

"咣……"

只见小蒋乘坐的电动车被右转的大货车刮到了车尾，电动车被一股巨大的力量掀倒在地，奶奶和小蒋随着电动车摔倒在了地上，大货车也感觉到了异样，立马踩下刹车停了下来，但是在制动的过程中，巨大的惯性还是使得车子往前行了一段距离，小蒋顿时被压在轮胎底部。"小蒋，小蒋"，奶奶迅速从突如其来的疼痛撞击中清醒过来，扭头看到在车轮下的小蒋，顿时心如刀绞，背过气去。司机也在车停下来后立马打开车门，看到眼前的一幕，也立马掏出手机拨打了"120"急救电话。

"120急救中心吗，我这边发生了交通事故，有个小孩有生命危险……"

入夜，医院抢救室的外面，小蒋的爸爸妈妈早已闻讯赶来，焦急地询问着事故情况和小蒋的伤情。奶奶已经处理好伤口，坐在一旁，沉默不语，脸上挂满了内疚和自责。似乎过了很久，抢救室灯灭，随着一幅白布，小蒋被缓缓地推出了抢救室。

痛失爱子，心力交瘁

小蒋的葬礼正在举行着，灵堂中间摆放着小蒋在世时的照片，小蒋的父母在灵堂前互相搀扶着，艰难地回应着悼念宾客的遗憾和惋惜。葬礼上，每个人的脸上都充满了悲伤，无不感叹如此一个鲜活幼小的生命，就如此消失了。事情发生后，交警和刑侦部门也对案发事故现场进行了勘察和认定，认定货车司机应当负全责，并且货车在事发当时，存在超载的情况。蒋父蒋母也已经得知肇事司机已投案的消息，案件也进入了侦查阶段，不日将提起公诉，肇事者也将得到审判。即使这样，蒋父蒋母也无法从巨大的丧子之痛中恢复过来。亲戚朋友在悼念的同时，也表达了对肇事司机的愤慨。"这种人就应该严判，让他一命偿一命！"这种声音在蒋父蒋母的耳边不断地环绕着，想到儿子小蒋在世时的欢声笑语和点点滴滴，这种想法不断地被放大着，似乎有一个声音在不断地说着"让他血债血偿"。

耐心释明，安抚交流

随着案件的推进，案件经过了侦查阶段，各种证据笔录已经充足，侦查机关将相关案卷材料移送到了检察机关准备提起公诉。检察机关在仔细审查材料之后，提出了"有期徒刑××年，并缓刑××年"的量刑建议。因为被害人是未成年人，该案件由溧阳法院少年家事审判庭承办，承办法官拿到案卷后细细审阅，综合以往的审判经验，考虑到被害人年纪较小，如此离开，家属势必难以接受，即使作出了判决，也难以将被害人家属心理的创伤抚平。作为案件的第一承办人，在案件承办过程这个黄金时间里，一定要对被害人家属进行积极的引导和释明，这样才有助于他们走出伤痛和悲伤。所以承办法官邀请被害人家属到法院进行开庭前的交谈，希望有助于庭审的进行，更希望有助于被害人家属从悲伤和难过的情绪中振作过来，面对新的人生。

……

"案件的进展就是我刚才说的这样，我们也十分遗憾，这么一条幼小的生命就这么离我们而去了，但希望你们可以早日走出这件事，开始新的生活。我们法院肯定会秉公裁判，让被告人受到应有的惩罚。那你们还有什么想问的吗？"

"法官，我们小蒋就这样给他撞死了，我们要他一命抵一命。"蒋父蒋母悲伤中夹杂着愤怒。

"你们要冷静。我们明白，孩子的离开对你们造成了很大的伤害。你们的失子之痛我们也十分理解，但是我们这里是法院，法院就要按法律规定办事，肇事司机虽然犯了罪，但是罪不至死，具体结果得等案件审理结束才可以得出……"承办法官耐心释明，从法律规定说到天理人情，渐渐地，蒋父蒋母的情绪也逐渐恢复正常，语气也渐渐平和下来。

"法官，你说的我们都明白，但是我们还是无法释怀，我们相信法律，相信您，虽然不能够一命抵一命，但是我希望法院可以重判肇事者，以儆效尤。"

"那得根据法律的规定，综合案件的总体情况来进行裁判，也十分感谢你们能够相信法律相信我，今天的谈话就到此结束吧。你们先回去，我们正式开庭前会通知你们的。"

庭审之中，细腻裁判

"事故是怎么发生的？你把当时情况再叙述一遍。"

"当天我从公司拉着货前往工地，到东泰路红绿灯处右转听到车头前面发出声音，感到不对，就立马刹车，下车就看到……"

"那你之后有没有对被害人家属进行积极的赔偿？"

"已经赔偿，取得了被害人家属的谅解。"

……

本案并没有当庭判决。

庭审后，承办法官坐在办公室中回忆整个庭审的过程，突然眉头一皱，似乎想到了什么，猛地坐直了身子，拿出整个案卷材料，再次研究起来，当看到被告人的辩护人提供的谅解书就明白了这一切：原来是被告人虽然已经取得了当事人家属的谅解书，但是取得谅解书的时间是在检察机关提起公诉之后。这么一个细小的情况，引起了承办法官的思考。随后，承办法官再次邀请蒋父蒋母来法院单独进行了交流，了解案件的情况。随着蒋父蒋母夹杂着泪水的叙述，案件的更多细节展现在承办法官面前：原来在案件发生的初期，被告人并没有积极地进行赔偿，取得被害人家属的谅解，而是在检察机关提起公诉后才进行了赔偿。这与案件材料反映的情况也相一致。与承办的检察官核实后，也确认了这一点。想起蒋父蒋母叙述时的悲伤难以抑制，结合被告人及其家属如此随便的态度，明明在事故发生后到提起公诉前有如此多的时间可以和蒋父蒋母沟通赔偿事宜，却还要等到提起公诉后才进行赔偿。就是这么一个小小的日期前后的变化，使承办法官对案件隐隐有了一些特别的想法。

依法裁判，法外有情

今天是宣判的日子，在肃穆的法庭中，亮闪闪的国徽下是我们的审判席，审判席上坐着严肃的审判法官。今天法庭旁听席上密密麻麻地坐着许多人，有几位是被告人的家属，但更多的是被害人小蒋的亲属，他们脸上充满悲伤，但更多是愤怒。书记员宣布法庭纪律，审判长宣判："……依照《中华人民共和国刑法》第一百三十三条、第六十七条第一款以及《中华人民共和国刑事诉讼法》第十五条之规定，判决如下：被告人许某犯交通肇事罪，判处有期徒刑××年。"随着法槌的敲响，宣判结束。

几个月后，法官给蒋父蒋母做电话回访时，从交谈的内容和语气来看，蒋父蒋母的情绪已然恢复了正常，他们告诉法官，他们虽然没有照顾好小蒋，让小蒋早早离去，但是他们所做不愧对孩子。生活总得继续，他们想趁着年轻，希望可以再要一个孩子，可以继续幸福地生活下去……

走南闯北攻难关，一枝一叶总关情

◎ 王海芳

　　未成年人保护工作事关国家安全和社会稳定，事关祖国未来和振兴。常州市金坛区人民法院历来秉承"尊重、关爱、保护"的宗旨，高度重视未成年人合法权益保护工作，切实采取有效措施，积极践行习近平总书记寄语，千方百计增强未成年人福祉。俗话说："一花独放不是春，百花齐放春满园。"案子判了，但执行不了，依法保护未成年人合法权益就没有真正落到实处。近几年来，金坛法院始终坚持未成年人利益最大化原则，把未成年人权益保护力度有序地向执行部门推进、覆盖。广大执行干警上下同心，共同发力，面对"执行难"问题，走南闯北，敢于碰硬，善于执行，为满足未成年人生活和接受教育的基本需要，交出了一份份优秀答卷，呈现了一个个感人的故事。

一、抚养子女是父母的法定义务

　　我国《婚姻法》第三十七条① 规定：离婚后，一方抚养的

---

　　① 对应《民法典》第一千零八十五条。

子女，另一方应负担必要的生活费和教育费的一部或全部，负担费用的多少和期限的长短，由双方协议；协议不成时，由人民法院判决。周某与刘某于2011年9月经他人介绍相识并恋爱，2012年1月，双方自愿登记结婚，同年9月生育一子周某某。自周某某出生后，周某无所事事，渐渐染上了赌博恶习，且欠下许多赌债。刘某为此曾苦苦相劝，让其珍惜家庭，改邪归正。周某仍我行我素，无悔改之意。后刘某彻底死心，带着儿子离开周某，居住娘家至今。2015年4月，刘某以夫妻感情破裂为由向金坛法院提起诉讼，要求与周某离婚。后经多次调解，刘某与周某达成离婚协议：婚生子周某某随刘某共同生活，周某自2015年5月起每月给付周某某生活费800元至其独立生活时止；周某某在该期间的教育费、医疗费凭实际发生的有效票据由周某承担50%；上述费用于每年12月31日前结算一次；周某对婚生子周某某每月可探视1～2次；各人经手的债务由各自负责偿还。离婚后，刘某为了照顾孩子，辞掉了心爱的工作。周某虽幡然醒悟，告别过去，但并没有按照调解协议向刘某支付任何抚养费用。

二、法律保护比"父亲"更有力量

我国《民事诉讼法》规定：发生法律效力的民事判决、裁定，当事人必须履行。一方拒绝履行的，对方当事人可以向人民法院申请执行，也可以由审判员移送执行员执行。调解书和其他应当由人民法院执行的法律文书，当事人必须履行。一方拒绝履行的，对方当事人可以向人民法院申请执行。2019年6月，刘某作为法定代理人，以周某某的名义向法院申请强制执行，要求周某支付周某某生活费人民币 40000 元。执行立案后，法院依法向被执行人周某送达了《执行通知书》《报告财产令》等执行文书，敦促周某按期履行。执行中，执行人员通过电话与周某联系，从亲情的角度说服引导，希望他能够自动履行抚养义务。周某表示，为了偿还赌债，目前在山东临沂某超市打工，现无力履行。后再次沟通，周某不但以种种理由拒绝履行，还故意挂断执行人员的电话，直至关闭手机，蓄意躲避执行人员。尽管本案的执行标的额不大，但被执行人周某的行为不仅违反了法律规定，而且与社会伦理道德相悖，其行为损害了法律的尊严。同年 8 月 12 日，执行人员冒着酷暑，赶至临沂，在某超市内找到了被执行人周某，执行人员现身说法，仍希望他主动履行抚养义务，以维系当事人之间的亲情，但周某仍无动于衷，还寻找诸多借口拒不付款。由于思想工作实在难以做通，为加大执行威慑力度，早日实现案结事了，执行人员决定将周某带回法院执行局接受调查。眼看自己即将被押上警车，周某这才意识到逃避、拒不履行法律义务的严重性，急忙要求停车，支付了全部案款。次日，执行人员遂将案款交付给刘某。周某某含着泪花用小手拽着执行法官的衣服说："法官叔叔，我一定努力学习，长大后回报社会！"

三、威严法官比"母亲"更为慈祥

抚养费是父母对未成年人健康成长所支出的必需费用，它包含日常的生活费、教育费和医疗费。俗话说："天有不测风云。"就在刘某领取 40000 元生活费的第四天，周某某突感耳闷，出现耳朵疼痛等症状，后经金坛人民医院诊断，结论为分泌性中耳炎。这对离异且家贫落魄的刘某来说，犹如晴天霹雳、雪上加霜。为了给儿子治病，刘某在第一时间把儿子的病情告诉了周某，希望能得到孩子父亲的帮助，可周某在电话中只说了两个字"没钱"，就挂断了电话。刘某心想，儿子是上天的礼物，是自己人生的一部分，他正处于一个探索世界和认识世界的年龄，给予他充足的关爱和健康的体魄是父母的责任。即便是砸锅卖铁也要给儿子看病，不能让孩子受罪，更不能贻误小孩的将来。事不宜迟，赶紧治疗。住院后，刘某一方面鼓励孩子要坚强，树立信心；另一方面，精心照料，全程陪伴。阳光总在风雨后，真爱感动上天。一周后，周某某病情康复，生龙活虎。治疗期间，周某视而不见，也没有支付任何费用。2019年12月5日，刘某以周某某的名义，再次向法院申请强制执行，要求周某支付周某某医疗费18000元。执行立案后，执行法官多次通过电话与周某联系，希望他念及亲情，配合执行。2020年1月，突如其来的新冠肺炎疫情席卷全球，各行各业受其影响，无一幸免。法院也不例外，疫情给法院审判、执行工作带来了巨大冲击和重重困难。面对刘某的生活处境，执行法官不惜磨破嘴皮，通过电话、短信、微信等方式，不厌其烦地对周某进行说理引导，动之以情，晓之以理，严之以法，告诉周某平时做不到陪伴子女健康成长，但不能不尽抚养责任，并明确告知不履行抚养义务的法律后果。功夫不负有心人。经过执行法官苦口婆心的引导和有理有据的法律释明，周某主动支付医疗费18000元和相应的执行费用。严厉不是法官的全部，更多的是真情实意。周某最后向执行法官表示："我知道错了，疫情期间，虽然超市生意不好，但不应该成为拖欠儿子抚养费的理由。从今往后，我一定主动履行抚养义务，并关注儿子的日常生活、学习和身心健康，再也不让法院上门执行了。"

后 记

　　《花落花开——常州法院保护未成年人案例精选》一书，在常州市中级人民法院党组的高度重视下，经全市两级法院关工委精心策划和少年家事审判部门的共同努力，终于正式出版了。

　　在与关工委同志们座谈交流时谈到，之所以想到要出这本书，是因被法官们长期无私奉献未成年人事业而感动。法官们付出的辛劳和倾注的心血，像父母关爱子女，大哥、大姐关照小弟、小妹一样保护未成年人，动之以情，晓之以理，授之以法。

　　本书作者大都是在法院审判一线的法官，他们以记叙文、通讯、报告文学等文体，叙述了自己或者身边法官保护未成年人合法权益的案例故事。考虑到未成年人案例特点，案件当事人均采用了化名，请读者勿要考证，更不要对号入座。书中的某些文字若让某位及其亲朋好友不适，并非作者写作的初衷，在此谨表歉意。限于编者水平，本书难免有疏漏、甚至错误之处，敬请读者指教、雅正。

　　最后值得一提的是，本书是在全市法院开展"保护未成年人优秀案例评选活动"的基础上精选编著的，有五位专家应邀参与了评审，并主动加入编委会，给予了悉心指导。他们是：常州市关工委副主任、秘书长朱力工；常州市作家协会主席李怀中；《常州晚报》总编朱佳伟；常州电视台副台长许建俊;《常州日报》评论副刊融媒中心副主任谢雪梅。对此表示深切的感谢！江苏省高级人民法院新闻办主任张志平、刑事审判第一庭（少年案件审判庭）副庭长王蔚，对本书认真审核把关，在此一并表示衷心感谢！

常州市人大常委会原副主任

常州市中级人民法院关工委主任　　陆洪生

2022 年 1 月 28 日